제국 일본의
조선영화

이영재 지음

제국 일본의
조선영화

식민지 말의 반도 : 협력의 심정, 제도, 논리

현실문화

제국 일본의
조선영화

식민지 말의 반도 : 협력의 심정, 제도, 논리

지은이	이영재
펴낸곳	현실문화
펴낸이	김수기
편집	강진홍, 좌세훈
디자인	김재은
마케팅	오주형
제작	이명혜

첫 번째 찍은 날   2008년 5월 27일
등록번호   제1999-72호
등록일자   1999년 4월 23일

주소   서울시 서대문구 충정로 2가 190-11 반석빌딩 4층
전화   02)393-1125
팩스   02)393-1128
전자우편   hyunsilbook@paran.com

값 15,000원

이 책은 2008년 영화진흥위원회가 실시한
학술연구지원사업 출판지원 부문의 지원 대상으로 선정되었습니다.

이 도서의 국립중앙도서관 출판시도서목록(CIP)은
e-CIP 홈페이지(http://www.nl.go.kr/ecip)에서
이용하실 수 있습니다. (CIP제어번호: CIP2008001531)

| 차례 |

제2장 협력의 심정

−〈지원병〉 전야(前夜) 또는 멜랑콜리의 나날들

제3장 협력의 제도

– 〈반도의 봄〉과 토키 시대의 조선영화

제4장 제국과 조선, 계몽 주체를 둘러싼 경합
—〈집 없는 천사〉를 중심으로

제5장 제국과 로컬, 변전하는 서사

─〈맹 진사댁 경사〉를 둘러싼 민족표상

취향과 역사, 여행을 시작하며

나는 1990년대가 낳은 수많은 영화광 가운데 하나다. 이 느닷없는 고백
은 다른 영화광들이 그랬듯이 나 또한 한국영화사에 무감했으며 영화를
거의 전적으로 공간적 확장의 감각으로 받아들였다는 것을 뜻한다. 영화
사의 정전(正典)들과 다투는 한편 영화의 '지금'을 향해 맹목적으로 달려
갔던 한 영화광의 수많은 불면의 밤들 속에서 한국영화(사)에 할애된 시간
은 그리 길지 않았다. 간혹 그 속에서 건져 올린 몇몇 이름에 대해 열광한
적은 있었으나, 그 이름들이 '계통' 속에서 사유된 것은 아니었다. 약간 극
단적으로 말한다면, 계보 없이 사고되었다는 점에서 이 이름들은 어느 영
화제에서 우연히 만난 동유럽 작가, 혹은 골방에서 낄낄거리며 '발견'하곤
했던 1960년대의 B급 영화작가들의 그것과 별반 다르지 않았는지도 모른
다. 그들은 모두 매혹의 대상들이었는데, 매혹된 자는 다만 그 매혹이 중
단되지 않기만을 바랄 뿐이다. 영화광이 탐식과 기갈 속에서 영화를 본다

는 것 자체가 이미 속도전이므로.

물론 그것이 다는 아니다. 국제영화제에서 만나 서로의 아이디카드를 곁눈질하는 사람들은 종종 상대의 '이름'이 속한 국가의 영화사나 정전들을 묻곤 한다. 영화를 통해 한 국가의 삶과 역사를 경험하는 영화광들에게 그 자신이 속한 곳의 영화란 언제나 불가피하게 반추의 대상이 될 수밖에 없다.

2004년, 나는 도쿄의 어느 외진 동네에 말 그대로 머물러 있어야 했다. 그곳은 시간이 고여 있는 듯한 장소였고, 나는 동시대 영화 보기라는 레일 위에서 처음으로 내려선 듯했다. 그곳에서 한국영화사라는 문제 설정과 처음으로 마주하게 된 것은 나에게 어쩔 수 없이 주어진 일본어라는 상황, 이방인이라는 처지 때문이었는지도 모르겠다.

오영진이 1943년 《국민문학》에 게재한 일본어 시나리오 《맹 진사댁 경사》를 읽은 것은 어느 정도는 우연의 힘이리라. 이 시나리오와 이를 영화화한 1956년작 〈시집가는 날〉을 비교해 본 나는 이 텍스트의 전이 자체가 체현하고 있는 식민지와 후기 식민국가 사이의 명백한 연속성이라는 문제에 사로잡혔다. 〈시집가는 날〉은 1957년 제4회 아시아영화제에서 희극영화 특별상을 수상하였다. 한국영화로는 최초의 외국영화제 수상이 이루어진 장소는 다름 아닌 도쿄였다. 이 일련의 과정은 한국영화라는 실체 혹은 개념을 사적(史的)으로 생각해본 적이 거의 없었던 나로서는 흥미진진한 발견이었다. 나는 문득 멈춰선 자가 되어버린 순간의 이 발견 속에서, 지금까지 영화라는 대상을 사고해온 방식 자체를 되돌아볼 수 있었다.

그때 깨달은 것은 어쩌면 내가 맞닥뜨린 이 상황, 그러니까 일종의 기억상실이라고 할 만한 이 상황이야말로 한국영화적인 상황이라는 사실이었다. '민족영화'로서 전후 한국영화는 거칠게 말하자면 서구영화, 즉 유럽의 예술영화와 할리우드 영화에 대한 대타항(對他項)으로서 스스로를 성립시켰다. 이 전범들에 비해 얼마나 다른가, 혹은 얼마나 같은가 하는 물음은 언뜻 다른 질문처럼 보이지만, 하나의 기준에 대한 비교항으로서만 성립된다는 점에서 결국 같은 이야기이다. 그리고 이는 필연적으로 영화에 위계를 낳는다. 따라서 한국영화를 비평하고 보는 방식 역시 유비와 차이에 기초한 미학적 차원에 한정될 수밖에 없었다.

한국에서 영화를 만드는 그 누구도 자신의 영화를 설명하기 위해 한국영화 안에서 참조 틀을 끌어들이지 않는다. 왜냐하면 그들은 정말로 그 영화들을 보지 않았기 때문이다. 또한 이곳에서 영화를 비평하는 이들 대부분은 한국영화사라는 문제 설정에 기이하게도 무감하다. 이것은 한국영화사 안의 이름들을 불러오는 순간의 과도한 사회학적 접근과 쌍을 이루는 것처럼 보인다. 그런데 영화를 어떻게 미학의 차원에서 이야기할 것인가 하는 문제는 그 문제 설정 자체가 이미 이데올로기적이며, 그럼으로써 이미 '사적(史的)'인 것이다.

단도직입적으로 질문해보자. 왜 해방 이후 한국영화의 베스트로 압도적 다수가 〈오발탄〉을 꼽는가. 서로 다른 사람들이, 서로 다른 시간과 지면을 통해 아직까지도 유현목의 1961년작을 이구동성으로 한국영화의 대표작으로 꼽는 이유는 무엇인가. '작가주의 리얼리즘 영화'라는 한국영화사의 가치 체계는 대체 어떻게 구성된 것인가.

2004년 말, 〈시집가는 날〉에 관한 논문을 쓰고 있던 나는 1945년 이전 영화들이 발견되었다는 소식을 서울로부터 접하였다. 나에게 영화는 언제나 '본다'는 것으로부터 시작된다. 그런 점에서 이 영화들의 '발견'은 한국영화사에 대한 질문의 출발지점으로서, 식민지라는 입구로 들어갈 수 있는 기회를 마련하는 계기가 되었다.

한국의 영화사 역시 다른 '역사들'과 마찬가지로 식민지 기억을 끊어내려는 단절의 욕망과 이 시기를 관통하는 '민족사' 혹은 '일국사'를 구성해야 한다는 요청 사이에서 흔들려왔다. 내가 앞으로 할 이야기는 어떤 의미에서 '연속'에 대한 보고가 주를 이룰 텐데, 이러한 논의는 식민지 근대화론이 그러했던 것처럼 부주의하거나 자칫 위험한 것이 되기 쉽다. 왜냐하면 '근대화'는 종종 식민지라는 절대적 '사실'을 압도하고, 근대를 하나의 완성형이자 과제처럼 제시해버리기 때문이다. 물질적 수준의 진전 혹은 피식민 무의식의 분석에 한정되지 않는 식민지 근대성에 대한 연구가 어떻게 가능할 수 있을까.

이 책에 실린 글들을 쓸 당시의 환경과 장소는 끊임없이 나로 하여금 '사실'에 대한 감각을 놓지 않도록 했다는 점에서 내게 이로웠다. 의도된 '날조'에 맞서 '사실'들의 목록을 더해가지 않으면 안 되는 일본 식민지 연구의 환경, 그 반대편에 존재하는 이론적 '이해'에 대한 강도 높은 기율, 무엇보다 이러한 거리를 메우기 위해 작업해온 몇몇 연구자들의 분투를 보며 나는 (비록 충분히 달성되지는 못했지만) 내 글의 과제와 효과에 대해 깊이 생각해보는 기회를 가질 수 있었다. 다만 지금까지의 연구 환경으로 인해 한국에서의 논의나 성과들을 충분히 검토한 토대 위에서 논의를 구성하지 못한 면이 없지 않다는 것은 아쉬운 점이다.

영화광을 가장 효과적으로 괴롭히는 방법은, 영화를 먼저 본 후 아직 보지 않은 그를 찾아가 내용의 '전부' 혹은 '결말'을 말해버리는 것이다. 나스스로 이 책의 스포일러가 되지 않기 위해, 이방(異邦)에서의 작업을 도와준 분들에 대한 감사 인사로 머리말을 마무리하려 한다. 우선 이 책에서 가장 먼저 씌어진 〈제국과 로컬, 변전하는 서사〉를 수정하고 발표하는 데 도움을 준 이누부세 마사카즈(犬伏雅一) 선생의 호의를 잊을 수 없다. 나머지 원고는 2006년에 쓴 석사논문을 수정하는 형태로 씌어졌다. 제도적 한정과 제약을 뛰어넘어 학위 논문을 읽고 아낌없는 충고를 해주신 나카지마 다카히로(中島隆博) 선생 외 여러 분들의 세심한 지적에 감사드린다.

2006년 가을 논문을 쓰던 도중, 서울에서 대체적 구상을 발표할 수 있는 기회를 가졌다. 김소영 선생의 후의로 '트랜스: 아시아 영상문화 컨퍼런스'에서 한 발표는 논문 전체를 다시 한 번 생각해볼 수 있는 뜻 깊은 시간이었다. 당대의 영화제도를 논한 이 책의 3장은 와타나베 나오키 선생과 김현주 선생의 호의를 얻어 한국에서 발표될 수 있었다. 이 책이 그분들의 호의에 대한 작은 답이 되었으면 좋겠다. 이 책의 4장은 "Dual Language, Dubbed Cinema"라는 제목으로 ASCJ 2007에서 발표되었다. 이론적 지평을 현실 정치의 문제에 접속하는 방식에 대해 깊이 있는 질문을 주신 사카이 나오키(酒井直樹) 선생께 이 자리를 빌려 감사의 인사를 전한다. 책을 낼 결심을 굳혀준 현실문화연구 김수기 대표님 그리고 이혜령 선배의 애정 어린 권유에 감사한다. 아울러 영화에 관해 가장 많은 것을 가르쳐준 정성일, 이연호 선생과 지금은 영화 전선의 각지에서 각자의 영화를 만들고 생각하고 있는 키노의 동지들에게도 이 책을 통해 안부를 전한다. 나의 편협한 영화 이야기의 상대가 되어준 김항과 박소현 그리고 나의 '첫 번째' 독자 황호덕에게 말로는 다할 수 없는 고마움을 느낀다. 그가 없었다면 지금의 나는 존재하지 않으리라. 번거로운 교정 작업을 도와준 김수림, 임태훈, 강부원에게 감사한다. 고마운 이들이 너무 많다는 것을 새삼 깨닫는다.

2008년 3월 1일

이영재

1941년의 경성, 어떤 일기, 어떤 영화

날씨 맑음

1941년, 경성에 A라는 사람이 살고 있었다.[1] 그 성이 김이든 박이든, 혹은 이미 가네야마나 기노시타가 되어 있든 간에, 어쨌든 당분간 그는 이 글에서 A라는 이름으로 불릴 것이다. 영등포쯤에 살았던 이 남자는 중공업 공장의 정비공이었고, 자전거로 출퇴근을 했다. 어느 날 그는 나날의 일들을 기록으로 남기기로 결심했다. A는 단 하루도 빠지지 않고, 도쿄의 하쿠몬칸에서 발행된 〈쇼와16년 상용일기〉, 65전짜리 일기장의 1월 1일부터 12월 31일까지 일기를 쓴다. 그 덕택에 우리는 3월 10일에는 비가 왔으며, 봄기운이 감돌기 무섭게 추위가 다시금 찾아왔다는 것을 알게 된다. 그해 7월은 무척 더웠고 장마가 길었다.

이 기록자는 처음부터 끝까지 자신의 일기를 일본어로, 그러니까 그 시기의 국어(國語)로 기록하고 있는데, 그의 국어 실력은 그리 좋은 편이 아

니어서 문장은 단순하며 종종 오자가 섞여들기도 하고 조선인의 버릇이라고 알려진 잘못된 발음마저 고스란히 드러난다. 이를테면 빈보(びんぼう)는 빈뽀(びんぽう)가 되고, 데(で)는 떼(て)가 된다.[2] 그럼에도 불구하고 A는 이 일본어 일기 쓰기를 거르지 않는다. 아마 일기를 써본 사람이라면 알리라. 하루도 빠지지 않고 기록하기가 얼마나 어려운 일인지를.

이 성실한 기록의 대부분은 그날그날 그가 수행해야 했던 작업들, 새롭게 접하는 기계 혹은 익숙한 기계와의 낯선 대면으로 채워졌다. 기계들은 종종 고장이 났는데 그럴 때마다 그는 자신의 경험 부족을 탓하며 기계 장치의 세부 묘사에 집중했다. 이를테면 200HP 운전식 압축기가 갑자기 정지해버린다. 그는 두 개의 기둥을 세워 로프로 감아본다. 여전히 움직이지 않는다. 그는 로프의 감기 방식을 여러 모로 시험해본 끝에 다시 기계를 작동시키기에 이른다(9월 11일). 이 기록자는 기록함으로써 작업의 메커니즘을 되새기고, 기계의 작동원리를 다시금 이해하려 했다. 종종 일본어

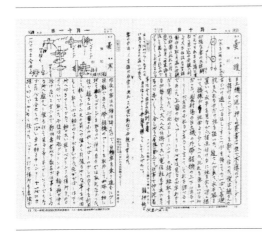

1941년, 경성에 살았던 한 공장 노동자가 일본어로 남긴 나날의 기록은 종종 그림으로 점철된다. 성실한 기록자는 그가 갖지 못한 어휘를 보충하기 위해 그림을 동원한다. 일본어 가타카나를 매개로 다가온 낯선 울림의 단어들. 문명과 기계의 어휘들.

능력이 그의 반복학습 욕구를 따라오지 못하는 때가 있었다. 그럴 때 기록자는 문자 대신에 그림을 그려 넣었다. 수많은 기계와 공구의 그림들이 꼼꼼히 그려지고 기계의 작동 메커니즘이 다시 한 번 확인된다. 우선은 이 기계, 이 일본어를 기억해두자.

기계가 그토록 섬세하게 묘사되는 데 비해 감정에 대한 서술은 지독할 정도로 간결하다. 기분이 좋았다, 재미있었다, 유쾌했다, 기분이 나빴다, 좀더 근면해지기로 했다(이 일기를 읽어가다 보면 이미 그가 충분히 근면하다는 것을 알 것이다!) 등등. 이 단조로운 표현들은 그를 감정적으로 매우 과묵한 남자로 보이게 만든다. 어쩌면 이는 일본어 능력의 문제 때문인지도 모른다. 혹은 단지 그의 개인적인 성격일 수도 있다. 그럼에도 불구하고 작업일지를 방불케 하는 기계에 대한 왕성한 호기심과 열정은 1941년이라는 시간을 예민하게 반추해보도록 만든다. 마치 그는 1939년 백철의 〈전망〉이라는 소설에서 '우리의 미래'라고까지 이야기되며 묘사됐던 바로 그 수학과 자연과학에 비상한 열의를 보이는 소년의 소박한 현신처럼 보일 지경이다.[3]

그러던 어느 날 A는 한 편의 영화를 본다. 그는 오전 근무를 마치고 부민관으로 향한다. 청년대의 봉독식(奉讀式)에 직장 대표로 참석하게 된 것이다. A는 새로운 금장(襟章)을 차고, 기차를 타고 부민관에 가서 '황국신민의 서사'를 제창하고, 경성일보 사장의 강연을 들은 후 영화 〈집 없는 천사〉를 본다. 이날의 경험은 그에게 무척 유쾌했음이 틀림없는데, A는 다음 날에도 직장에서 전날의 강연과 영화 이야기를 하며 '즐겁게 웃고' 있기 때문이다(11월23일). 무엇이 A를 그토록 즐겁게 만들었을까? 강연회? 영화? 오전 근무만 하고 시내에 나간 경험? 어쩌면 그 모든 것인지도 모른다. A에게는 여가가 거의 없었다. 아주 가끔 주어지는 여가 시간에 그가 누릴 수 있는 오락이란 기껏해야 누나의 집에 가서 라디오를 듣는 게 전부였다. "왠지는 모르겠지만 새로운 느낌으로 기분이 좋았다. 승차감 좋은 기차를 타고 평온하게 부민관으로 향했다."(11월 22일) 이 기술자의 여가를 채운 영화, 그리고 기차를 기억해두자.

영화, 기계인간의 내면 혹은 외면

그 어떤 사적 비밀도 담고 있지 않은 듯 보이는 이 국어(=일본어) 일기,

조선군 보도부 추천에 빛나는 식민지적 계몽의 완성 〈집 없는 천사〉를 수입한 것은 일본영화계의 '코스모폴리탄' 가와키타 나가마사(川喜多長政)였다. 그는 이 영화가 일본 내의 고급관객들에게 어필하리라 믿었다. 그러나 이 예민한 감식가의 예상은 빗나갔다. 왜?

그러니까 누군가에게 보여줘도 무방한 것, 혹은 이미 그 누군가를 설정하고 씌어졌을지도 모를 이 일기를 떠올리는 것은 무엇 때문인가. 지금부터 나는 앞서 기억해두기로 한, 영화와 기차(기계) 그리고 국어(일본어)라는 한국 근대사에 찍힌 몇 가지의 낙인에 대해 말하려 한다.

　이것들은 이 책이 대상으로 삼고 있는 1930년대 말부터 1945년까지의 시간을 해명해줄 키워드들이다. A의 일기로부터 이야기를 시작한 것은 이 세 가지의 키워드야말로 내가 다루고자 하는 영화들을 관통하는 것이기 때문이다.

　첫 번째, 비밀 없는 시대의 공공권. 이를테면 A의 일기가 씌어지던 바로 그 시기에 조선군의 막대한 지원 속에서 한 편의 영화가 완성되었다. '내선만일여(內鮮滿一如)의 이상에 기초하여' 내선일체의 조화로운 세계를 구현해낸 것으로 평가받은 영화 〈너와 나(君と僕)〉가 바로 그것이다. 그런데 이 일체·일여(一如)의 조화는 비밀이라고는 없는 '투명한' 말하기와 쓰기의 환경으로부터 오는 듯하다. 예컨대 이 영화에서 흥미로운 것은 편지가 전해지는 방식이다. 편지는 수신자에게 '직접' 전해지지 않는다. 편지들은 매번 누군가의 손을 거쳐 전달되는데, 최종 도달지에 이르는 순간 그것은 기묘한 고양의 계기로 거듭난다.[4] 낭독되고 찬양되는 편지, 이 이야기가 의미하는 것은 이중적이다. 편지는 더 이상 비밀의 전달 양식이 아님에도 불구하고 마치 일기가 그러하듯 그 형식에서 여전히 사적 형태라는 틀을 갖는다. 그럼으로써 이 편지 혹은 일기와 같은 것들은 이미 고백의 어원적 의미에 충실하다.[5]

　고백(confession)이란 어원적으로 명백함 혹은 충성의 맹세라는 뜻을 갖는다. 가장 내밀한 것으로 간주되는 고백은 발화의 형식 속에서만 가능한 것이다. 고백이 보장된 장소는 고해실이었으며, 그 장소에서 이루어지는 고백이라는 행위는 그 자체로 이미 개인의 내면의 외화라 할 수 있는 것이다. 말을 입 밖에 내뱉음으로써 내면이 비워져간다.[6] 그 순간 씌어지고 낭독되는 편지는 물론 내선만일여의 언어였던 제국의 '보편어' 일본어로 이루어진다.

두 번째, A의 일기에 드러난 것만으로 보자면 더할 나위 없이 투명해 보이는 내면을 채우고 있는 것은 전적으로 기계이다. 그런데 그 기계의 매뉴얼은 일본어를 '통해' 익힐 수 있다. 여기, 그렇게 자신의 삶과 신체의 모든 움직임이 기계와 하나가 되는 과정을 '일본어'로 기술하고 있는 한 조선인이 출현한다. 그런데 이 조선인은 어떤 기시감을 불러일으킨다. 이 일기가 씌어지기 3년 전, 조선에서 만들어진 한 영화는 마치 A를 예비하고 있는 듯 하다.

중일전쟁 직후에 만들어진 〈군용열차〉(1938)는 말 그대로 징후적인 영화인데, 무엇보다 이 영화가 의미심장한 것은 바로 그 주인공의 형상 때문이다. 열차 운전수인 이 남자의 투박하고 강인한 몸은 둔중하고 매끈한 몸체와 정확한 규칙성을 자랑하는 기차와 닮아 있다. 종종 자신이 모는 기차를 의인화해서 말하곤 하는 그의 꿈은 북지(北支)로 향하는 군용열차를 몰아보는 것이다. 그는 기차에 매혹된 자인데, 그 스스로 정확성, 견고함, 속도라는 기차의 미덕을 체현하려 하는 자이기도 하다.

뤼미에르 형제의 영화의 첫 시작이 기차와 함께한 것은 우연이 아니다. 이 근대의 발명품들은 거의 유사한 방식으로 인간의 지각을 재조직해냈다. 기차와 영화는 말 그대로 시간을 '단축'시켰으며, 공간을 그 이전까지 유례가 없었던 방식으로 '확장'시켰다. 기계에 의해 동력화된 교통기관으로 몇백 킬로미터를 달리면 일상은 필연적으로 영화가 된다.[7]

〈군용열차〉에서 가장 빈번히, 그리고 가장 공들여 완성된 장면은 달리는 열차 신이다. 열차는 자주 위에서 아래로, 아래에서 위로, 대각선으로 화면을 가로지르며 달려간다. 그런데 기차와 영화의 저 근원적 상관관계를 염두에 둘 때 이 영화에서 가장 이상한 것은 그렇게 자주 열차 신이 등장하는 데도 불구하고 단 한 번도 기차에서 바라다보는 풍경 숏이 없다는 점이다. 심지어 이 영화의 주인공은 열차 운전수다. 그가 열차에서 바라보는 풍경 숏이 때에 따라 한두 번쯤 나와도 무방하리라. 그런데 이 영화는 단 한 컷도 열차 속의 그가 가질 법한 시점 장면을 분배하지 않고 있다. 왜? 이유는 간단하다. 이 영화의 창작 주체들은 그것이 필요하지 않다고 느꼈기 때문이다. 그들에게 중요했던 것은 달리는 열차의 맹렬한 속도감, 검고 매끈하고 육중한 철의 질감, 일정한 간격으로 계속되는 피스톤 운동의 정확성을 어떻게 전달할까 하는 문제였다. 이 영화는 정말로 이를 전달하기 위해 전력을 기울이고 있는 것처럼 보인다.

그런데 매번 과도하게 긴 열차 신의 처음과 마지막 숏은 거의 언제나 그

한강 철교는 제국이 가장 자랑하고 싶어 했던 이미지다. 어쩌면 이 막강한 이미지야말로 그 자체로 식민지 근대화론의 함정을 예시하고 있는 것인지도 모른다. 이곳을 지나는 기차는 어디로 달려가는가?

제국 일본의 조선영화

열차를 몰고 있는 주인공 점용에게 배분되어 있다. 클로즈업으로 이루어진 점용의 숏은 그러므로 열차 신 전체를 열고 닫는 역할을 한다. 이 반복의 효과는 명백하다. 점용은 열차-기계와 하나가 된다. 즉 그는 검고 육중한 기계를 조종할 수 있는 '막강한' 자(클로즈업의 효과)이자 더 나아가 그 스스로 기계의 동력장치 자체가 되어가는 것(숏의 배분 효과)처럼 보인다. 말 그대로 이것은 기계가 된 신체, 혹은 기계를 꿈꾸는 신체의 이야기이다. 물론 이 신체의 전이가 그 어떤 저항도 없이 이루어지는 것은 아니다. 아니 이 전이의 완성은 결코 수렴되지 못하는 잉여를 남긴다.

점용이 드디어 꿈에 그리던 군용열차를 몰게 된 순간, 달리던 열차가 예기치 못한 사건으로 정지한다. 종업원들이 선로로 모여든다. 선로에 몸을 던져 죽은 친구 원용(그는 스파이들과 내통하여 군용열차의 정보를 팔아넘기려고 하였다)의 편지가 전해진다. 참회와 속죄의 편지가 화면을 채운다. 말 그대로 그러한데, 왜냐하면 활자가 그 자체 이미지로 화면을 가득 채우고 있기 때문이다. 그것은 보이는 동시에, 이미 죽은 자의 목소리로 들린다.

"지금은 유일, 죽음으로만이 사죄할 수 있으리. 군용열차가 통과하는 노선을 더럽히는 점 진심으로 용서를 바라네. 자네가 종업원 최대의 영예를 안고 조선철도의 중대 사명을 다할 이때, 우리 황군의 무운장구를 비는 마음으로 이 길을 택했네. 점용, 동양평화의 중대한 역할을 맡은 반도의 철도를 굳세게, 굳세게 지켜주기 바라네. 그리고 불쌍한 영심을 행복하게 해주게나. 영심의 행복을 비는 마음, 오직 그것 때문에 엄청난 일을 저질러버렸네. 용서해주게, 점용. 그리고 동양평화를 위해 내 몫까지 봉공해주게나."

돌발사고란 열차 운행에 가장 치명적인 영향을 미치는 것이다. 일본인 소장은 반도와 대륙을 잇는 '대동맥'인 조선철도의 중요성을 강조하며 '1분의 지연은 목적지까지의 1분의 지연을' 가져온다는 사실을 '일본어'로 역설한 바 있다. 만약 이 혈맥으로서의 수사를 곧이곧대로 받아들인다면, 〈군용열차〉의 마지막 장면은 그 표면상의 의미에도 불구하고 심각한 '사고-장애'로 보아야 한다. 그렇다면 저 조선어 활자와 조선어 목소리는 무엇을 의미하는가. 그것이 상기시키는 바는 죽은 조선인의 육체이다. 그 육체는 군용열차가 통과하는 노선을 더럽혔다. 이 더럽힘으로 '한 치의 오차도 허용치 않는' 열차는 불가피하게 멎는다. 점용이 모는 군용열차는 바로 이 위, 조선인의 몸과 조선어 위를 달려가야 하는 것이다. 그렇게 기차가, 국어(일본어)가, 그리고 기계화된 남성의 몸이 식민지를 넘어 제국 일본의 광역권을 연결하며 달려가기 시작한다.

세 번째는 영화 그 자체가 문제가 된다. 〈집 없는 천사〉의 관람 경험을 둘러싼 A의 서술에서 흥미를 끄는 것은 일상에서 벗어난 '유쾌함'의 감각이다. A가 1941년에 본 유일한 영화가 〈집 없는 천사〉라는 것은 우연이 아니다. 당시 이 영화는 총독부로부터 '공인'된 조선영화의 수작이었다. 이 이중어 영화는 〈군용열차〉의 점용의 근미래 혹은 일기 속 A의 몸이 그러

〈군용열차〉. 기계에 매혹된 자의 이야기는 기차를 타고 온다. 여기 속도에 사로잡힌 자, 그 스스로 속도가 되고자 했던 자가 있다. 식민을 괄호 치는 테크놀로지의 매혹.

제국 일본의 조선영화

하듯 조선어에서 국어(國語)로 이행 중인, 제국에 대한 지방(=조선)의 가장 농밀한 시간을 드러내고 있었다. 중요한 것은 그들이 영화라는 매체를 접하고, '향유'할 수 있었다는 점이다. 이는 (식민) 국가가 피식민지인을 영화라는 매체를 통하여 국민으로서 호출하고 있었음을 의미한다.

그런데 이 문장에는 해명해야 할 몇 가지 단계들이 포함되어 있다. 먼저 식민지 조선에서 일어난 영화를 둘러싼 어떤 위상의 변화를 해명해야 한다. 두 번째로 피식민지인이 '국민'으로 호명된다는 것은 어떤 전제 위에서 가능해졌는가, 그리고 그 효과는 무엇이었는가를 물어야 한다. 세 번째는 이 두 해명 지점들이 어떻게 다시 영화라는 표상 체계 위에서 반영, 굴절되고 있는가 하는 문제이다. 영화의 안과 바깥에서 대체 어떤 일이 일어나고 있었던 것일까. 1937년에서 1945년에 이르는 시간, 더 나아가 식민지 이후까지의 조선(한국)영화를 구성한 힘과 법, 의식은 무엇이었는가.

제 1 장

한국영화사의 곤경

한국영화사는 (불)가능한가

발굴 – 누구나 원했던, 누구도 원치 않았던

2004년부터 현재에 이르는 동안[1], 해방 이전에 제작된 극영화 일곱 편이 발견되었다. 그러나 모든 영화인과 영화사가들이 기다려왔다고 여겨졌을 법한 이 영화들은, 동시에 누구도 기다리지 않았던 물건임이 드러났다. 1945년 이전에 만들어진 극영화로는 최초의 발견일 이 영화들은 대부분의 발견에 뒤따르는 매혹과 술렁임, 찬탄의 대상이 되지 못했다. 오히려 이 발견은 일종의 당혹스러운 감정을 불러일으켰다. 왜냐하면 1930년대 후반부터 1945년 사이에 만들어진 이 영화들은 '한국영화사'의 '연속성'을 보장하기 위해 주의 깊게 회피되어왔던 문제들을 한꺼번에 드러내고 있기 때문이다. 그러니까 이 영화들의 대부분은 이른바 '친일영화'들이었다.

더 이상 풍문이 아닌 '실체'로 등장한 이 영화들에 대한 최초의 반응은 아마도 분노일 것이다. 이 영화들의 노골적인 '친일'적 성격만이 아니라, 필름에 각인되어 있는 이름들이 해방 이후에도 누렸던 '영화(榮華)'야말로 이 분노를 정당하게 해주는 것이다.[2] 한편 이들 영화들에 대한 산업적, 미학적 고찰을 통해 '한국영화'와의 연속성을 발견해내려는 조심스러운 시도 또한 이루어졌다.[3] 특히 문학의 영역으로부터 시작된 일련의 식민지 미디어 연구들은, 이들 영화를 통해 해당 시기를 물리적인 차원에서 재구(再構)하는 한편 식민지 근대성이라는 문제 틀을 보다 입체적인 '환경' 속에서 재평가하는 데도 기여했다.[4]

그런데 이러한 연구들은 '눈으로 본' 영화와 '자료를 통해 구성된' 영화 언설을 동등하게 취급하고 있다. 이러한 연구 방식은 시대의 전체상을 구성하는 데는 큰 도움을 주지만, 영화라는 '표현' 형식의 역사와 그 물질성을 파악하는 데는 그다지 유용하지 못했다고 여겨진다. 물론 이 시기 영화들의 전체상을 '눈으로' 확인할 수 없는 상황에서, 영화 텍스트와 문자 텍스트를 균질하게 취급하는 것은 어떤 의미에서 불가피한 일이리라. 그러나 마치 문학에서 언어와 문체가 그러하듯이, 영화에 관한 우리의 이야기는 영화 자체로 정당화되지 않으면 안 된다. 그런데 적다고 할 수 없는 분석들 속에서 이들 영화는 영화라는 물(物)의 역사 안에서 구성되거나 분석되거나 분절되지 않고 있다. 영화는 사회적이고 역사적인 국면의 제한을 받는 그만큼, 이미지와 운동이라는 물질적 조건의 제약을 받는 미디어이다. 본 것을 통해 구성되는 영화론이 아니라면, 영화 연구는 일반적인 문화장에 대한 언설 분석 정도에 그칠 수밖에 없다. 그런 의미에서 앞서 나온 연구서의 성과들에도 불구하고 이 영화들이 제기한 문제들은 여전히 많은 부분이 해결되지 않은 채 남아 있다. 앞으로의 이야기는 '보이는 것'을 통해, 즉 영화의 내부로부터 개개의 영화가 놓인 콘텍스트를 다시 한 번 유추하고 또한 입증하는 방식을 취하게 될 것이다.

이 책은 식민지 말, 특히 1930년대 말부터 1940년대 초까지 식민지 조선에서 만들어진 일련의 (이른바) '협력영화'를 대상으로 하여, 전쟁기의 제국 일본과 식민지 조선의 남성 엘리트 사이에서 오갔던 연대와 경합, 그리고 (어떤 점에서 필연적이라 할 수 있을) 결렬의 과정을 밝히는 것을 목적으로 한다.[5]

먼저 지적해둘 사실은 이 영화들이 후기 식민국가(post-colonial state)[6] '대한민국'의 영화사에서 단 한 번도 정식으로 호명받은 적이 없다는 것이다. 물론 이는 그 시기의 영화를 단 한 편도 볼 수 없었다는 조건에 기인하는 바가 크다. 그러나 식민지 시기가 끊임없이 한국영화의 전사(前史)로서 환기돼왔던 과정을 생각한다면, 소위 '친일영화'에 대한 이러한 사적(史的) 기피는 단지 '영화를 볼 수 없었다'는 물리적 이유만으로 해명되는 문제가 아니다. 오히려 여기서 문제가 되는 것은 이들 영화들의 존재야말로 '내셔널 시네마(national cinema)'라는 개념에 어떤 상처를 낸다는 점이다. 나는 지금 의도적으로 내셔널 시네마라고 말하고 있다. 왜냐하면 이 말은 한국에서 이미 '민족영화'라는 번역어를 얻고 있기 때문이다. 내셔널 시네마가 민족영화로 번역되는 사정. 나는 바로 이 사정이야말로 이 영화들이 불러일으킨 문제의 핵심이라고 생각한다.

만약 국가의 자연화가 심각한 질문의 대상이라면, 대한민국이라는 국가 역시 결코 자연화될 수 없는 것이다. 왜냐하면 당연한 말이지만, 이 국가는 분단이라는 사건 위에서 구축된 것이며, 반쪽의 실체는 그 '사건'을 끊임없이 웅변하고 있기 때문이다. 대한민국이 말 그대로 휴전선의 아래쪽에서 성립된 것이라면 이 국가는 따라서 근본적으로 잠정적일 수밖에 없다. '민족'은 대한민국이라는 인식의 경계선을 지움으로써 이 '국가'를 영

제국 일본의 조선영화

속적이고 자연화된 것으로 만든다. 자연이란 '미리 주어진 것', 즉 소여(所與)의 형식이다. 그러니까 역설적인 말이지만 이 국가는 '민족'을 통해서만 유일하게 '소여로서의 국가'로 가능하게 되는 것이다. 만약 '조선민주주의인민공화국'이 이에 대한 정확한 반사라면, 남한과 북한 양쪽에서 민족이라는 말이 끊임없이 소구되는 것은, 바로 그 말을 통해서만 이 '두 국가'가 가능해지기 때문이다. 즉 어떤 의미에서 '민족'이란 '작위(作爲)'로서의 국가를 은폐한다.

'내셔널 시네마'가 국가 또는 국민영화가 아닌 '민족영화'로 번역되는 것은 바로 이런 이유 때문이다. 그러니까 마치 대한민국이라는 국가가 그러하듯 내셔널 시네마 또한 민족영화로 불리는 순간에야 비로소 소여의 것이 될 수 있다. 아마도 이를 반증하는 가장 적절한 사례는 〈아리랑〉을 둘러싼 남북한 양쪽의 일치된 견해일 것이다.[7]

즉 남한과 북한 양쪽에서 모두 '민족영화'의 기원으로서 이 영화를 기억하는 것은 이 영화야말로 두 국가로 나뉜 한 '민족'을 보증할 수 있는 증표이기 때문이다. 거꾸로 말하자면 이 영화를 민족영화의 기원으로 성립시키는 순간에 비로소 두 국가의 '일국 영화사'에 불과한 각각의 영화의 역사가, '각각'이라는 말이 불러일으키는 눈앞의 '국가'를 괄호 친 채 '민족영화사'로서 성립하게 되는 것이다.[8]

저 일군의 영화들은 망각("이들 영화들은 언급할 가치도 없다")[9]되거나 일방적인 매도의 대상(민족의 배신자, 친일협력자)[10]이 되거나 또는 기억하려 하는 순간 이미 그 기억 자체를 오류[11]에 빠트리고는 하였다. '어떻게' 기억되는가가 문제라면 망각조차도 기억의 한 방식이다. 그런 점에서 이들 영화들에 대한 기억의 방식은 그 자체로 '민족영화'로서 내셔널 시네마를 구축하기 위한 보완물이라고 할 수 있다.

이 영화들이 문제인 것은 그 물리적 실체가 눈앞에 던져지는 순간, 그러니까 더 이상 기억으로 지탱되지 않는 순간 '내셔널 시네마'를 둘러싼 '번역의 메커니즘'과 곤경이 폭로되기 때문이다. (따라서 이 영화들이 불러일으킨 문제에 접속하면서도 '민족영화'로서 내셔널 시네마라는 틀로 이들을 포획하려 하는 것은, 이 영화들이 드러내는 일국 영화사의 석연찮은 구축의 메커니즘을 보지 못하거나 혹은 보지 않음으로써 계속해서 '민족영화'를 소여로서 받아들이려 하는 일이 될 것이다.)

협력 혹은 '국가'의 사유

전쟁을 수행해야 했던 제국 일본이 '식민지' 조선에 동질성을 요구하며 조선영화를 그 내부로 불러들였을 때 만들어진 이 영화들은 국제법상으로나 실제적으로 완전히 '일본영화'였다. 이는 식민지 조선에서 영화가 처음으로 (식민) 국가와 그 어떤 매개도 없이 이어졌음을 뜻한다. 식민지 영화였던 조선영화는 그 이전까지 단 한 번도 국가와 직접 연결될 수 없었다. 식민 국가는 다만 '검열'과 '통제'의 형식으로 침입 혹은 개입해 왔을 뿐이다. 그런데 이 직접적인 연결이 이루어지는 순간, 다시 말해 '조선'영화라는 개념이 사라지거나 지방화되는 순간 어떤 일이 벌어지는가. 국책이라는 강력한 표현에 의해 구성된 '일본영화'가 '식민지 영화'로서의 조선영화의 자리를 대신한다. 우리는 이제부터 이 국가와 영화의 접속을 둘러싼 문제 영역으로 진입하게 될 것이다.

이 시기를 통하여 해명하고자 하는 바는 두 가지다. 첫 번째, 국가와 영화의 접속은 어떻게 가능해졌는가? 이를 밝히기 위해 식민지 말기 제국이 수행했던 전쟁이 조선에 끼친 여파를 추적해나갈 것이다. 두 번째, 이 순간 일어난 국가와 영화의 접속이 이후 후기 식민국가 '대한민국'의 영화에 끼친 영향은 무엇인가. 무엇보다 식민지 말기와 대한민국 영화들의 창작 주체들은 생물학적으로 동일하다. 그리고 '구조적'으로 이어져 있다. 왜냐하면 '한국영화'라는 개념은 이미 국가와 영화의 접합을 전제하고 있기 때문이다. 극단적으로 말하자면 1945년 이후 진행된 '한국영화사'는 이 시기를 한국영화사의 연속성 안에서 지웠지만, 국가와 영화의 접합 구조야말로 이후의 '한국영화'를 예비하는 것이라고 할 수 있다.

식민지 조선영화와 후기 식민지의 한국영화는 실제적으로 이어져 있다. 예컨대 전쟁 중에 제국 일본이 영화를 호명한 방식은 1960년대 대한민국의 '일국 영화사'가 성립하는 순간 정확히 반복된다. 1961년 5·16군사쿠데타 이후 국가재건최고회의 의장이 된 박정희는 영화사 통합을 단행하

미츠코시 백화점. 소비의 주체로 호출되는 이 장소에서 표어들은 이들을 또한 국민의 주체로 불러낸다. 자본, 병참, 국가의 동시 발생.

였고, 1962년 대한민국 성립 이후 최초의 영화법을 제정한다. 국가 주도 영화정책의 첫 걸음이 될 이 법은 수입수출업 등록제, 제작 신고제, 상영 허가제, 외화수입 추천제로 요약할 수 있으며, 이는 전시 일본의 영화법을 따른 '조선영화령'과 매우 유사한 것이었다.[12]

바로 이때 대한민국 영화사는 명실공히 '일국 영화사'로 성립하였고, 1969년, 평론가 이영일은 《한국영화전사》를 완성하였다. 이영일은 이 기념비적 업적을 통해 리얼리즘을 한국영화사의 주류적 가치로 성립시키면서 그 가치 속에서 저항의 계기들을 포착해내고자 하였다. 영화법과 한국영화사의 서술이 마주치는 이 극적인 국면이 의미하는 바는 이중적이다. 왜냐하면 이 이야기는 역설적으로 그러한 저항의 대상이 되는 '국가' = '영화', 즉 일국 영화사가 통치기구의 안쪽에서 성립되었음을 의미하는 것이기도 하기 때문이다. 영화와 국가 사이의 '협력'은 후기 식민지 대한민국 안에서 다시 한 번 정확히 반복된다.

물론, 영화와 국가의 관계가 일방적이기만 한 것은 아니었다. 우리는 바로 한 이름을 떠올릴 수 있는데, 박정희의 비호 아래서 대표작들을 만들며 1960년대 한국영화를 대표했던 신상옥이라는 영화감독이 바로 그다. 한국이라는 민족표상을 만들어내는 데 가장 지대한 공헌을 한 신상옥은 1970년대로 들어서면서 끝내 박정희와 결별한다.[13] 이는 그의 영화가 박정희의 국가 주도 근대화론과 민족주의 이데올로기에 합치했음에도 불구하고 영화라는 물(物), 바로 그 '표층'의 차원이 그로부터 계속 벗어나려 했던 결과라고 할 수 있을 것이다.[14]

이러한 어긋남과 차이에도 불구하고 내가 여기서 강조하고 싶은 것은 1960년대에 완성된 한국영화사가 국민 – 민족 개념의 착종 속에서 이루어졌다는 점이다. 그리고 '한국영화사'라는 문제 설정은 앞에서 언급했듯이

'일국 영화'라는 것을 '민족영화'로서의 내셔널 시네마로 은폐함으로써 스스로를 자연화하였다. 따라서 이 과정을 묻는 것은 제국과 식민지의 관계를 묻는 일이기도 하지만, 한편으로 '대한민국'이라는 국가 자체를 문제 삼는 일이기도 하다.

나는 이러한 작업의 단서를 매우 아이러니한 방식으로 임종국의 《친일문학론》에서 빌려왔다. '친일문학'을 최초로 집대성한 이 기념비적 저작에서 그는 '친일문학이 막연한 은폐의 대상이 되어서는 안 되며, 취할 것은 취하고 버릴 것은 버려야 한다'고 강조한다. 그에 의하면 취할 것이란 '문학에 국가 의식을 강조한 그들의 이론'이다. 임종국은 이를 '한국의 국민문학 수립'이라는 문제와 연결짓는다. "앞으로 한국의 국민정신에 입각해서, 한국의 국민생활을 선양하는, 한국의 국민문학을 수립하려는 사람들을 위해서 그들의 식민지적 국민문학은 좋은 참고자료가 될 것이다."[15]

임종국의 사유는 후기 식민지 국가에 폭넓게 존재했던 사고의 한 패턴을 보여준다는 점에서 나의 논의의 출발점이 되었다.[16] 그것은 후기 식민지 근대국가 만들기의 구체적인 메커니즘이 어디로부터 연유하는지를 보여준다. 다시 말해 일본 제국이 '국가'의 이름으로 육박해 들어왔을 때 병사가 됨으로써 '국민'이 될 수 있다는 가능성을 발견한 식민지 엘리트 남성은 '국민'을 연습한다. 나의 가설로는 식민지, 그리고 후기 식민지 국가 만들기를 표상적 차원에서 수행한 주체들은 실제로 '같은' 사람들이었으며, 이들은 1940년을 전후한 시점에서 전쟁을 수행하기 위한 합목적적인 시스템으로서의 국가를 발견하는 데 주력하였다. 1945년을 기점으로 그 '국가'는 이름을 달리했다. 그러나 이 시스템에 대한 사유에는 분명히 어떤 연속성이 존재했던 것으로 생각된다.

물론 이를 해명하기 위해서는 두 가지 전제를 먼저 생각해야 한다. 제국 일본은 전쟁 중이었고, 조선은 법적으로나 실제적으로 엄연한 식민지였다. 서로를 촉발하고 공명하고 경쟁하는 교섭과 배치의 관계 안에 놓여 있었던 이 상황을 상징적으로 요약하는 것은 '내선일체(內鮮一體)'라는 제국의 용어이다. 인적[17] · 물적 자원이라는 매우 실질적인 문제 때문에 제국은 조선을 일본의 외부로부터 내부로 이동시켰다. 조선이 일본의 한 지방(local)이 되는 순간 '식민지'라는 개념이 논리구조상 사라진다.('조선'으로부터 '반도'로의 이동) 전쟁 중인 제국은 적과 아군이라는 개념 속에서 제국 내부의 마이너리티들을 하나의 동질성 속으로 포섭하기 위해 보편주의를 내세웠다.[18] 이는 어떤 의미에서는 적어도 개념상, 식민지 조선의 지식인들을 괴롭혔던 '탈식민'의 기회라고 할 수 있는 상황을 '연출'했다.

다시 말해 식민지 말기, 정확히는 중일전쟁 이후부터 태평양전쟁에 이르는 시간까지 조선에서 '국가'는 명실공히 일본이었다. 이를 가장 상징적으로 보여주는 것은 최재서의 '국사(國事)'라는 개념이다. 《국민문학》의 편

조선총독부 육군병 지원자 훈련소 제2기 (1941) 훈련병들의 행군. 일본정신은 전선에 있고, 그런 한 "일본, 그 범위의 너비는 알 수 없다."(야스다 요주로) 전선을 기어 나가야 할, 피식민에 관한 그 어떤 표식도 지워진 신체들.

제국 일본의 조선영화

집 주간이었던 이 식민지 최고의 엘리트는 전쟁 말기 '시국(時局)'이라는 말이 띠고 있는 수동적이고 외부적인 뉘앙스로부터 벗어나기 위해 국사라는 말을 사용할 것을 주장한다. 이 식민지인은 결코 과장을 한 것이 아니다. 제국이 수행하는 전쟁을 식민지인이 국사로 받아들이는 순간, 비로소 그는 '식민성'으로부터 완전히 탈피할 수 있을 것이다.[19]

그러나 제국의 기획과 식민지 엘리트의 적극적인 호응은, 그것이 '사실'로서의 식민지 위에 구축되어 있는 한 처음부터 딜레마 위에서 시작된 것이다. 왜냐하면 제국의 기획은 결코 피식민지인이 넘어설 수 없는 위계 위에 구축되어 있었기 때문이다.[20] 그 속에서 제국은 제국의 언설을 과도하게 '모방'하는 피식민지인의 언설 자체를 관리하였으며, 피식민지인의 언설은 제국의 언설에 대한 경합과 복종을 오가야 했다. 따라서 그 협력이란 적극적이고 '주체적'이 될수록 필연적으로 불협화음이 발생할 수밖에 없는 것이다.

이 책에서는 그러한 일련의 과정을 1940년과 1941년에 만들어진 세 편의 영화를 중심으로 하여 다른 '협력영화'들과 문학작품, 언설 분석 등을 통해 밝혀나갈 것이다. '전향자'들의 영화 〈지원병〉(1940)을 중심으로 협력의 심정(心情)을, 총독부 주도의 '조선영화주식회사'가 만들어지기까지의 과정을 그린 〈반도의 봄〉(1941)을 중심으로 협력의 '제도'와 관련된 문제를, 마지막으로 계몽가 목사가 부랑아 소년들을 황국신민으로 이끄는 영화 〈집 없는 천사〉를 둘러싼 내지의 검열 문제를 중심으로 계몽 주체를 둘러싼 경합의 문제를 살펴보려 한다. 해방 이후의 영화 〈시집가는 날〉을 분석한 5장은 식민지와 후기 식민지 사이의 연속성을 발견하는 하나의 사례분석으로서, 일종의 보론이자 차후 과제의 제시에 해당된다.

협력이란 무엇인가

협력자 · 한간 · 친일파

이 책에서 다루고 있는 대상에 대해 한국사회에서 쓰이는 일반적인 명칭은 '친일영화'다. 한국에서 '친일'이란 '단순한 행위의 차원이 아니라 민족사적인 이데올로기의 개념을 동반'한다는 점에서[21] 중국의 '한간(漢奸)'과 유사한 개념이다. 유걸(劉傑)의 간명한 정의에 의하면 한간이란 "민족의 배신자를 향한 최대급의 비난 용어로서 일상생활에서 자주 등장"하는 것이다.[22] 이 정의를 참고로 하자면 친일과 한간은 '민족'이라는 이데올로기 형태로 승격된 절대적 심급 속에서 성립되는 것이자, '일상어'의 레벨에까지 침투해 있다는 점에서 상동성을 지니고 있다. 그러나 이 두 낱말의 미묘한 차이 또한 간과할 수 없으리라. '친일'이 행위의 주체(조선/한국)가 아닌 타자(일본)를 명시함으로써 성립되는 낱말이라면 한간은 '누가(漢)' 범해졌는가(奸)'를 명시함으로써 성립된다. 그럼으로써 대한민국이라는 단일민족 신화의 사회와 중국이라는 한(漢)민족 중심의 다민족 사회를 배경으로 형성된 이 두 낱말은 각각 다른 방식으로, 그러나 결과적으로 동일하게 자민족 중심주의를 강화한다. 자민족 중심주의는 하나의 이상적 표상을 절대화함으로써 다른 이질적인 것들을(계급, 젠더, 소수민족[ethnicity]) 배제한다. 이것은 아시스 난디가 자국 내 문화를 동질화하려는 민족국가의 노력을 '내부 식민주의'라고 부른 것과 일치한다. "내부 식민주의는 자신을 영속화하고 정당화하기 위해 외부의 위협이란 사실을 이용한다."[23]

아시스 난디의 이 정의는 그가 비록 인도라는 다민족국가의 맥락에서 '동질화'라는 민족국가의 노력을 언급한 것임에도 불구하고, 후기 식민지 국가인 '대한민국'이 무엇을 욕망하고 있는지를 보여준다는 점에서 매우 유효해 보인다. '친일'은 '일제 강점기'라는 표현과 함께 대한민국과 '식민'이라는 단어 사이의 길항관계를 간명하게 보여주는 단어이다.

단적으로 말해, '점령지' 중국에서 사용한 '한간'과 유사한 '친일'이라는 낱말을 선택함으로써 '대한민국'이라는 후기 식민지 국가는 식민지 '경험'으로부터 도망친다.[24] '식민'이라는 개념이 '나라'가 아닌 '영토'에 대한 것인 한, 또한 이것이 '미개지'인 하위문명을 상위문명이 선도한다는 의식을 내포하고 있는 한, 이 개념은 여전히 한국사에서 일국 단위 역사의 정체(政體)를 초과하는 잉여 혹은 의식의 상처로밖에 제시될 수 없는 것인지 모른다.

식민지의 경험을 한국사 안에서 특수한 예외 상태로서 취급하는 일과, 세계사 안에서 조선의 식민지화를 문명화된 '국민국가'를 무너뜨리고 일어난 예외적 식민상태로 파악하려는 충동[25]은 동전의 양면을 이룬다. 아마도 이것이야말로 '식민지' 문제에 있어서 재구(再構)의 작업보다는 감정적 태도를 앞세우게 하는 이유일 것이다. '국민국가'에서 식민지로 전락한 유일한 사례 혹은 상위문명이 하위문명의 무력에 제압당한 특별한 사례로서 '1910~1945'년의 기간은 한국사의 정체성과 연속성을 위협하는 한편, 선명한 적의 개념을 통해 국가의 역사성과 정체성을 그 자체로 떠받치고 있다.[26]

그렇다면 친일을 대체하거나 친일에 병기되는 말인 '협력'이라는 개념을 생각해보자. 협력이란 식민지 내 피식민자의 수동적 위치를 넘어서려는 욕망을 전면화한다. 따라서 이 말이 유용하다면 그것은 당대의 전향과 (무)의식을 설명하는 데 있을 것이다. 또한 이 말은 제2차 세계대전을 통해 광범하게 이루어진 일련의 '전쟁' 협력을 포괄하는 개념이라는 점에서 '보편적'인 의미연관을 끌어들일 수 있다. 그러나 한국사회에서 '협력'이라는 어휘는 종종 혹은 거의 대부분 제국 일본에 대한 협력이라는 한정된 의미로 사용된다. 아마도 이를 상징적으로 보여주는 것은 '친일 협력'이라는 병기된 표현일 것이다.

이를테면 사르트르의 〈협력이란 무엇인가〉에서 협력의 메커니즘은 공동체에서 이미 밀려난 자들, 아웃사이더들에게 작동한다. "협력이라는 것은 애초부터 토착 공동체에 제대로 동화되지 못한 분자가 이국의 집단적 형태에 의해 포섭되어버리는 것이다."[27] 그런데 조선에서 협력은 이 집단이 총체적인 해체를 목도하고 있던 시기에 전쟁과 겹쳐 나타났다. 즉 조선이라는 공동체의 자명성이 흔들리는 순간을 바로 그 공동체의 자명성을 통해 설명하려는 방법은 한정적인 것일 수밖에 없다. 요컨대 문제는 식민지와 식민 본국의 분할선을 국가와 국가의 분할선과 과잉 일치시키지 않는 것이다. 그런 의미에서 이 글은 '협력'이라는 보편적 역사 개념을 매우 제한적으로 사용하려 한다.

더구나 '친일'이라는 낱말은 이 글에서 다루고 있는 시대의 중요한 상관항인 '전쟁'을 도외시하는 결과를 초래한다. 전쟁을 수행하던 제국 일본으로부터 호명된 이 영화들은 '전쟁' 협력 영화이다. 이 이야기는 이 책에서 매우 중요한데, 왜냐하면 '식민지'의 문제와 함께 제국의 '전쟁 상태'야말로 협력의 중요한 기제들을 밝힐 수 있는 단서를 제공하는 것이기 때문이다.

기회의 지옥, 제국영화관

이 책에서 세우고 있는 가설은 다음과 같다. 만주사변, 중일전쟁, 태평양전쟁이라는 15년 전쟁 속에서 육박해 들어오는 '국가' 일본과 마주한 식민지의 탈남성화된 주체들은 (병사가 됨으로써) 전쟁 '협력'을 통해 재남성화(再男性化)의 기제를 획득하고, 고도 국방국가 시스템[28] 속에서 그들이 지향해온 근대적 합리성을 발견한다. 그 속에서 영화는 경합과 복종 그리고 결렬이 이루어지는 더없이 적절한 매체로 부상한다. 왜냐하면 이 근대적 표상매체는 '국가'라는 강제적 균질 공간을 매개함으로써 식민성으로부터의 탈피라는 프로그램이 가능하리라는 믿음을 촉발했기 때문이다. 또한 이것은 식민지 남성 주체들에게 파시즘이라는 근대의 충격적인 완성과 대면하도록 한 매혹의 장치였다. 다른 한편으로는, 바로 그렇기 때문에 통치의 효과라는 차원만을 강조하는 제국의 영화관(觀)과 식민지 남성의 욕망이 투사된 영화관은 배치(背馳)될 수밖에 없었던 것이다.

이 책에서는 이러한 문제들을 구체적으로 해명하기 위해 다음의 장들을 설정한다.

제2장에서는 '병사'의 몸을 중심으로 어떻게 식민지의 멜랑콜리한 남성 주체들이 전쟁을 '재남성화'의 기제로서 인식하고 적극적인 협력의 주체로 부상하는가를 해명할 것이다. 식민지인의 '국민화'라는 가능성을 표상하는 병사의 신체를 통하여 남성다움을 획득한 이들은 아버지이자 남편, 온전한 남성으로서 스스로를 과시하기에 이른다. 다시 말해 파시즘이 부여한 '과도한 남성성'이라는 표상[29]은 식민지 조선에서 '식민성의 탈피'라는 기획과 맞물려 있는 것으로 보인다.

그런데 재남성화라는 단어는 그 자체로 두 가지 의미를 동시에 내포한다. 재(再=re)라는 접두사는 이중적이다. 그것은 탈남성화된 존재가 '다시' 남성성을 회복한다는 의미를 내포함과 아울러 남성성의 위기 혹은 거세의 상태를 언제나 '이미' 가정한다.[30] 따라서 이 말은 잠재적인 거세 공포증에 시달리는 남성에게 '재남성화'가 그 자체로 언제나 위기의 언설이며, 그러므로 전환의 국면마다 끊임없이 반복해서 수행된다는 것을 의미한다.[31]

이 이야기는 1930년대 말부터 일어난 '재남성화'가 식민지의 안과 바깥에서 어떻게 이중적으로 작용했는가에 대한 단초를 제공해준다. 즉 제국의 심상지리학 속에서 '여성화'된 식민지 남성[32]은 말 그대로 '재남성화'의 이미지로 제국-식민이 이루었던 차별적 관계를 상쇄, 보상받으리라는 환상에 사로잡혔다. 아리프 딜릭의 말처럼 식민지 내에서 '성적인 권력에 대한 주장을 불온하게 강조하는 것에서 그 대응방식을 찾았던' 이들에게 전쟁은 기회의 담론이 창성하는 공간이기도 했다.[33]

제3장에서는 1930년대 말 조선영화계의 상황을 개괄한다. 여기서는 일본의 네 번째 대형 영화회사가 될 '조선영화주식회사'가 설립되기 직전에 만들어진 영화 〈반도의 봄〉을 중심으로 하여 어떻게 식민지 조선인들에게

'식민'이 지워지고 식민 종주국 일본이 '국가'로서 도착했는지를 규명할 것이다. 이 장에서 '조선영화계'라는 제도의 맥락을 끌어온 것은 토키 시대로 돌입한 당시의 조선영화계가 기업적 합리화와 시스템으로서의 합목적성이라는 열망에 얼마나 시달렸는지를 보여주기 위함이다. 그것은 총력전 체제하의 제국이 수행했던 합목적성에 기초한 시스템 사회로의 이행이라는 이미지와 합치하는 것이었다.[34]

제4장에서는 영화 〈집 없는 천사〉 분석을 통하여 재남성화의 결과로 가능해진 피식민지 남성 계몽 주체가 제국이라는 확장된 공간 속에서 어떻게 파열되는가를 다룬다. 한 계몽가 목사가 거리의 부랑아들을 황국신민으로 길러내는 과정을 그린 〈집 없는 천사〉가 '내지'로 들어가면서 겪은 검열을 둘러싼 사건은 일종의 '해프닝'과 같은 것이었다. 조선 내에서 조선군 보도부의 추천을 받고 일본에서도 문부성 추천을 받는 데 성공한 이 영화는 '내지' 공개 직전에 재검열과 함께 문부성 추천 취소를 당하고, 더빙판만이 '비일반용'으로 상영허가를 받았다. 이 이해하기 힘든 검열의 메커니즘이 의미하는 바는 무엇인가? 이 사건은 피식민지 남성 주체와 식민자 사이에 있었던 근본적인 화해 불가능의 지점에서 일어난다. 제국이 피식민지 엘리트 남성 주체에게 요구했던 것이 '초과 달성' 된 지점에서 벌어진 이 해프닝은 계몽 주체를 둘러싼 제국의 딜레마를 적나라하게 보여주고 있는 것이다.

제5장은 1943년 《국민문학》에 실렸던 오영진의 일본어 시나리오 《맹진사댁 경사》와 이 시나리오를 처음으로 영화화한 〈시집가는 날〉을 중심으로, 시나리오로부터 영화로의 이행, 일어로부터 한국어로의 번역, 식민지 로컬리티에서 일국의 민족 표상으로의 전이 과정을 추적하고 있다. 그 속에서 어떻게 이 텍스트가 민족을 상상하고 재현해내는가를 밝힘으로써 식

민지와 후기 식민지를 잇는 국민국가 생성의 내러티브를 시론적으로나마 파악해보고자 하였다. 이 일본어 텍스트의 (조선어가 아닌) '한국어'로의 이행과 안전한 정착은 식민지 경험을 둘러싼 기억상실이나 기억의 오류로 가능해졌다.

　그러니까 내가 묻고자 하는 것은 기억의 오류, 즉 무엇이 잘못 기억되고 있는가가 아니다. 문제는 오류와 망각으로서의 기억이라는 그 기억의 방식 자체가 분단국가 대한민국을 가능하게 했다는 점이다. 이는 북한영화를 옆에 세워두는 순간 명확해진다. 북한영화에서 가장 많이 다루는 배경은 (남한의 역사 분절에 따르자면) 식민지 시대이다. 그것은 북한이 이 시기를 '교전'으로 인식하는 것과 관계한다. '교전'은 대상을 바꾸어 계속된다. 다시 말해 계속되는 교전상태야말로 조선민주주의인민공화국의 정통성 확보에 필수불가결한 것이며, 이를 뒷받침하기 위해 투쟁으로서의 기억은 반복되어야 한다. 끊임없이 기억을 지우는 행위와 끊임없이 기억을 되살

신민들의 "지성봉공", "의용봉공". 고대 율령제에서 '공(公)'이란 대가문, 즉 천황가(天皇家)를 의미했으며 공민이란 천황 직속의 양민(良民)을, 공경(公卿)이란 천황 직제의 신하를 뜻했다. 이러한 '공'의 의미는 존황양이의 기치 아래 이루어진 메이지 유신과 식민지 획득에 의해 천황의 영토 안의 모든 생명으로 확대된다.

리는 행위는 그렇게 각 분단 '국가'의 정통성의 기초를 만들어준다는 점에서 동전의 양면으로 작용한다. 그러니까 결국 우리 앞에는 하나의 동전이 놓여 있는 셈이다. 앞으로 전개될 이야기는 먼저 그 동전의 한 면을 밝혀보고자 하는 시도이다.

제 2 장

협력의 심정

– 〈지원병〉 전야(前夜) 또는 멜랑콜리의 나날

비애에서는 바깥의 세계가 빈곤해지고 공허해지지만,
멜랑콜리에서는 자아 그 자체가 빈곤하고 공허해진다.
– 프로이트[1]

아아 님은 갔지만, 나는 님을 보내지 않았습니다.
– 한용운, 〈님의 침묵〉

지원병, 국어, 의무교육 그리고 공민권

— 병참기지화와 내지연장의 '이상'

신민에서 국민으로

1938년 2월 26일 '조선육군 특별지원병령'이 공포되었다. 그리고 그로부터 일주일 후인 3월 4일에는 '제3차 조선교육령 개정'이 공포된다. 미나미 지로 조선 총독은 다음과 훈시하고 있다.

일전에 육군 특별지원병령을 공포하고, 이제 다시 개정 조선교육령의 공포를 보게 됨에 있어 강내(疆內) 관민에 포고하여, 그 깊은 뜻을 환기한다. 무릇 조선 통치의 목표는 그 역내(斯域) 동포를 진실로 하나하나 황국신민됨의 본질에 철저히 하여 내선일체(內鮮一體)로서 함께 다스려 평안(治平)케 하는 경사를 의지하여 동아의 일을 다스리는 데에 있다. (중략) 새롭게 조선교육령의 개정에 의해 보통교육에 있어서 국어상용자와 그렇지 않은 자의 구별을 철폐하여, 내선인(內鮮人) 균등하게 동일 규칙 아래에서 교육을 받는 길을 열게 된 차제이다.[2]

"제국의 전진 병참기지로서의 사명을 부하"받은 조선의 교육에 일대 혁신을 요하는 시기가 왔다.[3] 총독의 소리는 그러한 일대 전환을 요구하고 있었던 것이다.

지원병 제도, 황국신민, 내선일체, 국어상용, 동일법규와 같은 '억압'의 상징적 어휘들 속에서 우리가 주목해야 하는 것은 물론 총독의 소리, 즉 식민정책의 잔혹한 변화일 것이다. 그러나 과연 그것으로 충분한가. 지금 여기가 아니라 당시의 언설 그 자체로 들어가 거기서부터 재구(再構)해보야 하는 것은 아닐까. 재구의 과정을 건너뛴 채, 역사 혹은 표상의 심부로 돌입하는 방법은 존재하지 않는다. 총독의 소리를 반복하며, 일종의 복화술을 하는 피식민자들의 의도 혹은 이상을 확인하는 것. 나는 영화 〈지원병〉을 둘러싼 분석에서, 우선 이 건조한 '선전영화'의 표면이 아니라, 그러한 메마른 표면이 전제하고 있는 '내면'과 '정황'을 재구하는 방법을 택하려 한다. 왜냐하면 선전이 일종의 효과를 의도하는 행위라고 할 때, 우리는 이 피식민지의 남성들이 기꺼이 혹은 불가항력적으로 〈지원병〉이 될 수밖에 없는 심리적 메커니즘과 시대의 공기를 먼저 읽어내야 하기 때문이다.

먼저 미나미 총독의 훈시를 반복하며 그 명령 속에서 가능성을 타진한 피식민자들의 어떤 소리—상황인식이 나아간 하나의 극점을 들어보자.[4] 총독의 훈시가 발표된 후, 대의사(代議士) 박춘금은 《삼천리》에서 연 좌담회에서 다음과 같이 말하고 있다.

대체로 지금은 남(南) 총독의 명단(明斷)으로 조선에도 의무병역제의
그 초입으로서 우선 지원병 제도가 실시되어 400여 명의 장정이 군
문(軍門)으로 향하여 행진하고 있고 또 내선(內鮮) 일체의 교육령도
실시까지 보아 조선 사람이 일본 국가의 국민으로서 가져야 할 의무
와 권리를 차츰 가지게 된 것은 크게 깁분 일이야요. 그러면 이제 남
어 있는 아등(我等) 전체의 문제는 오즉 이 공민권의 획득인데 조선
에 지방 자치제가 부여되어 벌써 십수 년이 되었지만은 금일의 시세
는 벌여기에 머물너 있을 때가 아닐 줄 아러요. 그러니까 금후의 가
장 큰 문제는 '참정권'을 얻는 그것이지요.[5]

단적으로 말해, 박춘금은 의무의 분담을 권익의 확대 과정으로, 식민자
의 명령을 피식민자의 요청으로 전도시킨다. 병사가 된다는 것은 명령, 즉
국어(國語) 해독력을 전제한다. 미나미 총독의 훈시대로 이는 교육의 혁신
없이는 불가능할 것이다. 그렇다면 "내선인(內鮮人)이 균등하게 동일 규칙
아래에서 교육을 받는 길"의 최종적 귀결은 의무교육이 되지 않을 수 없
다. 바로 이 지점에서 낮은 '민도(民度)'라는 언설에 기댄 내지와 외지 간
의 차별이 해소되어야 할 문제로 제기된다. 황민의 능력을 갖추고, 황민의
의무를 부담하는 피식민자는 여전히 비(非)국민(=피식민자)이어도 좋은
가. '병사가 된 피식민자'란 그 자체로 하나의 형용모순이다. 그리고 이 형
용모순이 실제로 완성되는 순간 식민자와 피식민자 모두는 피식민자의 공

제국 일본의 조선영화

민권이라는 주의 깊게 회피되어온 문제와 대면한다. 그들은 각각 조선 청년들의 죽음을 걸고 식민지 조선의 나아갈 길을 다투고 있었던 것이다.

'의무병역제의 초입'으로서 지원병 제도[6]가 의무교육제와 참정권 문제와 함께 거론되고 있는 것은 우연의 일치가 아니다. 그러니까 이 세 가지는 식민지 조선인이 일본 제국의 신민으로 거듭나기 위해 함께 오는 것이다. 그때 국민에게는 의무와 함께 권리가 부여된다. 아니, 요청된다. 이것은 간단히 병사가 됨으로써 참정권을 요구할 수 있다는 선후 관계의 논리가 아니다. 적어도 허용된 언설의 차원에서는, 병사가 된다는 것 자체가 이미 의무이자 또한 권리였다는 것을 상기해야 한다. 지원병 제도의 포고는 식민지인들에게 (특히 식민지 지식인들에게) '병사'라는 신민의 지위를 보증하는 어떤 핵을 '상징적'으로 소유하게 되었음을 의미했다. 즉 병사가 될 수 있다는 자격의 부여는 제국의 피식민자를 '국민'으로 재탄생시키는 '기회의 언설'과 연동한다. 따라서 이 순간 (탈식민의 기획으로 전유 가능한 내선일체의 연장선상에서, 그것의 완성을 예감케 하는 것으로) '병사'의 자격이라는 문제에 일군의 식민지 엘리트들이 열정적인 호응을 보내는 것은 논리적으로 전혀 이상한 일이 아니다. 이를테면 《국민문학》 주간이었던 최재서는 1942년 조선의 징병제 실시 발표에 관하여 다음과 같이 쓰고 있다.

이번에 조선에 징병제가 실시되는 근본적 의의는 황공하옵게도 천황 전하가 반도 이천사백만을 '수족처럼 의지'하신다는 데에 있다. 말할 것도 없이 황국에 있어서 병권(兵權)은 대원수 각하의 통솔을 하사받는 것, 따라서 병역은 일본국민에게 있어서 최대의 광영이다. (중략)

두 번째로 반도인은 징병제 실시를 기회로 확실히 그리고 영구히 조국 관념을 견지할 수 있게 될 것이다. (중략) 피로써 국토를 지킨다는 것이 없다면 조국 관념은 생겨나지 않는다. 이제까지의 내선일체 운동이 관념적인 운동이었다고만은 할 수 없으나, 단지 관념론에 그친 부분도 있었다. 그것은 반도인이 피로써 일본국토를 지킨다는 철두철미한 보장성이 따르지 않았기 때문이라 생각된다. (중략) 세 번째로 징병제 실시에 의해 반도인의 자질이 급격히 향상될 것이라 생각된다. 황군의 훈련은 엄정과 맹렬을 다하는 것으로써 세계에 비할 바 없이 강하고 옳은 군대를 구축했음은 세계가 주지하는 바와 같다. 이것은 군적에 몸을 실은 군인뿐 아니라 나아가 국민 전반에 그 기풍을 미침으로 일본 국민성의 중핵을 이루고 있는 것이다.[7]

반도인이 천황이 '수족처럼 의지'할 수 있는 적자(赤子)가 되었다는 이 이야기는 1939년 경성제대의 경제학 교수였던 스즈키 다케오가 '대륙 병참기지' 자체가 '내선일체'를 의미한다고 명쾌하게 단언했던 순간을 연상시킨다. 스즈키 다케오는 다음과 같이 말하고 있다.

순군사적(純軍事的)으로 '병참기지'의 의미를 설명하자면[8], 원래 '병참기지'란 내지라면 문제가 되지 않지만, 내지 이외의 장소라면 각 제반 조건이 내지와 가장 유사한 장소이지 않으면 안 된다. (중략) '내선일체'와 '대륙 병참기지'라는 말은 같은 것을 다르게 표현한 것에 지나지 않는다.[9]

그러니까 조선은 병참기지인 한 '내지(內地)의 연장(延長)'[10]이어야 하
며, 혹은 내지의 연장이므로 비로소 조선은 병참기지가 될 수 있다. 그런
데 바로 이 (제국의) 논리로부터 최재서가 이끌어내고 있는 것은 '국민'으
로서의 자격이다. 즉 '병역은 일본국민에게 최대의 광영'이라고 주장하는
순간 병역의 의무를 짊어진 반도인은 명실공히 '일본국민'의 자격을 획득
한다. 이때 '피로써 지키는 국토'는 조선까지 확장된 일본이다. 조선은 완
전한 일본 제국의 방어선 '내'의 지방으로 존재할 것이며, 그 속에서 비로
소 조선인은 일본 '국민'이 될 것이다. 공간적 지시어로서 '반도'는 문화적
차이와 민도(民度)의 언설을 초과해버린다. 그렇다면 이 순간 무엇이 문제
가 되는가? '반도'라는 낱말을 둘러싸고 (적어도 표면상) 더 이상 작동 불가

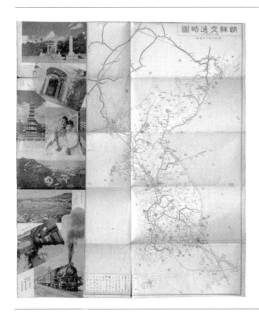

조선은 완전한 일본 제국의 방어선 '내'의
지방으로 존재할 것이며, 그 속에서 비로소
조선인은 일본 '국민'이 될 것이다. 그러나
이 지도의 안쪽에는 얼마나 많은 (국민의)
분절이 있었던가.

능한 민도의 차이라는 식민지의 언설과 민권=공민권의 연장(延長)이라는 피식민자의 문제계가 충돌한다.

총독에게 바친다

1930년대 말의 식민지 조선의 주도적 엘리트들이 (이들은 해방 이후 단지 친일분자로서만 기억될 것인데) 황민으로서의 자각을 끊임없이 호소한 것은, 그들이 황민의 극한에서 더 이상 불평등한 피식민지인이 아니라 '국민'이 될 것이기 때문이었다. 역설적으로 말해, 제국의 보편주의적 논리가 소수자 통합의 길을 열었다고 본 사카이 나오키의 지적[11]처럼, 전쟁을 수행해야 했던 제국은 '제국주의-국민국가'의 틀 안에서 피식민지인을 '국민'으로서 호출하였다. 따라서 병참기지화와 지원병 제도에 이어지는 징병제를 둘러싼 기획은 제국과 피식민지인 사이의 공모 관계 혹은 경합을 발생시키게 된다. 왜냐하면 제국은 '국민'이라는 보편의 논리로 호소해오고, 피식민지인은 평등과 권리라는 이름으로 그 논리의 극한지점으로 제국의 언설을 몰고 가려 했기 때문이다. 그렇다면 이 기획은 과연 성공했을까? 혹은 성공할 수 있는 것이었을까?

다시 앞의 인용문으로 돌아가보자. 논리의 파탄은 예기치 못한 곳에서 찾아온다. 최재서가 들고 있는 징병제 실시의 마지막 의의는 '반도인의 자질 향상'이다. 그에 의하면 반도인은 '군대'와 그것의 확장으로서 일본인의 가치를 체득하고 규율과 절제 속에서 거듭날 것이었다. 제국의 한 부분으로서 반도, 일본 국민으로서 반도인이 집단적 지시어로 상정되었다면, 이 거듭남의 순간에 '반도인'이라는 명칭이 갑자기 실재하는 개개의 존재들을 상기시킨다. 그럼으로써 저 집단적 지시어에는, 개개의 실체인 조선인이 등장하면서 불현듯 생채기가 난다.[12]

영화 〈지원병〉은 바로 이러한 병참기지화와 총동원을 둘러싼 식민자와 피식민자의 경합과 협력 그리고 미묘한 결렬을 전형적으로 보여준다. 염군사로부터 카프로의 여정을 걸었던 최승일이 설립한 동아흥업사의 첫 번째 작품인 이 영화는 카프의 중심 이데올로그였던 박영희가 원작을 썼으며, 역시 전향 예술가였던 안석영[13]이 각색과 연출을 담당했다. 침체와 퇴폐 일로에 있던 일군의 전향자들이 갑작스럽게 재활성화되는 순간, 피식민지인이 처음으로 '병사'라는 자격을 부여받은 순간에 등장한 이 영화는 식민지 조선의 최고 지도자 미나미 총독에게 바쳐졌다.

우울증과 식민지

— 우울과 거세불안, 〈지원병〉 전야의 얼굴들

환희 없는 출구, 무표정으로 이끌리는 전선(戰線)

한마디로 말해 이 영화는 대수롭지 않은 삼각관계의 낡디낡은 신파
극이며, 거기에 주인공의 숙원이기도 한 조선의 지원병 제도가 실현
되어 용약 응모하여 출정한다는 영웅적 요소를 마치 나무를 대나무
에 붙인 듯 부자연스럽게 연결한 것에 지나지 않는다.[14]

1940년 〈지원병〉이 일본에서 공개되었을 때 이 영화는 혹독한 평가를
감수해야 했다. 이 영화가 얼마나 지독히 낡은 신파 비극인지를 설명하는
데 글의 반을 할애하고 있는 시미즈 아키라에게 이는 차마 "앉아 있기 괴
로워 몸둘 바 모르겠는, 한시라도 빨리 해방되고 싶게 만드는, 보는 것 자

체가 지독히도 고통스러워서 어찌해야할 바를 모르겠는" 영화였다. 무엇보다 이 세련된 감식자를 괴롭힌 것은 웃는지 우는지 알 수 없는 찡그린 얼굴로 일관한 배우의 변하지 않는 표정과 편집의 기본조차 익히지 못한 듯한 컷당 소요되는 지나친 길이였다. 일본의 한 영화평론가에게 이 영화는 말 그대로 고통이었으며 재앙이었다. 그는 급기야 이렇게 말한다. "조선의 실상에 어두운 나로서는, 이 무감정한 따분함이 대체 어디까지 민족적 성격에 뿌리를 두고 있는 것인지, 어디까지 기술적인 졸렬함에 기인하는 것인지 분석하는 것이 불가능하다."[15]

신파가 과장된 감정의 노출을 특징으로 삼는다면 '무감정한 따분함'이라는 표현으로 마무리되는 그의 평가는 언뜻 모순이 있는 것처럼 보인다. 이것은 다만 못 만든 영화에 대한 전문 비평가의 악의에 가득 찬 평가일까? 결론부터 말하자면 그의 평가는 틀리지 않았다. 오히려 이 평가는 이 영화의 내러티브상의 허점을 정확히 지적하고 있다고 해야 할 것이다. 그리고 이 허점이야말로 우리의 논의가 시작되는 지점이다.

만문(漫文) 장르의 개척자이자 카프에 관여했던 화가이며 소설가였던 안석영이 1936년 그의 첫 번째 영화 연출작 〈심청전〉 이후 두 번째로 연출을 맡고, 박영희가 원작을, 경성방송국의 초창기 멤버이자 연극인·소설가였으며 '반도의 꽃' 최승희 공연의 기획자였던 당대의 모던 보이 최승일[16]이 기획을 담당한 영화 〈지원병〉은 말 그대로 당시 조선문화의 최전선을 담당했던 중견들의 합작품과 같은 것이었다. 그리고 이들은 공식적인 혹은 비공식적인 전향자들이었다.[17]

이 이야기는 두 가지를 의미하는데, 한편으로 이들이 동일한 세대적 경험의 자장 안에 있었다는 것을 말해주며 다른 한편으로 필름이 발견된 최근까지 왜 이 영화에 대한 언급이 그토록 회피될 수밖에 없었는지를 보여준다.

　박영희의 경우 카프의 논쟁과 전향론('잃은 것은 예술이요, 얻은 것은 이데올로기'라는 저 과장된 선언. 결국 사회주의 예술이라는 새로운 예술 개념을 상당히 전통적으로밖에 수용할 수 없었음을 보여주는 것이지만) 때문에 한국 문학사에서 피해갈 수 없는 존재였지만 그가 영화에 관여한 사실은 거의 알려져 있지 않았다. 해방 이후 북한을 선택한 최승일은 최근까지 남한에서는 잊혀진 존재였다. 6·25전쟁 이전에 병사한 안석영은 민족주의 리얼리즘이라는 한국영화사의 절대적 가치평가의 기준 속에서 '민족주의자'로 기억되어야 했다. 따라서 식민지 문화의 결과물들을 어떤 식으로든 끌어안아야 했던 해방 이후의 한국 사회 속에서 이 영화에 대한 언급이 회피된 것은 어떤 의미에서 당연한 일이었다. 어쩌면 회피야말로 이 영화를 끌어안을 수 있는 유일한 방법이었는지도 모른다.[18]

　그런데 이 영화는 명실공히 당시 조선에서 최초로 지원병을 다루었다. 그리고 이 영화를 만들기 위해 모인 사람들은 모두 (채만식의 표현을 빌리자면) 시대의 '아편중독자'들이었다.[19] 그것은 이 영화가 1930년대 말의 전향이라는 경험을 공유하고 있는 당시 조선의 중견 지식인들의 내면 풍경과 어느 지점에선가 맞닿아 있다는 것을 의미한다. 그렇다면 일본인 평론가를 괴롭힌 '찡그린 무표정'이야말로 바로 그 내면의 표정이 아니었을까?

　〈지원병〉의 내용을 요약해보면 다음과 같다. 중학교를 중퇴한 춘호는 죽은 아버지의 뒤를 이어 마름 일을 하고 있다. 그에게는 약혼자 분옥이 있는데, 비록 아버지들끼리 정해놓은 정혼의 상대지만 서로 사랑하는 사이다. 마을의 모략꾼 김 첨지는 호시탐탐 춘호의 마름 자리를 노리는 중이다. 지주가 죽고 서울에 사는 그의 젊은 아들이 새로운 지주 된 것을 기회로 삼은 김 첨지는 새 지주를 꼬드겨 춘호를 몰아내고 마름이 되고자 한

　　　　　　　　　　　　　　　　　　　　제국 일본의 조선영화

다. 한편 새 지주의 여동생 영애는 춘호에게 호감을 품고 있다. 그러던 어느 날, 전부터 분옥을 짝사랑하고 있던 춘호의 친구 창식이 분옥에게 자신의 마음을 전하려는 사건이 일어난다. 우연히 이 장면을 목격한 춘호는 둘 사이를 오해한다.

이 영화의 스토리를 전달하기 위해서는 어떤 불편함을 감수해야 한다. 그것은 이 영화의 내러티브 자체가 원인과 결과의 인과관계로 이루어져 있지 않기 때문이다. 아니, 정확히 말하자면 그것이 거꾸로 되어 있기 때문이다. 이 영화는 이미 '결과'에서 시작된다. 그것은 우울증에 걸린 춘호이다. 이 영화에서 가장 압도적인 표상을 차지하는 것은 거의 웃지 않는

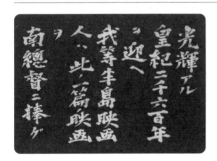

〈지원병〉 서두, "빛나는 황기 2600년을 맞이하여 우리 반도 영화인은 이 영화를 미나미 총독에게 바친다."(왼쪽)
〈조선해협〉 서두, "우리들 새로이 병사로 부르심을 받아."(오른쪽)

그 어떤 조선발 영화도 국가의 부름에 대해 이야기하지 않는다. 오히려 나의 '자발적'인 호응이 문제이다. 징병제의 시간에조차 '지원병'의 내러티브만이 가능하다. 태평양 전쟁 중 미군 정보부와의 협력으로 《국화와 칼》을 쓴 루스 베네딕트는 일본 프로파간다 영화의 '환희 없음'에 의아해했다. 거기에 있는 것은 온통 비장한 죽음의 의지뿐이다. 적을 알기 위해 책을 집필하기 시작한 인류학자에게 이 사실은 일종의 전율로 다가왔다. 조선발 프로파간다는 어떤가. 그것들은 결코 죽음의 의지 따위는 그리지 못했다. 어떻게 죽을 것인가의 문제가 아니라 죽음을 담보로 내건 인정투쟁이 문제였기 때문이다.

춘호의 얼굴이다. 그는 처음부터 무엇인가에 억눌려 있는 듯하다. 과연 무엇이 그를 그토록 우울하게 만드는가? 문제는 이 우울의 원인을 영화 안에서 찾아내는 것이 쉽지 않다는 점이다. 영애-춘호-분옥, 춘호-분옥-창식으로 겹쳐져 있는 두 삼각관계도, 그의 지위를 빼앗으려 하는 김 첨지의 모략도 춘호의 우울 그 자체에 비하면 부차적인 갈등에 불과해 보인다. 〈지원병〉의 내러티브가 말할 수 없이 허술해 보이는 것은 바로 이 갈등의 기능부전 때문이다. 어떤 갈등도 갈등으로서 구체화되지 못한다. 이유는 간단하다. 왜냐하면 이 갈등들의 유일한 축이라고 할 만한 춘호 스스로에게 이 모든 것이 그저 하찮기 때문이다. 이 과묵한 남자 주인공이 총체적인 무기력증에 시달리고 있는 〈지원병〉은 일종의 예정결정론의 세계를 보여준다.(이 영화의 제목이야말로 예정설로 이루어진 이 세계를 받쳐준다. '지원병'이라는 제목하에서 극중의 등장인물들과 관객인 우리들은 모두 주인공이 지원병이 되는 순간을 기다린다.)

마을의 일본인으로부터 병사가 될 수 있다는 이야기를 들은 춘호는 지원병 시험을 치르고, 훈련소로 향하는 기차에 오른다. 춘호가 지원병이 되는 순간 창식은 춘호에게 사죄하고, 젊은 지주는 춘호의 남겨진 노모와 어린 여동생을 돌봐줄 것을 결심한다. 모든 갈등은 일시에 해결되는 것처럼 보인다. 그러나 정확히 말하면, 이는 갈등의 해결이 아니라 해소(dissolution)다. 해결이란 어떤 당면한 문제의 원인을 찾아 그것을 풀어내는 것이지만, 해소란 문제 자체를 없던 것으로 하는 것이다. 이것이 해결이 아니라 해소인 이유는 이 갈등들이 시뮬라크라(simulacra) 같은 것이기 때문이다. 그것은 1938년(이 영화의 배경은 1938년이다) 경성 근교에 사는 지방 엘리트 청년에게 닥쳐올 수 있는 갈등의 가상적인 목록과도 같다. 세대(김 첨지 대 춘호)와 계급(지주 대 춘호)과 신구(新舊)여성(춘호의 약혼녀와

제국 일본의 조선영화

지주의 여동생) 사이의 갈등이 촉발되고 중첩된다. 문제는 이 갈등들보다 먼저 와 있는 저 우울한 춘호라는 인물이며, 또한 이 갈등을 한꺼번에 뛰어넘는 출구로서의 지원병 되기인 것이다. 그렇다면 이 우울증이야말로 이 영화의 창작 주체들이 아무런 설명 없이도 전달 가능하다고 생각했던 것, 바로 공명의 근원이었던 것은 아닐까.

춘호의 우울증을 영화 안에서 해명하기란 매우 곤란한 일이다. 이 우울은 영화의 내러티브와는 상관없이 그 자체로 하나의 자명한 전제인 까닭이다. 이 자명함이야말로 이 영화가 던지는 수수께끼의 핵이자, 앞서 일본의 평론가가 말한 '무감정한 따분함'의 이면이며, 동시에 식민지의 표상 공간 전체를 장악해버린 무표정과 고통의 근원을 이룬다. 춘호는 '병사'가 될 수 없으므로 우울하다. 그도 그럴 것이 이 우울은 지원병이 되는 순간

〈지원병〉의 마지막 장면은 첫 장면과 정확히 조응한다. 첫 장면에서 춘호와 창식은 군용열차를 환송하기 위해 역에 나와 있다. 그들이 힘차게 흔들어야 할 일장기는 비스듬히 기울어져 있다. 열차가 지나가고 춘호의 고개는 수그러든다. 그는 자신에게 결여되어 있는 것이 무엇인지를 '너무나' 잘 알고 있다. 마지막 장면에서 바로 그 춘호가 군용열차에 오른다. 열차를 탈 수 있는 '자격'에 관한 이야기는 그렇게 마무리된다.

치유, 아니 해소되어버리기 때문이다. 그렇다면 질문은 이렇게 바뀌어야한다. 왜 병사가 될 수 없다는 사실이 춘호를 그토록 우울하게 만드는가?

이를테면 이 영화의 첫 장면을 보자. 동원된 마을 사람들이 일제히 일장기를 흔들고 있다. 그 속에는 춘호와 친구 창식도 있다. 그들은 무료하게 한 손으로 일장기를 흔들며 서로의 근황을 묻는다. 창식은 춘호에게 산지 개간일은 잘돼가느냐고 묻고, 춘호는 창식의 운전 공부에 대해 묻는다. 대답들이 시원찮다. 그들은 뭔가 하고 있지만 그다지 잘되는 것 같지는 않다. 나팔 소리와 기적 소리로 요란한 이 장면은 힘찬 사운드에도 불구하고 이상하게 가라앉은 분위기이다. 기차가 출발하자 사람들은 떠나는 기차를 향해 몰려간다. 이를 바라보고 있는 춘호의 얼굴이 클로즈업된다. 그의 양 미간에는 주름이 잡혀 있다. 그는 천천히 고개를 숙인다.

이 시퀀스는 바닷가에서 춘호와 분옥이 만나는 장면으로 이어진다. 춘호의 눈치를 살피던 분옥이 뭔가 걱정이 있느냐고 묻는다. 그녀는 자신이 소학교밖에 졸업하지 못했다는 것이 마음에 걸린다. 그녀가 보기에 이 남자는 큰일을 할 사람이다. "당신은 생각이 커요. 어느 때고 한번 소리칠 날이 있을 거예요." 남자는 어딘가 멀리 떠나고 싶다고 말한다. "가면 어딜 가세요?" "글쎄……." 남자는 여자의 질문에 아무 대답도 할 수 없다. 그렇게 얼버무리는 남자는 이 공간에 포위당해 있는 것처럼 보인다. 바닷가 벼랑이라는 설정은 이 느낌을 강화시킨다. 그는 말 그대로 '벼랑 끝'의 존재이다. 그렇다면 무엇이 그를 이토록 막바지로 몰아넣고 있는가?

우울증은 이미 영화가 시작되기 전부터 존재하였다. 그러니까 춘호의 우울증을 해명하기 위해서는 다소 장황한 우회일지라도 영화가 시작되기 이전, 영화의 바깥으로 나가볼 필요가 있다. 왜냐하면 이 표정 없는 영화는 내러티브 내적으로 설명될 수 없는, 아니 설명되지 않아도 좋다고 여겨진 '심정'에 근거하고 있기 때문이다. 이미 영화가 시작되기도 전에 관객들 모두가 주인공이 〈지원병〉이 될 것이고, 그것이 모든 갈등의 해소일 것임을 '알고 있다'는 의미에서, 내러티브는 차라리 부차적이다. '무감정한 따분함'이라는 표면의 심부, 그러니까 식민지 남성의 내면을 묻는 일이 선행되어야 하는 것은 이 때문이다.

여기서 〈지원병〉의 주인공과 마찬가지로 중학교를 중퇴한 지방 엘리트이자 우울증에 시달렸던 실제 인물과 마주치게 되는 것을 그저 우연이라고 할 수는 없을 것이다.

S라는 지방 엘리트의 경우
─민족에 대한 사명으로부터 식민지 울병으로

상주에 거주했던 한 지방 엘리트(그는 S로 지칭된다[20])가 남긴 1931년부터 1938년까지의 일기를 분석한 이타가키 류타의 논문은 식민지 청년의 우울에 대한 흥미로운 사례를 제시하고 있다. S는 1914년, 경상북도 상주의 집성촌 P리의 중규모 자영 지주의 집에서 태어났다. 근처 도시인 대구의 중등학교에 입학한 후 1년 만인 1931년에 금전상의 문제로 중퇴하고 고향으로 돌아온다. 그 자신의 표현에 의하면 "농촌의 고등유민(遊民)"으로 나날을 보내던 S는 1935년부터 당시의 행정용어로 말하자면 '중견인물' 역할을 하기 시작한다. 농촌진흥조합 간사, 춘추 잠종 교사, 모종 지도원, 야학 강사 등을 거친 그는 1936년 4월부터 군농회의 잠업 지도원으로서 정직에 채용된다.

지방에 살았지만 도시 미디어에 민감했으며, 제국의 지식과 문화계의 움직임에 계속 노출되어 있었던[21] 지방 엘리트의 소비 형태에 대한 분석을 통해 어떻게 식민지 근대가 파급되어 갔는지를 면밀히 분석하고 있는 이 논문을 통해 이타가키는 일상사 및 개인사의 영역에서 식민지 문제를 탈구축하고 있다. 나의 논의와 관련하여 주목을 요하는 부분은 나날의 일기에서 토로되는 '식민지 청년의 우울'이라는 문제이다.

　이타가키의 분석에 의하면 《S의 일기》 전편에서 '우울증'과 관계 있는 표현은 1930년대 중반에 이르러 점점 증가하는 추세를 보인다. 우울, 음울, 울울, 우수, 침울, 울증, 울분, 음침, 권태, 태만, 염증, 괴로움, 답답, 답답증…… 실로 다양한 어휘로 표현되는 S의 증세는 그가 중견인물이 되어갈수록 점점 악화된다. 1935년, 그는 결국 병원에서 '화병'이라는 진단을 받는다. 한약을 먹기 시작했지만 병세는 차도를 보이지 않았다. 심한 피로감, 소화불량, 빈혈, 두통 등으로 다시 한 번 병원을 찾은 그에게 몇 가지 병명이 따라붙지만 그 어떤 것도 정확하지 않은 듯하다. 1936년, 그는 대구의 도립병원을 찾는다. 이곳에서 급기야 신경쇠약이라는 병명이 내려진다.[22] 대체 S를 사로잡고 있는 이 우울증은 어디서 비롯하는가? 흥미로운 것은 우울증의 심화와 반비례하여 '민족'이라는 말의 빈도수가 점점 사라진다는 점이다.

　프로이트의 고전적 정의에 의하면 멜랑콜리란 완료되지 못한 슬픔이다. 그것이 완료될 수 없는 이유는 (애도[mourning]와 달리) 그 자신이 무엇을 상실했는지 알 수 없기 때문이다. 멜랑콜리에는 비애를 설명하는 경제학적인 비유가 적용되지 않는다. 그러니까 '얼마간의 시간' 동안 그만큼의 슬픔을 소비하고 새로운 애착의 대상을 찾는 비애와 달리 멜랑콜리의 경우 슬픔은 '소비'되지 않는다. 그것은 결코 '줄어들지 않는다'.

우리는 환자가 무엇에 그토록 강하게 마음을 빼앗기고 있는지 알 수 없기 때문에 멜랑콜리의 제지가 불가능하다는 인상을 받을 뿐이다. 하지만 우울증에 걸린 환자는 비애에는 결여되어 있는 한 가지, 즉 자아감정의 두드러진 저하, 격심한 자아의 빈곤을 보인다. 비애에서는 바깥의 세계가 빈곤해지고 공허해지지만, 멜랑콜리에서는 자아 그 자체가 빈곤하고 공허해진다. 환자는 자신의 자아가 하찮고 무능하고 도덕적으로 비난받아 마땅한 것이라고 간주하고, 자책과 자조 속에서 추방과 처벌을 기대한다. 그는 누구 앞에서라도 스스로를 비하하고 한탄한다. 그는 자신에게 일어난 변화를 파악하지 못하고, 자기 비판을 과거의 일에까지 소급하여 지금까지 한번이라도 더 좋아졌던 적은 없다고 주장한다.[23]

멜랑콜리란 자신이 무엇을 상실했는지 더 이상 알 수 없는 상태, 상실의 대상을 의식하지 못하는 상태에서 일어난다. 그렇기 때문에 환자는 슬픔을 완결 짓지 못한다. 그렇다면 이 멜랑콜리는 언제 어디서부터 비롯되는가? S의 경우로 돌아가서 1930년대 초반, 그가 일기를 쓰기 시작한 즈음을 먼저 살펴보자.

농촌에서 산다는 건 답답하기 이를 데 없는 일이다. (중략) 하루에 죽한 그릇도 못 먹고 울고 있는 내 고향은 너무나 가난하다. 내 고향만이 아니라 삼천리 강산에 살고 있는 우리 민족이 모두 그러하리라.(1931. 4. 2)

신문을 읽기 시작했다. (중략) 조선 내에서만 일본인 자금이 조선인의 열세 배에 이른다는 사실은 어쩌면 좋은가. 대체 우리 동포는 어디로 향하고 있는 것인가. 죽음인가?(1931. 5. 9)[24]

S에게는 그가 거주하는 마을(정확히 말하자면 그는 이 마을 지주의 둘째 아들이며 일기가 씌어지던 당시에는, 가업을 이어받은 형의 집에 더부살이로 있었다)이 삼천리로 표상되는 조선반도, 조선민족의 제유물로 기능한다.[25] 그런데 왜 '우울'이라는 말이 많아질수록 '민족'이라는 말은 사라지는가? 이 격심한 반비례는 어디서 기인하는가? 이것은 '민족'이라는 대상이 상실된 결과가 아니다. 오히려 '민족'은 지시어로 보아야 마땅하다. 그것은 상실된 대상 그 자체가 아니라, 상실된 대상을 '지시'한다. 그러므로 이 지시어가 작용하는 한 S는 상실된 대상이 무엇인가를 의식하는 것이 가능하다. 설사 그것이 실제로 잃어버린 것이든 아니든. 그런데 이 내밀한 사적 기록 위에 '민족'이 사라진다는 것은, 더 이상 그의 내면에서 이 지시어가 떠오르지 않음을 의미한다. 다시 말해 민족은 이미 회복할 수도 지시할 수도 없는 것이 되어간다. 그는 점점 더 '무엇을 잃어버렸는지 알 수 없는' 상황에 처해진다. S는 우울증 환자로 변모해간다.

잃어버렸다고 간주되는 어떤 모호한 대상에 대한 슬픔의 지속, 그러나 그 대상을 '지시'할 수는 없는 상태에서 대상에 대한 집착을 이어가는 것이야말로 멜랑콜리의 감정인 것이다. 나는 이 정의를 염두에 두고 하나의 가정을 세워보려 한다. 〈지원병〉의 춘호와 S의 서술이 겹쳐지는 이 순간, 그들의 우울은 어디서 오는 것인가? 만약 1930년대 중후반 조선 내부에서 독립이 가능할 것이라는 의식이 소멸되고 있었다면 이 우울은 '식민'이라는 의식이 심화된 결과가 아닐까? 그렇다면 '식민'이라는 의식은 어디서 비롯된 것인가?

이를 밝히기 위해 1919년이라는 기점에 일어난 한 사건에 접근해보자. 그것은 1919년 3월 1일에 시작되어 해를 넘어 지속된 '독립운동', 이른바 3·1운동이다. 식민지 조선에서 일어난 최대의 저항운동으로서 계급과 세대와 젠더를 망라한 이 자발적이고 동시다발적인 봉기의 의의에 대해서는 1960년대와 70년대에 집중적으로 논의가 이루어졌다. 이 운동은 남과 북에서 동시에 식민지 경험이라는 손상된 민족의 자존심을 회복시켜주는 대표적인 상징으로 기능하였다.[26]

그런데 이 순간 기묘한 전도가 일어난다. 3·1운동이 반식민지 민족운동인 한 그것은 '식민지'라는 전제 위에서만 가능하다. 정확히 말하자면 조선이라는 영토에서 벌어진 이국의 지배를 지배자와 피지배자 모두가 '식민'으로 이해해야만 운동은 반식민지 저항운동으로 자리매김될 수 있을 것이다. 그러나 실상 이 운동의 주체들은 적어도 3·1운동에 이르기까지는 조선의 상황을 식민이 아니라 '피점령'으로 의식하고 있었던 것으로 보인다. '조선의 독립국임과 조선인의 자주민임'을 선언하는 〈기미독립선언서〉는 다음과 같이 기술되어 있다.

유사 이래 누천년(累千年)에 처음으로 이민족 겸제(箝制)의 통고(痛苦)를 상(嘗)한 지 금(今)에 십 년을 과한지라. 아(我) 생존권의 박상(剝喪)됨이 무릇 기하(幾何)며 (중략) 민족적 양심과 국가적 염의(廉義)의 압축소잔(壓縮銷殘)을 흥분신장(興奮伸張)하려 하면, 각개 인격의 정당한 발달을 수(遂)하려 하면, 가련한 자제에게 고치적(苦恥的) 재산을 유여치 안이하려 하면, 자자손손의 영구 완전한 경복(慶福)을 도영(導迎)하려 하면, 최대급무가 민족적 독립을 확실케 함이니.[27]

이 선언서 어디에도 '식민'이라는 말은 등장하지 않는다. 잃었던 것을 되찾는다는 감정, 점령과 그로부터의 독립 회복이라는 인식을 전형적으로 확인하고 있는 이 선언서에서 잃은 것은 분명 '(민족)국가'이다(혹은 그러하다고 선언된다). 이처럼 잃어버린 대상이 분명한 것으로 나타날 때 상실의 감정은 '애도'의 영역에 머문다. 적어도 독립선언의 프로그램 안에서 보면, 그들은 '조선'이라는 구(舊)제국을 잃었지만, 민족은 영속하기 때문에 새로운 국가(대한 '민국' 임시정부와 같은)를 얻을 것이었다.

멜랑콜리는 바로 이러한 선언 혹은 프로그램의 소멸 지점, 즉 상실의 대상과 그 회복의 비전이 모호해져가는 순간에 피식민자들을 엄습해온다. 3·1운동이라는 역사적 사건은 '회복'해야 할 것을 선언함으로써 상실한 대상 자체를 확인한다. 그런데 이 선언은 그 자체로는 실패로 끝났다. 바로 이 순간이야말로 "님은 갔지만, 나는 님을 보내지 않았습니다"라는 한용운의 아니러니 시학이 그 의미와 효과를 극적으로 활성화시키는 때인 것이다. 절대적인 상실이 있었다. 그러나 이 잃어버린 사람은 상실의 '감정'을 지속하는 심리적 조작을 통해 대상을 꽉 붙들어 두고 있는 것이 된다. 임의 존재 자체가 희미해질 때 상실과 애도는 멜랑콜리, 즉 우울로 옮겨간다. 점령으로부터 식민으로, 애도로부터 멜랑콜리로의 변화를 좀 더 자세히 살펴보자.

제국 일본의 조선영화

불가능한 연애, 우울의 정치적 근거

점령과 식민
-3·1운동과 그 좌절, 그리고 피식민자의 탄생

당시 제국 일본이 식민정책을 전환하고, 해방 후 대한민국이 스스로의 역사의 정통성을 설계하는 데 3·1운동이 중요한 초석으로 작용했다는 것은 공인된 사실인 듯하다. 독립선언서가 씌어지던 바로 그 순간으로 다시 한 번 돌아가보자. 그러니까 자구를 따라 읽어보자. 독립선언서의 기술은 세 가지 점에서 흥미롭다.

먼저 "유사 이래 누천년(累千年)에 처음으로 이민족 겸제(箝制)의 통고(痛苦)를 상(嘗)한 지 금(今)에 십 년을 과한지라"라고 적고 있는 이 기술의 주체는 한일합방을 5천 년 역사 위의 한 '사건'으로 인식한다. 두 번째, 바로 이러한 역사 개념은 선언서에 부기된 날짜를 통하여 선언적으로 명기되고 있다. 조선 건국 4252년 3월 1일. 식민본국으로부터도, 서기로부터도, 왕조로서의 조선으로부터도, 대한제국으로부터도 벗어나 있는 숫자는 일본의 조선에 대한 불법적 점유(국권침탈)와 무관하게 카운트를 더해 간다.[28]

그렇다면 유사 이래 누천년, 조선건국 4252년을 떠맡고 있는 역사적 주체는 누구인가? 이를 확인하기 위해 세 번째 "민족적 양심과 국가적 염의"라는 표현을 문제 삼아보자. 이 표현은 분명히 이 주체를 민족=국가로서 상정하고 있음을 보여준다.

만약 점령이 "다른 나라의 영토를 무력으로 빼앗아 자기 나라의 지배 아래 두는 것"(《동아 새국어사전》)을 의미한다면, '조선이 독립국임을 선언'하는 독립선언서의 주체들은 당시의 상태를 식민이 아닌 점령으로 인식하고 있었음이 분명하다. 일본의 지배는 본국과 정치적으로 종속관계인 토지로의 이주(즉 '식민')가 아닌 '타국'의 영토를 자국의 지배하에 두는 것, 다시 말해 '점령'이며, '생존의 권리를 박탈'당했다는 인식은 점령자에 대한 피점령자의 인식에 다름 아니다.

한편 그 자리에 있는 것은 지워지지 않은 어떤 기억이다. 그 기억이 가닿고 있는 사건(합방)의 부당성은 살아 있는 어떤 신체(위폐된 황제)를 통하여 지속적으로 환기된다.[29] 알려진 바에 의하면, 그 신체의 주인은 위폐 이후에도 끊임없이 만국에 일본의 부당한 국권 침탈을 호소했다고 한다.[30] 1919년 1월 22일, 대한제국의 사실상 마지막 황제 고종이 승하한다. 실제로 3·1운동을 촉발시킨 것은 고종의 인산(因山)이었다. 그러니까 그것은 말 그대로 '애도'의 장이었다.[31] 불법적 점유('국권침탈'이라는 말은 '나라'라는 대상을 침범당해 '빼앗겼다'는 의미에서 대상의 상실을 매우 적절히 지시해준다)에 의해 상실된 대상은 왕의 죽음이라는 두 번째 상실 안에서 하나로 결합된다.

제국 일본의 조선영화

그런데 알다시피 3 · 1운동은 (스스로의 규정처럼 그것이 독립선언이었다면) 실패로 끝났다. 3 · 1운동을 기화로 일본의 조선에 대한 무단통치는 문화통치로 바뀌었다. 통설에 따르면 이는 3 · 1운동이 던져준 충격에 의해 촉발된 완화정책이었다. 문제는 이 완화정책을 어떻게 이해할 것인가에 있다. 말 그대로 무력에 의한 통치에서 문화통치로 넘어가는 이 지점에서 점령자의 인식이 식민자의 인식으로 전환된 것은 아닐까?

실제로 1910년대의 이른바 무단정치 시기에 조선 총독은 천황에 대해 직접 책임을 지는 지위로서 총리대신을 거쳐 천황에 상주(上奏)할 수 있는 권한을 가졌으며, 위임된 범위 내에서 육해군의 통솔권과 제반 정무에 대한 통할권 등을 갖고 있었다. 또한 조선 총독에게는 위임입법권 '제령'이 주어졌고, 이로써 본국 의회는 재정에 대한 협찬권만을 가질 뿐 입법에 있어서 자신의 고유 권한을 조선에까지 행사할 수 없었다. 총독의 임용 대상은 무관에 한정되어 있었다.[32]

이 일련의 사정은 무단정치하에서의 조선이 일종의 완화된 전쟁 상태 혹은 점령 상태였다는 것을 의미한다. 범죄 즉결, 민사쟁송 조정, 검찰 사무 및 도로 수리, 임업의 보호, 국경세관 등의 행정 각 부문을 원조하며 조선에 대한 지배력을 장악한 '헌병경찰'의 존재야말로 이 시기가 경찰력과 군사력이 구별되지 않는 상태, 즉 점령 상태였음을 알려준다.[33] 조선은 본국 의회 권력의 '바깥'에 있는 군대 혹은 유사군대가 일방적으로 점거한 장소였다.

한편 1919년 3 · 1운동 이후 문화정치로의 정책 전환은 조선 총독의 지위에 일정한 변화를 가져왔다. 천황에 대한 직예규정과 함께 육해군 통솔권의 규정이 삭제되고(조선군 사령관에 대한 병력 사용 청구권으로 후퇴), 비록 형식상이지만 무관에 한정되었던 총독의 자격 제한이 철폐되었다.[34]

그렇다면 이 일련의 정책 전환이 의미하는 것은 무엇이었는가? 주지하다시피 3·1운동에 가해진 가혹한 탄압 이후 저항의 중심지는 조선의 바깥인 만주와 상해 등지로 이동한다. 3·1 '독립'운동에 대한 완전한 물리적 제압은 제국 일본의 관점에서 볼 때, 역설적으로 조선의 위치를 명실공히 '점령지'로부터 '식민지'로 이동시키는 계기였다고 할 수 있다. 그러나 한편으로 선언의 성공 여부와는 별도로 '대한민국 임시정부'의 수립과 선포(1919년 4월 13일)는 '선언'에 대한 물리적 실천이 되는 폭력(Gewalt)[35], 다시 말해 법 정립적 폭력(die rechtsetzende Gewalt)의 실천이라고 볼 수 있다. 대한민국 임시정부 헌법의 발포와 경찰제도 혁신을 포함한 조선총독부의 문화정치의 이념[36]은 경쟁적으로 정통성을 선언하는 "행위수행적 폭력"[37]이었던 것이다.

3·1운동 이후에 도달한 이 두 선언이야말로 "정당한 것은 나다"라고 선언하고, 그러한 선언의 행위를 물리적으로 수행함으로써 정당성을 기초 지으려는 행위, 즉 법을 창출함으로써 이를 그 자체 정의(正義)로 규정하는 '법 정립'을 둘러싼 경쟁이 시작되는 지점이었는지 모른다. 이를테면

《조선》 1939년 9월호에 실린 '모의공방전'. 병사의 신체는 국민의 가능성을 불러들인다. 기회의 언설의 은밀한 작동. 국가−방위(security) 훈련이야말로 국가 그 자체를 구성한다.

제국 일본의 조선영화

김구의 《백범일지》는 이에 대한 증거를 제공한다. 일관되게 조선을 식민지가 아닌 점령 상태로 인식했던 김구는 스스로의 폭력을 임시정부의 '법'에 의한 행위수행적 폭력으로 정의내린다.[38] 식민지 시기 내내 임시정부는 그 실제적인 영향력과는 상관없이 일본제국의 가장 중요한 감시 대상이었다. 왜 《특고월보(特高月報)》는 거의 예의 없이 임시정부의 동향을 식민지 관련 감찰의 제1항목으로 삼을 수밖에 없었는가? 스스로 법 정립적 폭력을 자임하는 임시정부야말로 제국의 '주권'과 맞설 수 있는 또 하나의 '주권'이었기 때문이다.

한편 이 점령의 인식이야말로 해방 이후 한국영화사가 기록하고 있는 일련의 독립투쟁 영화들의 원점이라고 할 수 있을 것이다. 대개 하층계급 남성을 대상으로 한 B급 액션영화의 형태를 취하고 있는 이 작품들의 공간이 예외 없이 조선의 밖을 배경으로 하고 있는 것은 우연이 아니다.[39] 이 이야기는 점령의 인식이 계속될 수 있는 장소, 그리하여 회복에 이를 수 있는 장소는 전쟁 상태의 공간, 즉 조선의 바깥(만주, 중국, 해외)이 아니면 안 되었다는 것을 의미한다. 그런데 이는 거꾸로 조선의 내부를 점령의 인식으로 수렴하는 것이 불가능해졌다는 것을 의미하는 것이기도 하다.

만약 일종의 원폭력 혹은 법 정립적 폭력이 하나의 법적 상태＝정치체를 만들어내는 것이라고 한다면, 또한 그렇게 설립된 정치체가 법유지적 폭력에 의해 지켜지는 것이라면[40], 3·1운동과 그 제압은 제국 일본과 (어떤) 조선인으로 하여금, 전쟁 상태＝점령 상태로부터 '국가적 지배 상태'로 급격한 의식 전환을 수행하도록 했다고 볼 수 있을 것이다. 그러니까 지금 우리가 읽고 있는 공간은 조선의 '내부'이다. 거대한 좌절을 통해 '식민지'로 거듭난 조선, 이는 애도의 작업을 무력으로 진압한 효과이기도 하다. 애도의 작업이 완료되는 순간, 아니 강제로 완료당하는 순간, 주체가 대상에 대한 집착으로부터 자신을 거둬들일 수 있는 유일한 방법은 계속되는 유예로서 대상과의 관계를 지속하는 것, 즉 멜랑콜리에 대한 고착이다.

1926년, 한용운은 식민지 저항 문학의 빛나는 성과로 읽힐 시집 《님의 침묵》을 간행한다. "님은 갔습니다. 아아 사랑하는 나의 님은 갔습니다./(중략)/아아 님은 갔지마는 나는 님을 보내지 아니하였습니다." 부재하는 것의 존재성을 강변하는 그의 형이상학이 의미하는 것은 무엇인가. 임은 갔지만 자신은 임을 보내지 않았다고 고백하는 이 시적 주체에게 임은 잊고 싶으나 잊을 수 없는 대상, 잊으려 하면 할수록 오히려 떠오르는 대상이다. 이 비극적 연가를 읊고 있는 자는 진정 멜랑콜리의 주체인데, 왜냐하면 그에게 결코 이 슬픔은 끝나지 않을 것이기 때문이다. 슬픔이 지속되는 한 그는 대상을 '진정으로' 상실하지 않을 것이다. 멜랑콜리의 주체는 슬픔을 완료하지 않음으로써 역설적으로 대상을 포기하지 않고 대상과의 관계를 지속한다. 그곳에서 멜랑콜리는 잃어버린 대상에게 영원한 충성을 맹세하는 유일한 방식이다.

병사가 되다
– 멜랑콜리 위에 구축된 로망스

"빛나는 황기(皇紀) 2600년을 맞이하여 우리 반도 영화인은 이 한 편의 영화를 미나미 총독에게 바친다." 〈지원병〉은 타이틀이 뜨기 전 이와 같은 자막으로부터 시작한다. 이 영화는 말 그대로 미나미 총독에게 바쳐진 영화였다. 즉 이 영화는 공포(公布)된 은전(恩典)에 대해 응답하는 '바침'으로

　　　　　　　　　　　　　　제국 일본의 조선영화

이루어진 것이다. 공포란 일방적으로 주어지는 것이다. "조선 사람도 군인이 될 수 있게 되었소!" 춘호의 외침은 이에 대한 응답이다. '될 수 있다'라는 가능태는 그것이 지시하는 명사인 군인이 어떻게 받아들여졌는지를 우리에게 암시해준다. 그것은 '자격'인데, 이 자격이야말로 제국의 일원이 될 수 있다는 가능성, 다시 말해 국민의 자격이다.[41]

주인공 춘호는 이렇게 말하고 있다. "지금 우리는 나가서 싸우고 싶어도 그럴 **자격**이 없네."(인용자 강조) 그것이 실제로 자격이라고 말할 수 있는 것이든 아니든, 이 주인공은 '인간=국민'으로서 스스로에게 상실된 부

〈지원병〉. 남자아이들은 병정놀이에 열심이다. 대부분의 놀이가 그러하듯 이 놀이 또한 일종의 연습이다. 이를 지켜보던 춘호의 얼굴에서는 웃음이 사라지고 어깨는 처진다. 아직 그에게는 자격이 주어지지 않았기 때문이다. 마찬가지로 이 아이들 또한 자격이 없다. 아비 이광수가 죽은 아이를 생각하며 "군인이 될 수 있다"고 감격에 겨워 외친 것은 그저 과장이 아니다.

분이 있음을 인지하고 있다. 그것은 폭력의 (부분적) 소유 가능성이라고 부를 수 있는 어떤 것일 게다. 국민개병제도를 통해 비로소 형성될 수 있는 군국주의는 국가의 목적을 위한 수단이 되는 폭력을 보편적으로 사용하도록 강제한다. 그런데 이 강제를 받아들이는 일이야말로 그가 법 그 자체의 '적용 대상'이 되고 있음을 의미한다. 잔혹한 역설이지만, 지원병 제도의 실시가 공포되는 그 순간 춘호는 더 이상 예외가 아니라 보통의 '인간'으로 호명되며, 무엇이 상실되었는지의 여부와는 별도로 결핍의 어느 부분을 확충하게 되었다고 느낀다. 병역의 의무야말로 하나의 정치체가 법 정립적 상태에서 법 유지적 상태로 이행하게 되었음을 의미하는 것이다.[42] 1938년의 '반도'라는 정치체는 그 정의상 이미 식민지의 개념마저 넘고 있었으며, 바로 그럼으로써 조선이라는 일개 '지방'의 황민으로 재규정된 피식민자들에게 병역이란 공민권에 접근하는 자격 획득으로 생각될 수 있었다.

'개인 일반의 국민에의 자기 확정의 욕망'이라고 사카이 나오키가 규정한 욕망이 작동하는 이곳에서 개인은 국민이 되기 위해서 잠재적으로 자신의 '죽음'을 걸어야 한다. 따라서 병사야말로 '제국주의 국민국가'에 소속될 수 있는 최저의 조건이자 필수불가결한 자격이다.[43] 비록 그것이 식민지 조선에서 '강제된 지원'이라는 근원적 모순을 안고 시작되었다 할지라도, 혹은 바로 그렇기 때문에라도 그들에게는 전장에 나가야 할 합리적 '이유'가 필요했다. 전장에 나가서 획득할 수 있는 것이 없다면 어떨까. 그 순간, 그곳은 격심한 결여로서 전제되지 않으면 안 되었으며, 병사가 되는 일은 그 결여를 채우는 일로 '선전'되었다. 동원은 이 은전의 언설 안에서 '자격'과 권리로 전도되어갔다.

'병사'가 되어 전장으로 간다는 것은 〈지원병〉에서 가장(家長)이 될 수 있다는 사실—나는 여기서 다시금 '자격'의 의미를 상기시키고자 한다—을 의미한다. 이는 확실히 이상한 말이다. 왜냐하면 물리적으로 춘호는 떠날 것이고, 분옥과의 결혼은 지연될 것이기 때문이다. 그런데 영화 속에서는 이 지연이야말로 그들의 결합을 가능하게 해주는 일종의 보장 장치이다.

단순하게 질문해보자. 왜 춘호와 분옥은 결합하지 못하는가. 이 질문은 이 영화의 내러티브를 매우 이상한 것으로, 다시 말해 접근 불가능한 것으로 만들어버린다. 왜냐하면 거기에는 이유가 없기 때문이다. 그들은 집안이 정해놓은 약혼자 사이이며 서로 사랑하고 있다. 어떤 삼각관계도 내러티브의 전개에 영향력을 행사하지 못한다. 그렇다면 왜 이 둘은 결혼하지 못하는가?

여기에 대한 해답은 그들이 재결합하는 순간에야 비로소 유추 가능해진다. 병사가 될 수 있다는 말을 들은 다음 장면에서 춘호가 분옥을 찾아온다. 우물가에서 물을 긷는 여자에게 춘호가 말한다. "나는 제국 군인이 될 테요!" 놀랍게도 이 말과 함께 오해는 풀리고, 사랑은 회복된다. 이 장면에

제국이 선호했던 식민지 조선의 이미지 중 하나는 오수(午睡)에 빠진 노인이었다. 그것은 아들들이 그토록 부정하고 싶어 했던 조선의 아비들이기도 하였다. 그 반대편에, 아니 그와 호응하듯 자연화된 우수에 찬 조선 여인이 존재한다.

캠페인 국가, 포위된 자의 시선

－표어들을 돌아 천인침까지

슬로건 국가의 식민도시, 경성의 거리에는 표어들이 난무한다. "내선일체", "일억일심", "생업보국", "일본정신발양"……. 주인공의 동선을 따라가면서 주인공과 그가 보는 사물의 교차편집으로 이루어진 1번부터 7번까지의 장면들은 심정의 풍경이라고 할 만한 것을 연출해낸다. 춘호의 시점으로 포착된 1, 3, 5, 7번의 숏들은 로우 앵글을 통해 극히 위압적인 형태를 연출해낸다. 표어가 걸린 건물들의 구도는 불안정하다. 한편 이 시선의 주체, 춘호에게 할당된 트래킹 숏들은 전신, 혹은 반신의 측면 숏들이다. 그의 시점임에도 불구하고 그에게는 단 한 컷의 클로즈업도 배분되지 않는다. 이것은 풍경과 표정의 비대칭성을 만들어낸다. 그러니까 아직 상황과 개인 사이의 면(面)이 성립되어 있지 않은 것이다. 얼굴 클로즈업이란 상관물들에 대한 등장인물의 반응 및 해석을 나타낸다. 이 일련의 숏들에서 드러나는 풍경과 표정의 비대칭성은 상황의 압도성과 함께, 해석과 자기 정립의 불확정성 역시 드러내고 있다. 춘호는 아직 호명되지 않았다. 이 교차편집의 효과는 명백하다. 춘호는 이 공간으로부터 '소외'당해 있다. 그가 소외되어 있는 이유는 단지 경성이 너무 많은 표어들로 뒤덮여 있기 때문이 아니라, 오히려 저 표어들이 이끄는 세계에 들어갈 '자격'이 부여되지 않았기 때문이다. 그런 의미에서 1번부터 7번까지의 숏들의 의미를 확정지어주는 것은 8번과 9번 숏이다. 길모퉁이를 돌아선 춘호는 병사들에게 보낼 천인침(千人針)을 수놓고 있는 여인들을 본다(그녀들의 복장과 헤어스타일은 이들이 조선인이며, 교육받은 도시의 여인들이라는 것을 보여준다). 춘호는 고개를 숙이고 그들 옆을 스치듯 지나간다. 이 마지막 장면은 시퀀스 전체의 의미를 확정시켜준다. 그것은 말 그대로, 1941년 경성의 일상적 풍경을 춘호라는 인물이 '스쳐 지나갈' 수밖에 없음을 보여주는 것이다.

로우 앵글

클로즈업의 부재

시선이 가닿는 곳

------> 시선의 방향

———> 동선

서 명백해지는 것은 그들의 사랑을 방해했던 최대의 장애야말로 춘호 자신이었다는 점이다. 조금 비약하자면, 이 결혼할 수 없는 남자는 상징적인 차원에서 거세된 남자 혹은 불능의 사나이에 가까웠던 것이다.

탈남성화된 피식민지인 남성은 피식민지인 여성에게 이제 자신도 병사가 될 수 있음을 알린다. 그것은 '병사'라는 단어가 의미하는 남성-국민에 대한 선언이다. 이 선언이 식민자의 언설을 반복하는 행위일지라도, 어쨌든 그는 그 순간 처음으로 남편이자 아버지, 가장이 될 수 있으리라 믿는다. 말하자면 병사가 되는 순간 이 젊은 남자는 자신이 잃어버렸다고 생각한 모든 것을 가지게 되는 셈이다. 아마도 식민지 말기 전쟁 수행 과정 속에서 어떻게 식민지의 남성 주체가 재남성화(remasculinization)의 기제를 얻게 되는가를 보여주는 사례로서 이 장면을 능가할 만한 순간은 없을 것이다.

그런 의미에서 〈지원병〉에 등장하는 남성들이 한결같이 아버지가 없다는 사실은 의미심장하다. 춘호의 아버지는 죽었고, 젊은 지주의 아버지도 죽었다. 창식의 아버지는 있는지 없는지조차 알 수 없다. 영화의 창작자들은 조선의 아버지들을 표상권 밖으로 추방하고자 하였다. 그런데 이 부재의 한편에 아버지의 유사 형상인 두 사람이 등장한다. 아비를 갖지 않은 청년들의 반대편에서 아들을 갖지 못한(정확히는 '변변한' 아들을 갖지 못한) 아버지들, 분옥의 아버지와 김 첨지가 서성거린다. 분옥의 늙은 아버지는 다만 무력할 뿐이며(그는 딸을 달라는 김 첨지의 부당한 요구에 대해 말 한마디 변변히 하지 못한다), 탐욕스럽고 이기적인 김 첨지와 그의 주변 늙은이들은 젊은이들을 부당하게 모략한다. 이 부정(不正)한 아버지들을 공감의 공동체로 만드는 요소는 오직 물리적 이익과 "젊은 사람이 뭘 알겠어요"와 같은 부정적 언사뿐인 것으로 보인다. 이 두 개의 부정은 짝을 이

제국 일본의 조선영화

루며 화해할 수 없는 갈등을 만들어낸다.

이 부재와 부정의 형상들이 의미하는 바는 무엇인가? 영화 내내 다소곳한 한복 차림으로 등장하는 분옥이 여성화된 조선, 즉 로컬의 기표로서 기능한다면, 각각 '무능력'과 '탐욕'의 화신으로 그려지고 있는 두 아버지는 그와는 다른 의미에서 조선의 부정적 면모를 외화하는 형상으로 나타나고 있다. 이 부정적 아버지들에게도 적극적인 기능이 있다면, 오로지 청년들의 우울을 떠받치는 근거로서 작용한다는 점밖에 없을 것이다.

대신 춘호의 방에 걸려 있는 것은 이토 히로부미의 초상이다. 이 순간에 일어나는 컷의 연결은 의미심장하다. 이토 히로부미의 초상을 보던 춘호는 환영처럼 육군 특별지원병 훈련소장에 있는 자신의 모습을 본다. 카메라가 훈련병들을 패닝으로 훑고 지나간다. 그 사이에 춘호가 서 있다. 미

〈지원병〉. 이토 히로부미의 초상, 대동아 지도, 춘호의 얼굴까지 이어지는 카메라의 흐름은 이제부터 시작될 춘호의 백일몽이 어디에서 연유하는지를 알려준다. 그는 내지의 상징적 아비가 그려낸 저 공간을 욕망한다. 꿈 속에서 그는 지원병 훈련소에 있다. 춘호는 당당한 아들이 되어 총독의 훈시를 들을 것이다. 훈련소의 사운드는 컷이 바뀌어도 계속 남는다. 그런데 돌연, 이 행복한 사운드의 지속이 다른 소리의 난입으로 중단된다. 현실의 사악한 아비, 김 첨지의 목소리가 그것이다.

나미 총독의 훈시와 절도 있는 군인들의 행군이 이어진다. 그런데 바로 이 순간, 그의 꿈은 김 첨지의 목소리로 인해 방해받는다. 춘호의 욕망을 처음으로 보여주는 이 장면이 흥미로운 것은 바로 이 마지막 컷 때문이다. 이토 히로부미에서 미나미 총독으로 이어지는 그의 꿈을 침범하는 현실은 사악하고 탐욕스러운 조선의 아버지인 것이다.

마지막 순간, 춘호는 드디어 동원된 인파가 아닌 당당한 병사로서 군용열차에 오른다. 그는 처음으로 로우 앵글이 적용되는 주인공으로 환골탈태한다. 다시 말해 우울한 '무표정'이 아니라, 행위의 주체이자 화면을 지배하는 '크기'로서 등장하는 것이다. 시종 찡그리던 춘호의 얼굴은 이 앵글 안에서 심지어 늠름해 보이기까지 한다. 비록 그를 둘러싼 사람들은 여전히 찡그리고 있지만. 이 마지막 시퀀스는 식민지 남성의 주체화 혹은 재남성화에 상응하며, 우울로 가득 찬 영화에 급작스러운 출구를 마련한다.

또한 첫 장면과 거의 유사한 이 마지막 장면은 그 자체로 식민지 모방 (mimicry)의 메커니즘을 전시하고 있다고도 볼 수 있다. 왜냐하면 자격이 없다며 내지 출신 병사들을 다만 환송할 수밖에 없던 그가, 동일한 자리에서 조선인들의 환송을 받으며 전장으로 떠나고 있기 때문이다. 춘호는 내지인이 행한 일을 거의 그대로 반복하며, 영화는 그것을 일종의 출구로서 표현한다. 물론 모방의 메커니즘이 언제나 그러하듯 이것은 완전한 모방이 될 수 없다. 그것은 언제나 '같지만 다르다.' 조선의 (엘리트) 남성들은 내지인들이 병사의 자격을 통해 반도인 위에 섰듯이, 제국 내부에서 어떤 '지위'를 확보할 수 있을지 모른다. 반도를 넘지 않는 한도 내에서 활성화된 '남성'으로서의 지위를.[44] 또 하나, 이 모방에서 제외되는 것이 있는데 그것은 바로 희열이다. 철도변에 늘어선 사람들, 분옥, 춘호의 어머니, 여동생, 창식 그 누구도 웃지 않는다. 다만 일본인만이 만면에 웃음을 띠고 있을 뿐이다.

이 웃음을 제외한다면 마지막 시퀀스에서 웃음은 예상치 못한 순간에 찾아온다. 열차가 떠난 선로에는 수많은 일장기가 떨어져 있다. 그 중 하나를 줍는 여자의 뒷모습이 보인다. 이윽고 그녀가 카메라를 향해 고개를 돌리고, 흐리게 미소 짓는다. 이 미소는 매우 불가사의한데, 왜냐하면 이것이 마지막 컷임에도 불구하고 여기에는 아무런 내러티브상의 맥락도 부여되어 있지 않기 때문이다. 이 장면은 완전히 잉여처럼 보인다.

이 영화가 지원병이 되기까지의 과정을 그린 것이라면 춘호를 태운 열차가 떠나는 장면에서 이미 내러티브는 종결되었다. 그럼에도 불구하고 마치 마침표처럼 찍혀 있는 이 웃음이 의미하는 바는 무엇인가? 아무도 웃지 못하는 순간, 돌연 흘러나오는 이 미소는 영화 내적으로는 설명하기 힘든 의미의 공백을 만들어낸다. 한편으로 이 웃음이 불가사의해 보이는 것은 이 시퀀스 전반에 걸쳐 웃음이라는 것이 어느 정도 특권화된 요소로 작용하고 있으며(누가 웃고 있는가), 거기에 더해 그녀의 얼굴이 카메라를 향해 돌려지기 때문이다. 이 컷은 카메라가 그녀의 웃음을 따라감으로써 형성된 것이 아니라, 그녀가 카메라를 향해 고개를 돌리며 만들어진 장면이다. 고정된 카메라 앞에서 고개를 돌리는 행위와 웃음은 컷의 전환 혹은 이 장면의 전체적 의미 변환과도 같은 효과를 불러일으킨다. 심지어 관객은 그녀가 고개를 돌리기 전까지 이 여인이 분옥(문예봉)인지조차 알 수 없다.

이 웃음은 영화의 장면들과 서사를 따라가는 것으로는 의미를 포착해낼 수 없다. 왜냐하면 우리는 그녀가 영화 속에서 도대체 누구를 향해 웃고 있는지 알 수 없기 때문이다. 영화 속 그녀의 눈길은 컷의 연쇄 속에 놓여 있는 응답이 아닌 것이다. 그렇다면 그녀가 미소를 보내는 대상은 누구인가? 카메라를 향한 그녀의 눈길은 곧 스크린에서 관객석을 향해 보내는 것이 된다. 그때 분옥은 갑작스럽게 문예봉으로서 의미화된다. 그러니까 그녀는 이 순간 문예봉이라는 가장 전형적인 조선적 미의 화신으로 상찬 받았던 바로 그 '스타'로서 부각된다. "〈나그네〉에서 주연을 맡은 문예봉은 이 영화로 미모를 인정받았으며, 내지의 제가들이 이미 그 고전적인 자태에 상찬을 보낸 바 있다"[45]라고 이야기되던 그녀. 그녀가 관객을 향해 보내는 미소는 스타 문예봉의 미소에 다름 아니다.

그렇다면 분옥인 동시에 문예봉인 이 여인이 보내는 미소가 의미하는 것은 무엇인가? '한 조선 여인이 웃고 있다.' 즉 모두가 사라진 선로변에는 마치 잔여처럼 '로컬리티'로서의 조선만이 남는다. 그 '조선'은 '쓸쓸한 표정'으로 웃고 있다. 모든 갈등이 해소되었음에도 불구하고(해소될 수밖에 없었음에도 불구하고) 남는 이 웃음은 과연 무엇을 의미하는가? 이 장면이 중요한 이유는 이 순간 우리가 영화 바깥으로 끌려나오기 때문이다.

그렇다면 이것은 혹시 멜랑콜리의 잔여가 아닐까? 그러니까 여성에게

〈지원병〉. 잉여의 웃음, 혹은 영화의 안과 바깥이 겹치는 한 순간. 제국=국가와 조선발 (女)스타의 지방성이 충돌하는 순간.

제국 일본의 조선영화

로컬의 표상과 함께 멜랑콜리의 잔여를 되돌림으로써 비로소 남성 주체의 재남성화가 가능해졌다는 것을 의미하는 게 아닐까? 이를테면 이 영화의 마지막 장면이 다른 두 편의 영화에서 어떻게 확장 변주되는지를 확인하는 순간 그 의미는 좀더 명료해질 것이다.

이 영화 혹은 지원병 시대의 조선을 해명하는 또 다른 거울로서 두 편의 영화를 떠올려보자. 일본-만주-조선으로 이어지는 제국의 스타들이 총출동하여 말 그대로 내선일체와 만선일여(滿鮮一如)의 완전한 구현을 과시했던 〈너와 나〉(1941)와 징병제 실시를 기념하여 조선인 영화인들이 조선인을 대상으로 만든 〈조선해협〉(1943)이 그것이다.

조선군 보도부가 제작하고 제국의 영화 물량이 광범위하게 동원된 영화 〈너와 나〉는 실로 "영화계 미증유의 화제"(《에이가효론[映画評論]》 1941. 7. 초두 광고)라 할 만한 것이었다. 다사카 도모타가 연출지도를, 히나츠 에이타로(허영)[46]가 연출을, 이지마 타다시와 히나츠 에이타로가 각본을 쓰고, 오비나타 덴, 고스기 이사무, 미야케 쿠니코, 가와즈 세이자부로 등의 일본배우와 조선의 문예봉, 만주영화협회의 이향란 등이 참여한 〈너와 나〉는 내선일체의 표어가 창출해낸 가장 조화로운 세계의 구현이었다. 그런 점에서 다음과 같은 영탄은 과장이 아니었다.

"이들 영화인들이 내선만일여의 이상에 기초하여 한 마음이 되어 움직이는 정경은 보는 것만으로도 믿음직하며, 눈시울이 뜨거워지게 만드는 것이다."(《에이가효론》 1941. 7. 광고)

현재 필름이 남아 있지 않기 때문에, 이 영화는 일단 시나리오와 출연자, 창작자들의 면면을 통해서 재구할 수밖에 없다는 분석의 한계를 지니고 있지만 이 영화가 처음부터 갈등이 해소된 세계를 다루고 있다는 점은 분명해 보인다.[47] 식민지기 내내 식민지 남성들의 판타지와 그 좌절을 표현해온 내선결혼이라는 갈등투성이의 메타포는 여기서 그 어떤 난관도 없는 것으로 보인다. 선전이 선전이 되기 위해서는 대상 안의 어떤 결여가 전제되어야 한다. 개선의 여지가 있는 바로 그 결여를 충만하게 하는 계기로서 선전 영화는 의미를 획득할 수 있다. 그런데 이 영화가 그리고 있는 조선은 이미 조화로운 세계이다.

이 완전한 무갈등의 세계는 지원병 훈련소로부터 시작한다. "지원병 생도 전원이 씩씩한 군가를 부르며 행군하고 있다. 모두의 얼굴에는 터질 듯한 기쁨이 충만하다."[48] 절제와 규율의 이 공간은 또한 자애와 우정이 가득한 곳이기도 하다. 일본인 교관들은 한결같이 엄하지만 자애로운 아버지와 같고, 지원병들은 '훌륭한 일본정신'을 체득하기 위해 서로를 격려하며 고양된다. "그래요. 특히 우리 반도인이 보다 나은 일본인이 되려면, 군대생활을 해서 훌륭한 일본정신을 체득해야 해요."[49] 그러니까 이 영화에서 유일하게 문제가 되는 것은, 서로가 서로를 고양시켜 조화 혹은 결의를 극한까지 몰고 가는 일이다.

이 영화의 스토리는 지원병 훈련소를 다룬 전반부와 출정 직전의 휴가에서 일본인 여성과 만나 약혼에 이른 주인공이 그녀의 전송을 받으며 떠나기까지의 후반부로 나뉜다. 내러티브상 전반부와 후반부는 그 어떤 유기적인 연관도 없어 보인다. 일본과 조선 양쪽에서 이 영화에 대한 최악의 평가가 쏟아졌다. 심지어 문부성의 추천사마저 "극적 구성과 유리되어 저명한 배우를 나열하는 등 영화적 정비에 대한 난점은 인정하지만" 운운이라는 토를 달고 있을 정도였다.[50] 그리고 이후 한국영화사는 이 영화를 히나츠 에이타로라고 스스로를 칭했던 한 식민지 출신 청년이 기획한, 1941년이라는 광기의 시간이기에 가능했던 해프닝과 같은 것으로 치부했다.[51] 그러니까 이 영화를 감독한 허영은 당시의 조선영화계와 아무런 관계도 없었으며 어느 날 문득 총독부와 조선군이라는 막강한 권력을 등에 업고 그 누구도 꿈꿀 수 없었던 대작영화를 완성한 것이다.

그렇다면 이 영화는 정말로 그저 해프닝에 불과한 것이었을까? 적어도 제국의 역량이 총동원되었으며, 무엇보다 한 식민지 출신 예술가의 모든 것이 담겨 있기에 이 영화에서 우리는 분명 그 어떤 열정의 근원—욕망을 읽어내지 않으면 안 된다. 단적으로 말해, 이 영화는 내선연애의 성공이라는 식민지 남성 주체의 무의식에 너무나도 가까이 다가가 있다. 그러니까 여기서 다시 묻고 싶은 것은 지원병 훈련소와 내선연애라는 이 영화의 두 가지 스토리가 어떻게 하나의 내러티브로 '인식'될 수 있는가 하는 문제이다.

내선연애의 성공은 병사로서의 식민지 남성이라는 표상을 완성시킨다. 다른 내선연애의 서사와 달리 이 영화만이 드물게 로맨스에 성공하고 있는 것은 우연이 아니다. 다시 말해 내선연애에 성공하기 위해서는 우선 그가 내지인에 버금가는 위상을 가져야 하는데, 전쟁 중이던 일본에서 그 전

〈너와 나〉, 구별 없는 조화의 세계, 무갈등의 진공 공간을 채우는 것은 다만 끊임없는 고양의 열기이다.

형적 표상은 병사였다. 연애가 시작되기 전에 그는 먼저 병사, 즉 완전한 인간(=국민)이어야 했던 것이다. 군인의 이름으로 평등을 손에 쥔 자만이 내지의 여인과 사랑을 이룩할 수 있다. 여기에는 더 이상 슬픔도 우울도 없다. 이 영화가 처음부터 병사들의 얼굴에 만연한 웃음으로 시작하는 것은 의미심장하다. 문제는 이 웃음의 진위가 아니라, 이를 설정한 식민지 엘리트 남성의 욕망일 것이다.[52] 그런데 이는 동시에 다음과 같은 질문을 동반한다. 과연 식민지의 우울은 정말로 완전히 사라졌다고 말할 수 있는 것일까?

〈조선해협〉은 이러한 질문에 우회적인 답을 제공해주고 있는 것처럼 보인다. 1943년 조선의 징병제 실시를 기념하여 조선영화주식회사에서 제작한 이 '국어(일본어)'[53] 영화는 연출을 한 박기채[54]를 위시하여 조선인 스태프들만으로 완성되었다. (이 영화에 참여했던 스태프들은 한결같이 이 영화를 만들 때 겪게 된 불공평에 대해 투덜거리고 있다.) 이것은 이 영화가 징병제에 대한 조선인 측의 비교적 순수한 반응이라는 것을 암시해준다. 즉 이 사실은 강제적인 혹은 완전한 '국민'개병제의 시간을 피식민자 남성들이 어떻게 내러티브화했는지를 보여주는 유력한 정황 근거로 작용하는 것이다.

〈조선해협〉은 마치 사라진 듯했던 식민지의 멜랑콜리가 여성의 몸이라는 장소를 빌려 어떻게 응축되는가를 보여주고 있다. "반도영화에 전례가 없는 흥행성적"(《쇼와18년도 조선연감(昭和18年度 朝鮮年鑑)》)을 기록한 이 영화는 더할 나위 없이 잔인한 멜로드라마이다.[55] 아버지가 반대하는 여자와 결혼함으로써 버림받은 주인공 성기는 아버지로부터 인정받고 무너진 신뢰를 회복하기 위해서는 죽은 형처럼 군인이 되는 길밖에 없다는 것을 안다. 성기는 아내 금숙[56]에게 말 한마디 남기지 않고 지원병 훈련소에 입소한다. 남겨진 금숙은 홀로 아이를 낳고 방직공장에서 일하면서 그를 기다린다. 그러던 어느 날, 같은 시간에 남자는 전투에서 부상을 입고 가난과 과로에 지친 여자는 공장에서 쓰러진다. 일본으로 후송되어 온 성기는 입원한 금숙에게 처음으로 전화를 걸고, 성기의 아버지는 비로소 금숙과 아이를 받아들인다.

이 영화의 내러티브는 사실 하나의 목적을 향해 달려간다. 그것은 진부할 만큼 익숙한 스토리인데 사랑하는 두 남녀는 시련을 극복함으로써 드

〈조선해협〉. 이것은 아들을 판 아버지의 이야기이다. 아들은 아버지에게 인정받기 위해서는 형처럼 전쟁터에 나가 죽는 길밖에 없다는 것을 안다. 징병제 실시를 기념하여 만들어진 〈조선해협〉이 이토록 잔인한 아버지와 아들의 멜로드라마가 된 것은 우연이 아니다. 이 영화는 어쩌면 전쟁터로 내몰린 아들들의 복수와 같은 것인지도 모른다.

총과 미싱, 피와 땀

−영화, 전선과 총후의 미디엄

이 영화의 클라이맥스는 말 그대로 피와 땀의 교차편집이라고 할 만하다. 금숙은 공장에서 일하고 있고, 성기는 전쟁터에서 싸우고 있다. 전혀 다른 두 장소는 사운드 간의 겹침과 침범으로 인해 하나가 된다. 이 장면에서 우리는 새삼 기관총과 미싱이 놀랍도록 유사한 소리를 내고 있음을 깨닫는다. 이 두 개의 사물은 심지어 화면 내에서 거의 같은 크기를 부여받음으로써 사운드의 유사성이라는 효과를 배가시킨다(3번과 4번). 그렇게 전장과 총후는 하나가 된다. 싸우듯이 일하라. 그녀의 땀은 그의 피이다. 혹은 그의 피는 그녀의 땀이다. 격렬한 전투의 한 가운데에서 성기의 동료 지원병이 죽어가며 외친다. "천황폐하 만세." 그런데 잠깐, 저 얼굴은 낯익다. 이미 우리는 그를 본 적이 있다. 그는 〈지원병〉의 주인공 춘호 역을 맡았던 최운봉이다(5). 지원병의 시간과 징병제의 시간은 그렇게 이어진다.

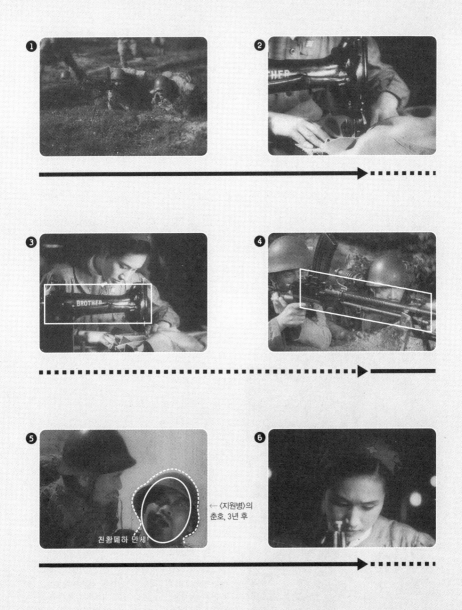

← 〈지원병〉의
춘호, 3년 후

전황폐하 만세!

사운드의 라인 :　━━━━━▶ 기관총 소리　　▪ ▪ ▪ ▪ ▪▶ 미싱 소리

디어 하나가 되기를 꿈꾼다. 회상 장면을 제외하고는 단 한 번도 같은 프레임 안에 놓여지지조차 못하는 남자와 여자는 영화 속에서 내내 잔인할 만큼 엇갈림을 거듭한다. 그 속에서 슬픔을 감당하는 것은 온전히 여자의 몫이다. 그 여자는 다름 아닌 문예봉이다. 스타의 이미지가 부여하는 연속성 속에서, 그녀의 기다림과 피로에 지친 얼굴에는 기찻길에서 흐리게 미소 짓던 바로 그 모습이 겹쳐진다.[57]

이 영화가 흥미로워지는 것은 바로 이 순간이다. 남성들이 병사가 되어 떠나가며 더 이상 슬퍼하지 않을 때 슬픔과 눈물과 한숨은 기다리는 자의 몫으로 남겨진다. 여성들에게 그 몫을 지움으로써 그들 남성은 비로소 멜랑콜리로부터 벗어나 병사의 몸을 획득하는 것이 가능해진다. 제국의 평

〈조선해협〉. 남자들이 떠나간 공간에서 여자들은 자매애의 공동체라고 불러도 무방한 어떤 것을 이룩해낸다. 전쟁은 '심지어' 그녀들에게조차 기회였다. 총후의 자매애가 귀환병들의 자랑스런 어깨를 능가해 보통 국민의 범주를 만들어내었듯이.

제국 일본의 조선영화

등한 신민이 되기 위해 남성들이 나아갈 때, 로컬리티 혹은 민족의 표상은 여성의 몫으로 남겨진다. 그들은 남겨진 여성(그리고 노인이나 아이들)을 '위해서' 제국의 부름에 답하며, 그럼으로써 죽을 수 있게 된다. 그리고 제국의 신민이 되기 위해 치르는 이 통과의례는 후기 식민국가-분단국가의 민족국가 만들기라는 프로젝트 속에서 극적으로 부활한다.

내선연애와 지진
-"당신은 사라졌어도, 이것만은 이미 나의 것입니다"

일본 여성을 매개로 한 식민지 남성 주체의 도약과 좌절을 극명하게 보여준다는 점에서 1930년대 말의 내선연애 소설은 〈지원병〉의 춘호, 상주의 S, 혹은 〈너와 나〉의 에이스케라는 인물과 공명한다.[58] 아니, 오히려 불가능한 사랑의 대상과 관련된 이 특수한 멜로드라마 속에서 '임'의 자리는 구체적으로 내지의 여인들의 몫이 되고, 멜랑콜리의 주체들은 순수하게 제 모습을 드러낸다. 여기서는 두 편의 내선연애 소설을 비교하며 멜랑콜리에 사로잡힌 자들을 추적해보려 한다. 우선 당대를 대표하는 작가 중 한 사람이었던 한설야의 소설 한 대목을 따라가보자.

지금도 분명히 기억납니다만, 저는 그때 당신의 향기는 느껴도 당신의 체취를 맡지는 못했습니다. 당신은 제 감각권 내에 들어옴으로써 오히려 형태를 잃고 투명한 것이 되어버렸습니다.[59]

한설야의 일본어 소설 〈그림자(影)〉는 실패한 사랑을 추억하는 회고담이다. 어느 해 여름 사과밭을 사이에 두고 만난 그녀 치에코는 도쿄에 간 후 돌아오지 않았다. 시간이 흐른 후 '나'는 그녀에게 편지를 쓴다. 추억하는 자에게 과거란 언제나 현재보다 아름답게 마련이다. 그는 현재를 견디기 위해서 추억하며, 욕망을 지속시키기 위해서 또한 추억한다. 추억과 욕망은 주체가 떠올리는 대상이 지금 여기에 부재하는 것이라는 점에서 동일한 형식을 공유한다.

그런데 '나'의 경우는 이것이 너무나도 극심해서 '꿈의 비단을 걸치지 않고서는' 그때를 떠올릴 수 없을 정도이며, 거기에 비해 현재란 무의미한 시간에 불과하다. "저는 언제나 현재에 가까워질수록 자신의 생활이 힘겨운 것으로 회상되는 데 반해, 현재를 거슬러 올라갈수록 아름다운 꿈의 세계와 같이 그립게 추억됩니다." 그러면서 동시에 이 화자는 이렇게 덧붙인다. "그래서 같이 있을 수 없게 된 건지도 모르지요."

그러니까 이렇게 말하고 있는 '나'는 이미 그녀와 함께 있던 순간에도 그것을 '꿈'이나 추억과 같은 것으로 받아들였다고 고백하고 있는 셈이다. 꿈이란 결국 깨어나야 하는 법, 추억은 결국 부재하는 대상으로부터 온다. 따라서 '나'에게 치에코라는 대상은 함께 있었던 순간에 이미 상실을 예감케 하는 것이었다. 그렇다면 '치에코'라는 기표는 처음부터 텅 빈 기표였던 것이 아닐까. 기호는 대상을 지시하는 동시에, 대상의 부재를 드러내는 것이기도 하다. 그것은 욕망의 대상이되 처음부터 접근할 수 없는 대상이거나 혹은 결여의 감정 속에서만 환기되는 욕망의 저편에 반사된 환영이 아니었을까. 왜냐하면 어떤 의미에서 '나'의 자기발화는 거대한 발화—제국과 식민의 분할을 둘러싼 언설에 이미 지배당하고 있었기 때문이다. 나의 발화는 결코 이로부터 빠져나올 수 없다. '나'는 분명 제국의 언어인

'국어'로 말하고 있음에도, 아니 바로 그 제국의 언어로 말하고 있기 때문에 더욱 내지의 여성을 소유 가능한 실체로서 전제할 수 없는 것이다.

위의 인용문으로 돌아가보자. 이 장면은 처음으로 '나'와 치에코가 밤 산책을 나간 날을 기억하는 장면이다. 산까마귀에 놀란 그녀가 '나'의 가슴으로 달려든다. 소설 전체에서 둘의 육체가 가장 가까이 닿은 그 순간, 그녀는 형태가 사라지고 투명한 것이 되어버린다. 냄새조차 사라진 존재로서 '치에코'는 거기 있지만 '나'에게 그녀의 육체는 완전히 소거돼버린다. 비유가 아니다. 한설야 자신이 그렇게 쓰고 있는 것이다. 그러면서 그녀는 제목이 의미하는 바 '물에 비친 그림자'로만 존재한다. 그녀가 떠나고 오랜 시간이 지난 후 '나'는 다시 한 번 그녀와 함께 걸었던 산길을 걷는다. 그리고 그 순간 '나'는 그녀를, 정확히는 그녀의 육체를 '깨닫는다'.

저는 몹시도 낙담한 채 일어나 애쓴 보람도 없이 더해지기만 하는 동경을 심호흡으로 달래며 양손으로 목덜미를 눌렀습니다. 그러자 순간 이상한 힘이 솟아올랐습니다. 제 옆에서 걷고 있던 당신의 육체를 제 몸 안에서 느낀 것입니다. 당신은 더이상 투명한 것이 아닌, 부드러운 형태와 색을 띤 마녀와 같이 생각되었습니다.[60]

깨달음이란 언제나 뒤늦게 오는 것이다. 그럼으로써 깨달음은 종종 '새삼'이라는 수식어를 달고 나타난다. 그러니까 여기에는 이상한 지연이 있다. 이 육체는 '나'에게 너무 늦게 도착하였다. 치에코와 '내'가 결국 성적 결합을 이룰 수 없었던 것은 당연하다. 이전에 그것은 투명한 것, 차라리

비물질적인 것이었다. 이 완강한 육체의 거부, 혹은 너무 늦게 도착한 연인의 육체가 의미하는 바는 무엇인가?

> 우리들이 지금까지 단 한 번도 손에 쥐지 못한 것, 처음부터 잃어버린 대상을 소유하는 유일한 방법은 지금 소유하고 있는 대상을 마치 이미 잃어버린 것인 양 취급하는 것이다. (중략) 멜랑콜리의 주체는 단지 대상을 단념할 수 없는 것이 아니라, 오히려 대상을 실제로 잃어버리기 전에 그 대상을 두 번 죽이는(그것을 잃어버린 것으로서 취급하는) 것이다.[61]

　슬라보예 지젝에 의하면 멜랑콜리란 한 번도 소유해본 적이 없는 것을 잃어버렸다고 가정하는 이중부정의 상실의 감각이다. 왜냐하면 욕망의 대상—원인은 처음부터 구성적인 결여로서 비어 있기 때문이다. 멜랑콜리의 전략은 이 결여를 상실로 해석하는 것이다. 역설적으로 멜랑콜리는 상실이라는 상태에 있는 잃어버린 대상을 소유하는 가장 확실한(그러나 상징적인) 방법이기도 한 것이다. 그것이 연인이든 신이든, 혹은 민족이든 국가이든 처음부터 소유한 적이 없는 무엇을 잃어버렸다고 생각하는 순간, 우리는 비로소 그 모호하고 포착되기 힘든 대상의 재림(再臨)을 꿈꿀 수 있게 된다.

　지젝의 멜랑콜리에 대한 정의를 받아들이자면 〈그림자〉의 주인공 '나'가 치에코의 육체성을 거부하는 것이야말로 멜랑콜리의 전형적 방식으로서 대상을 소유하고자 하는 의지, 혹은 그 충성의 서약이다. 그 혹은 그녀와 같이 있는 순간 사랑하는 자는 언제나 이미 이별을 예감한다. 또는 그럼으로써 사랑을 지속시킨다. 그런데 이것은 또한 "식민지 남성이 본국의 여성을 욕망한다"라는 이미 불가능한 욕망을 실현시킬 수 있는 유일한 방법이기도 하다. 사랑의 메커니즘이 순수하게 그 형해(型骸)를 드러내는 것. 불가능한 대상을 욕망하는 내선연애 소설은 역설적으로 바로 이 순간을 드러내 보여준다.[62]

한편으로 지젝의 멜랑콜리에 대한 언급처럼 결여를 상실로 번역하는 속임수에 의해 대상의 소유를 주장할 수 있다는 이 패러독스는 식민지가 상상하는 기원으로서의 '민족'이라는 패러독스와 일치하는 것으로 보인다. 즉 기원에 대한 환상이야말로 한 공동체가 문화의 위기에 처한 순간 생겨나는 것이라고 한다면[63] 그것은 처음부터 '결여'로밖에 존재하지 않는 것이다. 따라서 이 결여를 상실로 해석하는 멜랑콜리의 전략이야말로 민족을 상상하는 피식민지인들의 전략이라고 할 수 있다. 그렇다면 민족을 상상하는 피식민지인들 자체가 근본적으로 해소될 수 없는 멜랑콜리의 주체들이라는 가정도 불가능한 것은 아니리라. 극단적으로 말해 '민족'이라는 기원(의 환상)에 대한 충성은 멜랑콜릭한 상태의 지속에서만 가능한 것이다.

이때 민족으로부터 '내지의 여인'으로 대상을 옮겨 간 내선연애의 내러티브는 그 자체로 이중적인데, 왜냐하면 그것은 제국의 정치적 위계(hierarchy)를 넘어설 수 있는 어떤 계기로 사용될 수 있는 한편, 그 근본적인 탈피 불가능성을 제시하는 서사로도 기능하게 되기 때문이다. 내선연애 소설의 멜랑콜리는 바로 이 위태로운 선택을 앞에 둔 태도 혹은 상태로 읽힐 수 있다. 즉 '본국의 그녀들'은 피식민지인으로 존재하는 한 불가능한 대상이지만, 피식민지인이라는 조건을 뛰어넘는 순간 가능한 대상이 된다. '나'의 조건과 과제를 제시하는 맹목적 질문으로서 존재하는 '그녀들'은 피식민자의 내면을 침입해 들어온다. 아니 구성한다.

물론 그럼에도 불구하고 멜랑콜리 환자는 스스로의 힘이나 의지로 이 상태에서 벗어날 수 없다. 그것은 말 그대로 어떤 계기, 바깥으로부터 주어진 어떤 힘의 작용 아래서만 가능해진다. 이 불가능한 섹스 혹은 연애의 완성은 '지진'과도 같은 외적이고 갑작스런 예외적 상태의 도래 없이는 불가능하다.

정인택의 내선연애 소설 《준동(蠢動)》은 바로 그러한 상태가 도래함으로써 멜랑콜리로부터 탈피하는 과정을 그리고 있다. 거꾸로 말하자면 이는 예외적 상태의 도래 없이는 피식민자가 결코 멜랑콜리로부터 벗어날 수 없음을 입증한다고 할 수 있다.

소설 속의 '나'는 도쿄의 하숙집에서 절망의 나날을 보내고 있는 중이다. 집으로부터 송금은 끊긴 지 오래고, 더 이상 학교도 다니지 못한다. 그는 오늘 아침 다섯 그릇의 밥을 먹어치웠는데, 왜냐하면 이 아침식사가 그에게는 오늘의 처음이자 마지막 식사가 될 것이기 때문이다. 제목이 암시하듯이 그는 인간과 벌레의 중간쯤 되는 자이다. 실제로 이불 속에 똘똘 말려 있는 그의 형상은 벌레와 비슷해 보인다. 열병에 걸려 한 달 보름을 앓고서도 그는 일어날 생각을 하지 않는다. 이불을 떨치고 일어나는 순간 현실이 밀려올 것이기 때문이다. 주인 할멈은 집세를 요구할 것이고, 그는 결국 이곳에 남아야 할지 떠나야 할지 '결정'을 내려야 한다. 그런데 이런 그에게도 조력자는 있다.

무기력과 우울에 사로잡힌 이 전형적인 정인택의 주인공은 하숙집의 일본인 하녀로부터 은밀한 보살핌을 받는다. 그녀는 그가 모르게 집세를 내주고, 주인 몰래 먹을 것을 내온다. '나'는 끊임없이 그녀 유미에의 생활력에 감탄하는데, 이는 그가 그녀의 지적 능력을 계속해서 의심하는 것과 표리일체를 이룬다. "유미에가 태연하게 생활과 싸울 수 있는 것은 생각할 능력을 안 가진 때문이요, 내가 허둥지둥 자리잡지 못하고 있는 이유는 영리한 때문이다. 그런고로 나는 유미에에게 대하여 동정을 느끼지 않았고 느낄 필요도 없었고, 따라서 진심으로 유미에를 사랑할 수 없었다."[64]

먼저 위의 기술에서 명백히 드러나는 계급성으로부터 이야기를 시작해 보자. '나'는 비록 집세를 못 내고 있으나 유학생이며 그녀는 하녀이다. 도식적으로 이야기하자면 스스로 '거세' 되었다고 말하고 있는 이 식민지 남성은 계급성을 지렛대로 피식민지인이라는 결락을 뛰어넘어 하층계급 일본인 여성을 통해 재남성화의 도약을 마련할 수도 있을 것이다. 결과적으로 이 도약은 성공하지만, 그것이 이 도식처럼 이루어지는 것은 아니다. 왜냐하면 이 도약이 그의 의지에 의해 이루어지는 것은 아니기 때문이다. 다시 말하자면 일본인 여성 때문에 우울한 것이 아니라 이미 처음부터 우울에 빠져 있는 그는 의지 없는 남자이며, 문제는 바로 그가 의지를 획득하는 데 있다.

극심한 우울증에 빠져 있는 그는 상습적으로 자살 충동을 느끼고 있으며, 살아 있는 좀비와도 같다. 예컨대 그는 시종일관 거리를 걷지만, 어떤 풍경도 묘사되지 않는다. 프로이트의 임상기록에 따르면 멜랑콜리에 빠진 자는 외부의 그 어떤 것도 보지 못하기 때문이다. 반복하자면, 비애는 상실된 대상에 대한 과잉의식 속에서 생성되기 때문에 일정한 노력과 시간이 투입되면 치유된다. 그러나 멜랑콜리의 주체가 겪는 우울은 결코 끝나는 법이 없다. 그는 스스로가 원하는 것을 기표로서는 확인할 수 있어도 내포로서는 접근할 수 없기에 내내 외부를 지운 채, 자기 발화 안에 머문다. 그러므로 '나'는 결코 스스로 유미에를 사랑할 수 없다. 어떻게 이 상황을 벗어날 수 있을 것인가?

> 동경에 온 지 3년, 처음 당하는 큰 지진이었다. (중략) 유미 짱! 나는 거의 미친 듯이 발을 돌이켜 이층으로 뛰어올랐다. 층계에서 머뭇거리는 유미에를 나는 무슨 힘으로인지 번쩍 쳐들어 가슴 속에 안고, 쏜살같이 마당으로 뛰어 내려가며 힘 있게 흔들리는 대지를 딱 버티어 밟고 유미에를 사랑해야 할 것을, 그리고 내게도 유미에를 사랑할 힘이 있다는 것을 혼자 마음속으로 반갑게 여겼다.[65]

이 종결은 갑작스럽게 다가온다. 여기에는 '갑작스럽다'는 표현만이 가능한데, 왜냐하면 '나'의 의식 안에서 서술되는 소설의 그 어디에서도 유미에를 사랑할 수 있다는 가능성이 보이지 않기 때문이다. 오히려 사랑할 수 없음만이 끈질기게 서술될 뿐이었다. 그런데 유미에에 대한 사랑을 가능하게 하는 것은 주체의 외부에서 벌어지는 사건, 어느 날 불가항력적으로 일어나는 천재지변이다. 그럼으로써 비로소 '나'는 유미에라는 일본인 하녀를 사랑할 수 있게 된다. 다시 말해 거세당한 남성인 '나'가 유미에를 통해 보상받기 위해서는 지진이라는 불가항력적인 힘이 필요하다.

지원병 제도로부터 시작되는 일련의 지각변동, '외부적' 충격이야말로 식민지 남성들을 갑작스레 활성화시킬 수 있는 유일한 계기로서 삶과 죽음을 교차시키는 묘약이었던 것이다. 받들어진 총은 그것이 스스로를 겨누는 순간에조차 어떤 희열을 상상하게 한다. 아니, 그렇게 선전된다. 그러나 지진과 달리 지원병 제도는 제국과 식민지 엘리트 남성들 사이의 공

제국 일본의 조선영화

모와 부분적 경합이 이루어낸 불균등한 교섭의 산물이었다. 총독의 소리에 대한 과장된 반복과 과격한 흉내는 때때로 상대방의 의도를 능가하는 일종의 속임수가 되기도 하였다. 그러나 언설 효과의 정교한 배치와 통제의 시스템은 그러한 피식민자들의 전유(appropriation)와 교섭의 제스처마저 충분히 관리하고 있었다. 피식민자가 은전(恩典)을 '권리화'하는 것은 곧 총독에 의해 금지되었으며, 식민지 엘리트들은 금지의 문구 그 자체를 반복함으로써 이 경고에 답했다.[66]

지원병은 기회의 언설을 불러냈다. 실제로 그것은 기회일 수 '조차' 있었으리라. 그러나 기회는 그 반대편을 향해서도 호혜적으로 작용했다. 식민자와 피식민자의 분할은 피식민자 사이의 보다 촘촘한 분할로 재생산되며, 제국의 위계질서는 보다 세밀하게 분할되는 새로운 선분들의 도래에 의해 더욱 정교해져갔다. 내선연애는 여전히 새로운 지진을 기다렸고, "당신은 사라졌어도, 이것만은 이미 나의 것입니다"라는 자기 발화는 여전히 스스로의 욕망의 심부를 맴돌 뿐, 대상을 향해 도약하지 못하고 있었다.

〈조선해협〉. 당시의 한 영화 식자는 〈조선해협〉의 과도한 비극성이야말로 프로파간다로서 결격사유라고 투덜거렸다. 어쩌면 그의 판단은 옳은 것이었으리라. 아들들이 중얼거린다. 그래, 아비들이여, 나는 기꺼이 죽으러 간다. 이 죽음으로 누가 행복해질 수 있는가, 라는 맹목적 질문을 남기고.

"지원병으로 일어서", 내선일체라는 섹스 독본

이 글에서 나는 1919년 이후의 식민지 상태를 멜랑콜리로 파악함으로써, 그 사후 효과로 나타난 식민지 말 조선의 영화들을 분석하였다. 멜랑콜리는 무엇을 잃어버렸는지 알 수 없는 상실의 상태이자 바로 그 슬픔의 지속을 통해 잃어버린 대상에 대한 집착을 유지하는 과정이다. 만약 멜랑콜리가 식민지적 정신 상태를 설명해줄 수 있는 키워드라면, 1930년대 말 '병사의 몸'을 둘러싸고 피식민지인으로부터 제국의 신민으로의 가능성이 논의되는 시점에 이르러 필연적으로 어떤 변화가 일어난다. 1940년에 만들어진 전향자들의 영화 〈지원병〉은 이 과정을 보여준다는 점에서 흥미로운 예를 제공한다. 멜랑콜리에 빠져 있는 남성 주체는 어떻게 제국의 요구로부터 이 상태를 극복할 수 있는 가능성을 발견하는가? 그리하여 우울을 극복하고 재남성화의 도정에 오르는 순간, 그러니까 병사가 되는 순간 멜랑콜리의 잔여는 어디로 귀속되는가?

식민지의 남성들이 스스로의 남성성을 활성화시키는 계기가 되는 지원

병제—징병제 실시는 죽음을 불사한 결단을 통해서만 국민에 도달할 수 있었던 피식민지인들의 정치적 정황을 보여주는 한편, 거기에 잠재한 식민주의의 내면화 혹은 위계화를 살피는 근거들을 제공한다. 제국의 식민 권력, 그리고 그와 결탁한 식민지 엘리트들의 언설 작업 속에서 식민지 남성들은 "지원병으로 일어서(志願兵に起て)"[67] 전장에 나아감으로써 일거에 남성—가장—연인—아버지의 권리를 획득하리라고 선전되었다. 이 죽음을 건 도약은 최종적으로는 내선연애의 서사와 같은 메타포를 통해 제국민의 권리 심부를 직접적으로 겨냥했다.

그렇다면 이 기획은 과연 성공했는가?

1941년, 반도의 기획력이 총집결해서 만든 영화 〈집 없는 천사〉와 이 영화가 불러일으킨 내지의 검열을 둘러싼 해프닝은 바로 여기에 대한 답변을 준비해줄 것이다. 다음 장에서 약간 우회한 다음 멜랑콜리 이후 재남성화의 결과로서의 남성 계몽 주체에 대해 살펴보고자 한다. 식민지 남성은 조선 '내'에서 계몽 주체로서 지위를 (재)확보한다. 그러나 이 지위는 어디까지나 조선 안에서만 가능할 것이다. 조선 내부, 그리고 대동아공영권이라는 틀 안의 조선이라는 두 공간의 위계질서 속에서 '계몽의 주체'인 남성은 어떤 딜레마에 빠져든다.

여기에 이르기 전에 다음 장에서는 먼저 협력의 제도에 대해 살펴보고자 한다. 무엇보다 영화는 물적·산업적 기반으로부터 떨어뜨려 생각할 수 없는 것이다. 영화가 어떻게 적극적인 협력의 기제로 떠오를 수 있었는가를 해명하기 위해서는 테크놀로지와 시스템의 차원에서 살펴볼 필요가 있다. 물론 그럼에도 불구하고 한 편의 영화 속에는 종종 전제를 벗어나거나 컨트롤되지 않는 부분이 있다. 그것이야말로 영화라는 표상(표피[表]의 형상[象]이라는 의미에서) 장치가 지닌 예기치 않은 힘일 것이다.

제3장
협력의 제도

– 〈반도의 봄〉과 토키 시대의 조선영화

'조선'영화와 조선'영화'

-고유한 모더니즘과 이식문화론

어둡게 흐르다

단도직입적인 질문으로 시작해보자. 식민지 조선에서 '영화'란 무엇이 있었는가? 혹은 개념적으로나 물적으로 식민지 '조선영화'란 무엇이었는가? 이 물음에 답하는 것은 그리 쉬운 일이 아니다. 그것은 단지 한국영화의 '전사(前史)'로 기록되는 이 시기가 일국 영화사의 통사 구축을 위해 재단 되어왔기 때문만은 아니다. 여기에는 좀더 근본적인 이유가 있는데, 영화 가 네이션과 붙어 있는 한[1] 식민지 조선에서 만들어진 영화란 그 실체에도 불구하고 단 한번도 자명한 것이 될 수 없었기 때문이다.

조선영화에 대한 최초의 개념 정의라고 할 수 있을 다음과 같은 언급을 참고해보자. "조선영화, 즉 조선의 인물, 조선의 의상과 배경이 스크린 위 에 나타나는 것."[2] 이 정의는 일본 프롤레타리아 영화동맹(프로키노)의 기 관지 《신코에이가(新興映畵)》에 임화가 기고한 〈조선영화의 제경향에 관하여〉라는 글에서 시도된 것이다. 존재하는 것과 그것의 이름이 항상 동시에 오는 것은 아니다. 이름이란 말 그대로 바깥에서 오는 호명이며, 그 순간 존재하는 것은 호명에 답하기 위해 스스로에 대한 정의를 시도한다. 프로 운동의 연대라는 시대적 분위기 속에서 조선영화는 식민지 영화의 가능태로서 처음으로 외부에 알려질 수 있었다. 물론 이 정의를 지금의 시각으로 보면 매우 느슨하게 여겨진다. 왜냐하면 조선영화를 민족영화로 번역한다 하더라도 창작 주체와 자본의 귀속이 빠져 있는 이것은 완전한 민족영화의 정의로는 부족하기 때문이다.[3]

그렇다면 이 정의는 틀린 것일까? 그렇지 않다. 오히려 이 정의로부터 시작하는 이 글은 현재 우리에게 통용되고 있는 ('민족영화'로서의) 내셔널 시네마의 좁은 한계 개념을 넘어 식민지 조선영화의 실체와 그 의의를 암시한다는 점에서 중요하다. 식민지 조선영화는 자본과 기술에서 종주국에 종속되어 있었지만 '조선의 인물이 나오고 조선의 의상과 배경이 스크린 위에' 표현되는 이상, 그리고 조선인 관객을 상대로 하는 이상, 전통 양식과 교섭하면서 새로운 양식으로 정착하였으며 빠른 제작 주체의 이동 속에서 식민지 조선의 '고유한' 열정의 부산물로 자리매김하였다.[4]

먼저 최초의 경향으로 열거할 수 있는 것은 조선영화의 발족점이었던 고대소설의 영화화이다. 이들은 지금으로부터 6, 7년 전 영화상설관 주인들의 영리적 계획에 의해 만들어진 것으로 고대 연애소설 〈춘향전〉과 효녀 이야기 〈심청전〉, 〈장화홍련전〉 등을 시작으로 이후 수편에 이른다. (중략) 이로부터 이후 조선에는 소위 소부르주아 신극운동이 태두, 직접 반영으로서의 현대생활을 영화의 내용으로 하는 획기적 현상이 보이기 시작했다. 그러나 이 주목할 만한 현상은 영리에 있어서는 빈틈이 없는 일본 부르주아지(극장주−인용자)에 의해 공개 되었다.[5]

"억압 속에서도 민족으로서의 감정을 작품 위에 담고자 했"던 조선영화의 대표작으로서 "몰락해가는 농촌생활을 영화의 내용으로 한" 나운규의 〈아리랑〉과 "1919년 3월 1일[6]을 불명료하지만 작품 위에 담으려" 했던 〈먼동이 틀 때〉를 조선영화의 대표작으로 꼽고 있는 임화의 이 글을 그로부터 12년 후에 그가 발표한 《조선영화론》과 비교해가며 읽는 것은 흥미로운 일이다. 1940년대 초 임화가 조선문학사를 전개하며 제시한 '이식문화론'[7]의 연장선상에 놓여 있는 《조선영화론》에서 그는 '자기 문화의 일정한 축적 없이는 서구의 근대문화를 이식해 들일 수 없'다는 인식하에서 원래 있던 것(《조선영화의 제경향에 관하여》에서 언급되었던 조선의 고대소설)에 바깥으로부터 들어온 것이 섭취되어 '새로운 것'을 만들어낸다고 말하고 있다. 임화는 이것을 역시 나운규의 영화를 예로 들어 "고유한 열정"이라고 지칭한다. 중요한 것은 바로 이 지점에서 그가 이 '열정'을 나운규의 외국영화 체험과 직접적으로 연관시키고 있다는 사실이다. 그것은 그럼으로써 "시대를 통하여 호흡한 것이며 구체적으로는 문학을 통하여 혹은 그 여(餘)의 예술과 문화를 통하여 형태를 갖춘 것"이다. 다시 말해 임화가 정의하고 있는 조선영화란 시대와 다른 제반 문화와의 호흡 속에서 나온 그 어떤 (내셔널) 영화와도 다른 '독자적'이고 '이질적'인 것이다.

제국 일본의 조선영화

그리피스의 〈폭풍의 고아〉를 보던 관중은 참다못해 발을 굴렀고, 그리피스의 〈로빈후드〉는 조선 관객의 손바닥을 아프게 하였다. (중략) 선배 이경손 선생에게 "화나는데 서양사람 흉내를 내서 한 작품 만들어봅시다" 하고 말했더니, "서양사람과 동양사람은 체격이 틀리니 안 되어" 했다. (중략) 이렇게 처음 된 〈아리랑〉은 의외로 환영을 받았다. 졸음 오는 사진이 아니었고 우스운 작품이었다. 느리고 어름어름하는 사진이 아니었고, 템포가 빠르고 스피드가 있었다. 외국영화 흉내를 낸 이 작품이 그 당시 조선관객에게 맞았던 것이다.[8]

나운규 스스로 〈아리랑〉[9]에 관해 밝히고 있는 이 영향과 교접 그리고 새

〈아리랑〉(왼쪽), 〈먼동이 틀 때〉(오른쪽).

식민지 영화의 가능성이란 무엇인가? 고유한 열정 혹은 암류(暗流)의 근원은 무엇인가. 〈아리랑〉과 〈먼동이 틀 때〉가 모두 3·1운동의 여파 속에서 만들어졌다는 것은 의미심장하다. 내셔널 시네마로 환수되지 않는 식민지 영화의 '고유한' 가능성의 근원.

로운 생성의 이야기는 임화의 '이식문화론'에서 나온 '조선영화론'을 보충해주는 단서가 될 것이다. 임화의 인식은 '민족영화'의 전사(前史)로서 식민지 조선영화를 다시 구출해내기 위한 입구로 중요하다. 그는 민족영화라는 협소한 틀 안에서 (다시 말해 한국 근대사의 맥락 속에서) 신화화돼버린 식민지 영화에 대해 세 가지 키워드를 던진다. 그것은 타문화와의 접경지대에서 생성되었으며, 타장르와의 교섭 속에서 성장하였고, 무엇보다도 '조선인이 나오고 조선의 의상과 배경'이 나온다는 사실만으로 환호하는 관객에 의해 구성된 것이다.[10] 그 속에서 형성된 조선영화의 '이질성'은 당시의 영화감독 김유영에 따르면 "똑똑치는 않지만 조선영화 고유의 암류(暗流)"[11]라고 표현되며, 경성에서 극장을 운영했던 한 일본인에 의하면 "조선영화의 버릇(朝鮮映画の癖)"[12]이라고도 이야기되었다.

명랑지방극을 향하여

지금부터 내가 다루고자 하는 것은 바로 이 '고유한 열정', '암류'라고 묘사되던 그것이 사라지는, 혹은 사라질 수밖에 없는 지점에 관한 이야기이다. 1930년대 말부터 1945년까지의 시기는 식민지 영화로서 내셔널 시네마가 가지고 있는 개념의 불안정성이 폭파되는 때였다. 이때에 이르러 조선영화는 제국의 대동아공영권이라는 구획 안에서 명실공히 일본영화의 하위 분류에 속하게 된다.[13]

'조선영화'라는 문화 단위는 이 시점에서 자본과 제도(법), 창작의 주체, 관객[14]이라는 전 부문에 걸쳐 일본이라는 국제법적 실체와 일체화되기를 강요받는다. 이 두 번째 호명 속에서 '조선영화'는 언설의 차원에서 완전히 '일본영화'가 되었다. 같은 시기에 조선영화를 지도해야 한다는 사명감에 불타는 한 성실한 육군 소장이 "그런데 조선영화란 과연 무엇을 가리키는 것인가?"[15]라고 되묻고 있는 것은 단지 과장된 제스처가 아니다. 영화의 완전한 '내선일체'가 이루어진 그곳에서 대체 '조선영화'를 말한다는 것이 가능하기나 한 걸까?[16]

> 일본영화는 어떠해야 하는가? 아니 범위를 좁혀서, 일익을 담당하고 있는 조선영화의 경우는 어떠해야 하는가? 조선영화인은 생활고에 핍박당하면서도 여전히 수수방관 언제 올지 모를 기회를 망연자실 기다릴 뿐이었다. 그리고 똑같은 실수를 두 번 세 번 거듭했다. (중략) 그러나 이제부터는 그래서는 안 된다. 조선영화도 **국민문화재로서 스스로의 중요성**을 자각해야만 한다. 당국도 늦었지만 이 사실을 깨달았다.[17] (강조는 인용자)

경성제대 출신이자 일본으로 영화 유학을 다녀온 경험이 있는 엘리트 오영진의 언급에 따르면 조선영화는 일본영화 안에서 '국민문화재로서 스스로의 중요성을 자각'해야 한다. 이 말이 의미하는 바는 무엇인가? 이는 단지 식민자의 언설을 앵무새처럼 반복하고[18] 있는 것에 불과한가? 그렇다면 '일본영화'인 '조선영화'의 쇄신을 촉구하는 이 의식과 '일본영화보다 훨씬 이질적인 물건을 만들어내었다'고 말하고 있는 임화의 의식 사이의 거리는 어느 정도이며 이는 무엇을 의미하는가?[19]

조선영화는 음울하고 허무적이며 음침하고 어둡다. 이것이 민족성에 기인한다는 둥 경솔하게 단정하는 자도 있으나 조선영화의 부정적 색조는 물론 민족성에 기인하는 것도, 또한 조선영화의 본질적 특색도 아니다. 일부 영화작가(기획자)의 장애에 불과하며, 작가 개인의 노골적인 취미성의 드러냄에 지나지 않는 것이다. (중략) 영화가 국가와 밀접히 연결될수록 더욱 민족주의적이고 국가주의적인 색깔이 농후하게 되었으며, 국가 선전의 유력한 수단으로서 중요한 역할을 맡게 된 것이다.[20](강조는 인용자)

조선영화의 성격으로 이야기되는 음울, 허무, 음침, 어두움은 단지 작가 '개인'의 노골적인 취미성에 불과한 것이라고 일갈하는 오영진의 말은 영화감독 김유영이 '조선영화 고유의 암류'라고 말하고 있는 것과는 사뭇 대조적인 울림을 가져온다.[21] 조선영화에 대한 이 인식의 차이는 어디서 비롯되는가? 물론 이것은 영화배우이자 각본가로서 조선영화의 성장과 함께 해온 임화나 프로운동으로 영화를 시작한 김유영과 일본에서 영화 유학을 하고 돌아와 조선영화계의 후진성을 절감해야 했던 문화 엘리트 오영진의 세대적 차이에서 기인하는 문제인지도 모른다. 그런데 이 차이에는 단지 세대성이라고만 치부할 수 없는 지점이 있다. 그것은 국가를 어떻게 인식하고 있는가 하는 문제이다.

'영화가 국가와 밀접하게 연결될수록 민족주의적, 국가주의적 색깔이 농후하게 되었다'라고 말할 때 오영진에게 이 국가는 물론 '일본'이다. 따라서 이야기를 앞으로 돌리자면, 조선영화의 독자성을 말하는 순간의 임화와 김유영과, 일본영화의 하위 분류로서 조선영화를 언급하는 오영진은

제국 일본의 조선영화

실은 대상 자체를 달리하고 있는 것이다. 오영진에게 조선은 공간적 지시어에 불과하다. 그것은 식민지라는 말을 끊임없이 회피하고 싶어 했던 일본, 즉 본국과 식민지라는 구분 대신 '내지'와 '외지'라는 말을 사용하고 싶어 했던 식민자들이 거둔 괄목할 만한 성과라고도 할 수 있을 것이다.[22] 이 의식 속에서 '식민'은 완전히 사라진다. 오영진의 의식 안에서 조선의 '반도화(化)', 즉 '지방화(化)'는 완성되었다.

오영진의 이 글은 조선영화주식회사가 '일본영화계의 제4회사'로 성립한 것을 기념하며 씌어졌다. 그의 말에 의하면 이제 조선영화는 제작 과정에서 전과 같은 수공업적 생산 과정을 지양하고, 기획의 개인 취미 또한 배제하지 않으면 안 된다. 이 글의 주요 분석 대상이자 식민지 영화제도를 읽는 입구가 될 이병일[23]의 1941년 영화 〈반도의 봄〉은 바로 이 조선영화주식회사가 설립되기까지의 과정을 그리고 있다.

〈반도의 봄〉은 '조선영화'를 일본 내에서 충격적으로 완성시키는 하나의 '기적'을 다루고 있다. 한 편의 영화를 찍기 위해 모인 경성의 문화인들은 악전고투 중이다. 상황은 점점 악화일로로 치달아가고, 파국의 순간에 그들과 그들의 영화를 구해주는 것은 기적 같은 '대자본 영화회사'의 설립이다.[24]

이 영화가 완성된 1941년이라는 시간은 매우 미묘한 시기였다. 이해는 1940년 내지의 영화법을 고스란히 가져온 조선영화령이 공포된 이후 맞이하는 첫 번째 해이자, 1942년에 총독부 주도로 만들어진 통합영화회사 '조선영화주식회사'를 준비하는 시간이었다. 1941년에 극영화는 총 11편이 만들어졌고, 그 목록은 조선군 보도부가 제작에 참여한 내선일체 영화 〈너와 나〉부터 '비일반용 영화' 〈아내의 윤리〉에 이르기까지 생각보다 넓은 진폭을 보여준다. 그러나 9월부터 미국영화 상영이 금지되었으며, 영화관주, 종업원 일동에게는 매월 1일로 정해진 애국일에 신궁을 참배하고, 휴식시간에 관공서 시달사항을 방송하고, 정오에는 영화를 중지하고 일제히 묵도하라는 방침이 내려졌다.

한편 이창용을 중심으로 한 기존의 조선인 영화 제작자들은 새로 설립될 통합회사의 주도권을 둘러싸고 은밀한 물밑 작업을 벌이고 있었다.[25] 바로 이 시간에 닛카쓰(日活)에서 6년간의 조감독 생활을 마치고 첫 작품을 완성한 이병일이라는 야심만만한 젊은 감독은 다음과 같이 자신의 연출의도를 밝히며, 후기 식민지의 한 영화 기린아의 탄생을 고한다.

〈반도의 봄〉의 테마는 조선영화인들의 독특한 환경과 그들이 가지고 있는 양심적 예술가로서의 정열을 묘사하려는 한 개의 생활 기록이다. (중략) 이 작품에서 나는 예술가로서의 야심을 성공시키기보다는 오직 작품에 대한 진지한 의도를 끝까지 관철함으로써 조선영화인으로서의 새출발을 약속하고 싶었다.[26]

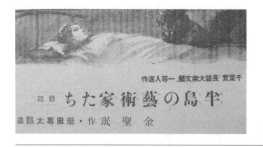

반도의 예술가들은 어떻게 살아가는가. 아니 그에 앞서 왜 이 공간은 '반도'로 지칭될 수밖에 없는가. 《선데이 마이니치》의 현상공모작 〈반도의 예술가들〉.

1941년이라는 시간에 '조선영화인으로서의 새출발'을 기약할 수 있도록 만든 것은 무엇인가? 무엇이 한국영화사가 '실질적으로 한국영화는 없었다'[27]고 서술하는 바로 그 순간에 감히 '희망'을 말할 수 있도록 하는가? 이 '새출발'이라는 말을 이해하려면 이 영화가 어떻게 당시의 조선영화계와 공명하고 있었는지를 살펴볼 필요가 있다.

영화, 테크놀로지, 시스템 그리고 국가

－토키 시대의 영화 만들기

궁핍한 시대의 영화

조선영화령이 선포된 이후 최초로 검열을 통과한 작품인 〈반도의 봄〉은 일견 이 과도한 프로파간다의 시간에 잘못 도착한 영화처럼 보인다. 《선데이 마이니치》의 현상공모작으로 지바 가메오상(千葉龜雄賞) 일등 입선작이었던 김성민의 일본어 소설 《반도의 예술가들》을 원작으로 한 이 영화는 영화인들의 열정과 좌절 그리고 희망의 내러티브로 이루어져 있다.[28]

젊고 유망한 문화인 영일은 도쿄에 유학 가 있는 친구 창수로부터 그의 여동생 정희를 맡아달라는 부탁을 받는다. 갓 여학교를 졸업한 정희는 예쁘고 재능 있는 배우 지망생이다. 영일은 자신이 일하고 있는 레코드 회사에 정희를 소개해준다. 영일은 영화 〈춘향전〉의 제작에도 참여하고 있다. 영화의 자본주는 회사의 한 부장이다. 춘향 역은 한 부장과 내연의 관계인 안나가 맡고 있다. 안나는 영일에게 마음이 있고, 영일은 정희에게 점점 마음이 기운다. 한편 감독 허는 불성실한 안나에게 불만이다. 어느 날 안나는 한 부장과 헤어진 것을 이유로 일방적으로 영화에 나오지 못하겠다고 선언한다. 합숙소의 집세는 여섯 달치나 밀려 있고, 한 부장은 더 이상 영화에 돈을 대려 하지 않는다. 영일은 도중하차한 안나 대신 춘향 역으로 정희를 주선해주고 회사 돈 1천 원을 횡령하여 영화를 계속 찍을 수 있도록 한다. 그러나 한 부장의 농간으로 횡령 사실이 발각된 영일은 잡혀가고, 영화를 계속 찍는다는 것은 정말로 불가능해 보인다. 감독은 침통하게 '조선어'로 스태프들에게 고한다. "영화는 예술적 양심과 정열만으로 이루어질 수 있는 것이 아닙니다. 확실한 자본, 조직적 기획 없이는 불가능합니다. 우리들은 지금까지 이 작품을 위해 힘겹게 싸워왔습니다. 그러나 완성을 보지 못하고 중지할 수밖에 없게 된 점 유감입니다."

이 말은 당시 조선영화계의 언설과 일치한다. 확실한 자본과 조직적인 기획, 그것은 무엇보다도 원활한 재생산을 위해 조선영화계가 하루 빨리 풀어내야 할 과제였다. 이를테면 다음과 같은 좌담회를 보자.

1939년 정월, 《동아일보》는 영화 관계자들을 망라한 대규모 좌담회를 기획한다. 당시 가장 큰 영향력을 행사하고 있었던 고려영화사의 이창용[29]을 위시하여 윤봉춘, 서광제, 김유영, 안종화, 안석영, 박기채 등 중견 영화인들을 한자리에 불러 모은 이 좌담회는 그 면면들만으로도 충분히 주목할 만한 가치가 있다. 이 좌담회는 당시 조선영화가 당면하고 있던 문제들, 토키 시대로의 돌입과 일본 영화계와의 급속한 유착에 관한 과제들을 논하고 있다는 점에서 매우 현실적인 시사로 가득 차 있었다.[30] 이 자리에서 첫 번째로 불려나온 문제는 '조선 이외의 시장 개척'이라는 사안이었다.

박기채 작품만 좋으면 얼마든지 일본 내지나 만주에 판로를 가질 수 있겠지요.

이창용 구라파 같은 데서는 작품만 좋으면 판로를 얻을 수 있지만은 조선영화는 만주와 일본 내지의 정책을 고려해야 할 것입니다. 연극이건 영화건 간에 우리는 어떤 '히가미(ヒガミ, 비뚤어지게 생각함－인용자)'만 가지지 않고 작품의 향상과 판로 개척을 위해서는 내지인이나 만주인의 참조를 받아서 일해나가야 한다고 생각합니다. (중략) 조선영화는 특수한 사정에 처해 있으니까 잘 연구해야지요.

박기채 작품이 좋아도 그런가요?

서광제, 이창용 그렇구말구요.

기자 조선영화는 조선 시장만으로는 수지가 안 맞습니까?

안석영 영화 제작회사가 이때까지는 한 작품 내고는 넘어지고 하니 제작자는 밑진 셈이지요.

서광제 그렇지만 실제로 밑진 작품은 하나도 없습니다. 토키 한 개에 1만5천 원을 들인다면 조선 안에서만도 봉절(封切) 1년 후면 밑천을 회수할 수 있는데 제작에 돈을 댄 사람은 2, 3개월 후에 가버리니까 밑지는 겁니다.

이 상황을 이해하기 위해서는 토키 시대로 접어든 조선영화가 사로잡혀 있었던 두 가지 열망, 즉 새로운 기술과 기업화라는 요구로부터 이야기를 시작할 필요가 있다. 1926년, 나운규의 〈아리랑〉이 폭발적인 성공[31]을 거두면서 군소 프로덕션 시대를 맞이하였던 조선영화는 1933, 34년의 시점에 이르러 토키의 위협에 시달려야 했다. 상상 이상으로 심각했던 이 위협은 조선영화의 흥행부진으로 표면화되었다.[32] 당시의 관점에서 보자면 이 상황은 두 가지로 이해될 수 있다. 처음부터 외국영화와의 경쟁 속에서 살아남아야 했던 조선영화는 '화면에 조선인이 나온다'는 프리미엄만으로는 더 이상 해결되지 않는 '일정 정도의 기술적 수준'을 요구받게 되었다. 이는 조선영화에 대한 충성도가 매우 높았던 조선 관객층이 성장하고 분화한 결과이기도 했다. 유럽영화에 대해 지식층이 경도되기 시작했고, 고려의 대상이 되지 않았던 일본영화의 잠재적 시장성과[33] 더불어 무엇보다도 압도적인 수의 할리우드 영화가[34] 극장을 점령하고 있었다.[35] 극장이라는 공간이야말로 '세계라는 표준 시간'이 작동하는 곳이었다. 따라서 이 표준 시간이 요구하는 '표준 기술'의 달성이야말로 시급한 문제였다.

　조선의 첫 번째 토키영화는 1935년에 등장하였다. 이명우에 의해 시도된 토키 1호 〈춘향전〉은 흥행에 성공했으나[36] "'조선영화도 말을 한다' 정도의 새로운 기록을 남겼을 뿐 '이것이 춘향전이다'라고 하는 인식"까지는 미치지 못했다는 혹독한 평가를 들어야 했다.[37] 그럼에도 불구하고 〈춘향

경성의 일본인 거주지역 혼마치(本町). 1930년대 드디어 이곳으로 월경하는 조선인들이 등장하기 시작했다. 그들은 한결같이 좀더 '진짜배기'를 맛보기 위해서 이곳에 온다고 말했다.

전)이 거둔 놀라운 성공은 "이제부터 조선영화도 토키가 아니면 안 되며 무성영화는 빈약하다는 것이 대중의 소리"라는 사실을 입증하는 것으로 받아들여졌다.[38]

첫 번째 토키영화의 흥행 성공과 기술적 실패라는 결과는 영화인들로 하여금 토키에 대한 완전한 습득이라는 목표에 박차를 가하게 하였다. 1937년, 내지 기술과의 연계[39]로 만들어진 이규환의 〈나그네〉가 흥행과 비평[40] 모두에서 상상을 초월하는 성공을 거두었다.[41] 조선영화는 "하루빨리 사일런트 시대로부터의 해탈"[42]을 해야 한다는 지상과제에 사로잡혔다. 그런데 이 이야기는 다시 말해 제작 판도의 완전한 재편성을 요구하는 것이기도 하였다.

문제는 영화제작에 드는 비용이었다. 토키가 도입되면서 편당 제작비가 이전 영화보다 평균 4, 5배가량 늘어나게 되었으며[43], 이는 군소 프로덕션 위주의 제작 시스템으로는 도저히 재생산이 불가능하다는 것을 의미하였다. 조선영화는 쇄신되어야 했는데, 그러기 위해서는 무엇보다도 제작 시스템의 규모 자체를 키워야 했다. 기업화는 영화계가 당면한 시급한 과제로 떠올랐다.

50만 원 자금(資金)으로 영화회사(映畵會社)가 된다고 떠든다. 이때까지 이런 풍설(風說)에 만히 속앗기 때문에 또 떠들다가 없어질 테지. 이것이 지방(地方)에서 제일(第一) 처음 신문기사(新聞記事)를 읽었을 때에 생각이다. 기후(其後) 서울 와서 각 방면(方面)으로 들니는 이야기를 종합(綜合)하면 풍설(風說)만이 아니고 현금(現金) 불입(拂入)까지 되었다고 한다. 얼마나 반가운 일이냐. 우리가 10년 동안 애타게

제국 일본의 조선영화

바라던 일이 성사(成事)되는 것이다.[44] (나운규, 1937)

조선영화인도 역시(亦是) 내일 내일 하면서 역경에서 허위적거리다
가는 발광을 하고 그러고는 다시 발흥을 해서 내일을 따라오든 터이
다. 조선영화계는 아직까지 집도 절도 없는 천애무탁(天涯無托)한 가
련한 고아임에 틀림없다. (중략) 어느 한 편의 영화가 기술자의 품에
서 빚어나올 때까지 예술의 형(形)을 쓰고 나와서는 대중의 품속에
들어갈 때에 일종의 상품으로 취급이 되어 기업가의 손을 거쳐야 할
것이고, 기업가의 손으로는 다시 그것의 운용으로 또 다시 제작비가
기술자의 손으로 들어와야 할 것이다.[45] (이규환, 1937)

　무성영화 시대와 발성영화 시대를 대표하는 동시에 시대의 흥행기록을
가지고 있는 두 영화감독이 기업화에 대한 열망을 토로하고 있는 광경을
보는 것은 흥미롭다기보다는 처절하다. 문제는 이규환이 지적하고 있듯이
재생산이었다. "백여의 작품이 나오는데 영화사의 간판이 삼사십 종을 헤
아린"다고 언급되었듯이 소규모 프로덕션 위주로 제작된 당시까지의 조
선영화는 매우 기이한 산업구조 위에 서 있었다. 그리고 이 산업구조야말
로 앞의 좌담회에서 서광제가 '실제로 밑진 작품은 하나도 없다'고 말하고
있음에도 불구하고 근본적으로 재생산이 불가능한 이유이기도 했다.[46]
　1943년, 일본의 영화잡지가 연 좌담회에서 이전의 조선영화 상황을 알
려달라는 요청을 받은 이창용은, 배급은 일본인 위주로, 창작은 조선인 위
주로 나누어져 있는 상황에서 이 둘 사이가 유리되어 있었음을 지적한
다.[47] 그 속에서 조선영화는 일종의 입도선매로 팔려나갔다. 이 말은 완성

된 영화의 흥행 성공 여부와 상관없이 그 성과금이 제작자의 손에 돌아오지 못한다는 것을 의미했다. 따라서 영화 한 편을 제작한 영화사가 수익금을 회수하는 것이 원천적으로 막혀 있는 상황에서 안정적인 재투자를 거쳐 영화를 제작한다는 것은 애초에 불가능한 일이었다.

〈나그네〉로 토키영화에 진입한 조선영화의 산업적 가능성을 보여줬던 이규환이 여전히 안정적인 재생산 구조의 확립을 절실하게 요청할 수밖에 없었던 것은 그 때문이었다. 문제는 이 악순환을 끊을 수 있는 고리가 쉽게 만들어지지 않았다는 점이다. 그 위에 고비용, 노동집약적 시스템을 요구하는 토키로의 전환은 조선의 영화인들에게 절체절명의 위기의식을 불러일으켰다.[48]

한편 영화평론가 서광제는 《동아일보》를 통해 '조선영화도 토키가 아니어서는 안 된다'라고 단언한다. 〈나그네〉의 성공을 예로 들며 그는 이렇게 말한다. "이 사실만 보더라도 조선영화가 살아나갈 길은 아무래도 시대적 호흡을 갖추어 새로운 역사가 보여준 문명에는 끌려가고 또한 따라갈려고

〈반도의 봄〉(1941), 과도한 정치의 시간에 도착한 무정치성의 영화. 또는 이중어 영화의 과도한 정치성.

제국 일본의 조선영화

애써야 한다는 것이다."[49]

이 언급에서 주의를 요하는 것은 '새로운 역사가 보여준 문명'이라는 표현이다. 아마도 이를 해명하기 위해서는 역사적 사실의 우연한 중첩을 언급해야 할 것이다. 서광제가 이렇게 말하고 있던 당시는 중일전쟁이 일어난 직후였다. 조선영화계가 토키로 인해 세계 표준 시간에 대한 강박에 시달리던 때와 거의 동시에 시작된 중일전쟁은 제국의 요구 속에서 대륙병참기지로 나아가야 하는 조선의 공간 의식을 확장시키는 결과를 초래했다. 그 속에서 영화라는 '코스모폴리탄적' 양식의 담당자들은 토키가 요구하는 새로운 기술과 기업적 합리화라는 과제를 달성함으로써 '새로운 역사가 보여준 문명'에 뒤처지지 않기 위해 안간힘을 썼다. 그리고 이 밀착된 세계와의 연결 속에서 조선영화는 처음으로 외부(내지와 만주로 설정되는)를 상정하지 않을 수 없게 되었다.

'조선영화주식회사'라는 이름의 '일본' 영화사

여기에 대한 응답은 두 갈래로 제기된다. 한편으로 그것은 영화 속에서 조선색을 어떻게 드러낼 것인가의 문제로 이어졌고, 결국 산업적 차원에서 이는 내지와 적극적으로 합작을 모색하는 것으로 나타났다. 이 글을 쓰고 있는 서광제 스스로 1년 후 도호(東宝)와의 합작으로 〈군용열차〉를 완성하게 되는 것은 어쩌면 당연한 귀결처럼 보인다.[50] 내지와의 유착은 급속히 진전되었다. 〈군용열차〉가 만들어진 1938년의 시점에 이미 도와상사(東和商事)는 〈한강〉을 시작으로 반도영화계에 진출하겠다고 선언하였으며, 닛카쓰는 당시 고려영화사가 제작 중이던 '내선만(內鮮滿)'을 무대로 한 영화 〈복지만리〉를 지원하였다.

〈반도의 봄〉은 바로 이처럼 새로운 테크놀로지의 요구에 따라 조선영화산업구도가 재편되고 식민지 조선의 위상이 재배치되는 시기에 만들어졌다. 영화 현장에 대한 영화를 찍기로 한 이병일의 야심은 이 팽배한 위기의식에 돌파구를 제시할 수 있으리라는 믿음에서 비롯된다. 무엇보다 '시스템'이 문제이다. 〈반도의 봄〉에서 재생산을 둘러싼 악순환은 대자본 영화회사가 설립됨으로써 일시에 해결된다. 안나의 돈으로 감옥에서 풀려나 요양을 하고 있던 영일은 안나가 들려주는 신문기사를 접하고 기쁨에 들떠 일본어로 외친다. "그래, 드디어 회사가 만들어졌단 말이지(そうか、とうとう会社が出来たのか)." 장면이 바뀌면 영화인들을 모아놓은 자리에서 새 회사 사장이 다음과 같은 국어(일본어) 연설을 한다.

"영화제작 기업이 어떤 기업보다도 곤란하다는 것은 여러분도 잘 알고 계시는 바입니다. (중략) 지금까지 반도영화 제작은 오랜 가시밭길을 헤쳐왔습니다. 오늘날 우리나라는 중대한 국면에 처해 있습니다. 이러한 때에 대중이 향하는 곳과 그 생활의 구조를 밝히고, 내선일체의 깃발 아래서 황국신민의 책임을 다하는 진정한 문화재로서 훌륭한 영화를 만들어내는 것이야말로 우리들이 잠시도 잊어서는 안 될 중대한 책임일 것입니다. 당 회사를 설립한 이유도 여기에 있습니다. 여러분들의 지원으로 일치협력하여 국민문화의 진전에 공헌할 수 있는 영화를 만들어 그 사명을 다하고 싶습니다."

제국 일본의 조선영화

'오랜 가시밭길을 헤쳐온' 조선의 영화인들을 치하하고 '진정한 문화재'로서 영화를 만들 책임을 강조하는 사장의 연설에 등장하는 영화의 위상은 적어도 식민지 조선이라는 맥락 속에서는 전혀 새로운 것이다. 왜냐하면 조선에서 영화는 오랫동안 모던한 지식 계급 청년들을 사로잡은 근대의 징표였지만, 한편으로는 '진기한 구경거리'에 불과한 것이었기 때문이다. 그런데 바로 그 영화가 국가에 의해 존재 의의를 인정받게 되었으며, 저급한 볼거리에 불과했던 지위가 국가적 사업으로 격상된 것이다. 영화는 드디어 국가로부터 '시민권'[51]을 부여받았다.

> 영화사업이라는 것이 조선에 있어서도 일종의 유희작업이 아닌 때가 이르렀고 적어도 국가적인 사업–문화로서 새로이 등장함에 이르렀다는 것이다. (중략) 영화령 조항에 그 예술가의 인격을 높이는 데 주지를 둔 등록제를 위시하여 정당한 기업의 조장을 위하여 제작에 관한 일체를 관계당국의 허가제로 한 것 등을 미루어 보더라도 난잡, 무질서의 현금(現今) 제작 상태에서 얼마간이나마 구원될 것을 생각할 때 즐거운 일이라 아니할 수 없다.[52]

1940년 조선영화령[53]을 맞이하여 김정혁이 쓴 이 글은 '합리적 기업화'라는 문제가 국가를 매개로 실현되리라는 희망으로 가득 차 있다. "일본에 있어서의 최초의 문화입법"[54]이라고 불린 영화법은 그 설립 취지가 단지 '통제'만이 아니라 일종의 '조성' 책임을 명시하고 있다. 조선영화령은 자문위원회 구성과 관련된 제19조를 제외하면 내지 영화법과 동일했다. 따라서 이 믿음은 전혀 근거 없는 것이 아니었으며, 이 관점에서 보자면 '조선영화주식회사'야말로 여기에 대한 응답이었다.

그렇다면 이 응답은 과연 기대에 부응하는 것이었는가? 경성상공회의소 부회장인 다나카 사부로(田中三郞)가 사장으로, 닛카쓰 다마카와 촬영

| 표 1 | 쇼와16년 1~2월(극영화). 《쇼와17년 영화연감》으로부터 재구성

	일본영화	쇼치쿠(松竹)	닛카쓰(日活)	도호(東宝)	다이토(大都)	신코(新興)	기타	외국영화	합계
흥행용									
내지인	670	151	84	83	82	66	206	80	750
조선인	41						41	69	110
기타	3						3	1	4
비흥행용									
내지인	8	2					6	1	9
조선인									
기타	169		3	1			165	4	173
신청건수 합계	891	153	87	84	82	66	421	155	1046
검열									
권수(券數)	5327	1339	704	783	593	480	1557	916	6243
미터 수	1,253,899	316,333	170,052	171,629	136,076	112,282	349,306	216,085	1,469,984
제한사항									
개소수(個所數)	105	32	1	12	4	5	49	133	177
미터 수	1731.95	650.40	40.00	90.30	38.40	147.50	765.30	1173.50	3227.80
각본 제한	32	3	1	6	3	3	9	35	53
수수료 면제									
건수	199	2	10	9		2	176		199
미터 수	158,975	6,262	15,434	18,178		2,801	116,300		158,975

소의 제작부장인 나카다 하루야스(中田晴康)가 촬영소장으로 부임한 조선영화주식회사의 주도권은 일본인에게 있었으며, 이 회사의 설립은 명실공히 쇼치쿠(松竹), 도호, 다이에이(大映)에 이은 일본의 네 번째 대형 영화회사 탄생을 의미했다. 이제 조선의 모든 영화는 '조선영화주식회사'에서 만들어지게 되었다. 믿음의 현실태는 그렇게 완료되었다. 영화법으로 인해 이념적으로 완전한 '내선일체'가 이루어진 이 시간을 기점으로, 조선은 빠르게 일본의 영화시장이 되어갔다.(표1 참조)

 1940년의 극영화 검열 신청수를 정리한 옆의 표는 당시 시점에서 일본 영화가 얼마나 압도적으로 조선의 극장가를 점령하고 있었는지를 보여준다. 경성 명치좌의 지배인이었던 이시바시 유타카의 기억에 따르면 1936년의 경성에서 쇼치쿠 오후네(松竹大船)의 영화를 개봉할 당시 9대 1이었던 일본인과 조선인의 관객 비율이 1941년이 되면 5대 5로 급증한다.[55]

 그렇다면 여기서 매우 소박한 질문 하나가 남는다. 조선 자체가 완전히 일본영화의 시장으로 전락해버렸으며, '조선영화주식회사'라는 '일본' 영화회사의 제작으로 영화가 만들어지게 되는 이 순간, 대체 '조선영화'라는 것을 무엇으로 규정할 수 있을 것인가?

시스템으로서의 국가

−〈반도의 봄〉혹은 '이중어 영화'의 문제

절반의 일본어와 절반의 조선어

조선영화주식회사가 발족되기 직전, 이병일이 세운 영화회사인 명보영화사에서 만든 처음이자 마지막 작품 〈반도의 봄〉은 동시대 조선의 영화감독들을 놀라게 할 정도로 "드물게 세련된" 작품이라는 평을 들었다.[56] 이 '순수'한 예술가 영화는, 새로운 영화회사 사장의 연설 부분을 제외한다면 1941년이라는 과도하게 정치적인 시기에 완성되었다는 것이 믿기지 않을 정도로 '무정치적'인 것처럼 보인다. 악전고투하는 예술가란 어느 시대에나 있는 법, 게다가 대자본 영화회사란 토키 이후 조선영화계의 숙원이 아니었던가.

그런데 결론부터 말하자면 이 영화가 1941년이라는 시간과 접속하는 이유는 역설적으로 그 '무정치성'에 있다. 경성의 문화인들이 이뤄내는 공간 속에는 더 이상 식민지라는 개념이 없다. 이 완벽한 이중언어 사용자들

제국 일본의 조선영화

은 심지어 조선인에게 흔히 있다고 여겨지던 '사투리'의 흔적도 가지고 있지 않다. 그들은 정확한 표준 '국어(일본어)'를 구사한다. 식민지기 이중언어 작가들에게 일본어 '발음'의 문제야말로 차별과 동화의 문제로서 식민지를 호출해내는 중요한 기제였다면[57], 완벽한 일본어 발음을 구사하는 한 이들은 더 이상 차이 지워지는 존재들이 아니다. 그런데 이 일본어는 조선어 사이사이에 말 그대로 '자유자재'로 끼어들어 있는 것이다. 정확히 말하자면 일본어와 조선어는 그들의 대화에서 거의 절반씩을 차지하고 있다. 이를테면 그들의 대사는 이런 식이다. 영일이 한 부장에게 정희를 소개하는 장면이다.

영일 저희 부장님이십니다(うちの部長さんです).(일본어)
부장 어제 이분을 통해서 말씀은 잘 들었습니다.

〈반도의 봄〉. 경성의 문화인들은 자유자재로 조선어와 '국어'를 넘나든다. 카페와 바는 최적의 장소이다. 그런데 이 대사들은 누구를 향해 발화되고 있는가?

정희 네.

부장 학교는 서울이시라지요.

정희 네.

부장 실례입니다만, 나이는(失礼ですがお年は)?(일본어)

정희 열아홉이에요.

부장 취미는(趣味は)?(일본어)

정희 음악과 영화를 퍽 좋아해요

부장 오오, 꽤 선단적이시로군요(なかなか先端的ですね).(일본어)

영일 참 지난밤 꿈에는 창수 군을 만나보았습니다.

정희 오빠는 요즘 어떻게 지내시는지…….

영일 오빠를 보고 싶으세요(兄さんにあいたいですか)?(일본어)

정희 보고 싶어요(会いたいわ).(일본어)

영일 둘이 동경을 가면 깜짝 놀랄걸요.

등장인물들은 일본어로 묻고 조선어로 대답한다. 혹은 조선어로 말하고 일본어로 대답한다. 심지어 그들의 이름조차 일본어로 이야기할 때와 조선어로 이야기할 때 각각 일본식과 조선식 발음으로 달라진다. 이를테면 조선어 대화에서 영일(英一)은 영일로, 정희(貞嬉)는 정희로 불리지만, 일본어 대화에서는 각각 에이이치, 테이키로 불린다. 두 언어의 넘나듦은 너무나 자연스러워서 이것이 의도된 설정이라는 것 자체를 잊어버리게 만들 정도다. 그런데 이 영화는 일본어로 씌어진 원작을 옮겨 온 것이다. 따라서 이 이중언어 상황은 어떤 식으로든 의도일 수밖에 없다. 다시 말해, 여기에는 어떤 작위가 개입되어 있는 것이다.

그렇다면 이 의도란 단지 당시 경성의 문화인들에 대한 '사실적'인 재현을 노린 것인가? 그럴 수도 있을 것이다. 실제로 그들 대부분은 이중언어 사용자들이었으며 적어도 다른 계층에 비해서는 일본어에 훨씬 익숙했다.

그러나 설사 이것이 사실에 가까운 재현을 의도한 것이라고 할지라도 여전히 몇 가지 의문이 남는다. 먼저 당시의 소설들과 비교해 보아도 이렇게 많은 양의 일본어가 쏟아져 나오는 예는 매우 적다. 일본어의 영향은 대개 흔적으로, 그러니까 단어 수준으로 남아 있는 정도여서 문장의 차원으로 도입되는 경우는 드물었다.[58] 물론 조선어 독자들을 상정하고 있는 이 조선어 소설들의 '재현'이 실제와 얼마나 가까웠는지를 묻는다면 그것은 별개의 문제가 될 것이다.(사실 픽션으로 재현된 양식과 실제의 언어생활은 차이가 있었을지도 모른다. 그러나 어떤 식으로든 의도가 들어간 재현물로 당시를 재구성할 수밖에 없는 우리로서는 적어도 이 광범위한 소설의 재현 방식을 염두에 두지 않을 수 없다.) 게다가 소설들이 조선인 독자들을 상대하고 있는 것과 마찬가지로 이 영화 또한 조선인 관객을 상정하고 있다. 그렇다면 이 영화는 일본어를 해득하지 못하는 상당수의 관객들에게는 과도하게 불친절한 것이 된다.[59]

아니면 아예 원작 그대로 일본어만을 선택할 수도 있었다. 이미 1940년에 고려영화사의 이창용 제작으로 '자발적인 국어 영화' 〈수업료〉가 만들어졌고, 이 영화는 내지에서 어느 정도의 평가를 이끌어내는 데 성공했다. 그럼에도 절반의 일본어와 절반의 조선어를 선택한 〈반도의 봄〉의 이중언어가 의미하는 것은 무엇인가?

이 영화에서 남성 등장인물들과 여성 등장인물들에게 부과되는 이중어의 의미는 미묘하게 다르다. 이는 의도의 차원에서 그러한데, 모든 남성 등장인물들이 어떤 의도도 감지되지 않을 만큼 자유자재로 일본어와 조선어를 오가는 데 반해 여성 등장인물들의 경우는 언어가 그녀들의 캐릭터와 밀접하게 관련된다. 안나는 등장인물들 가운데 유일하게 모든 대사를 일본어로 처리한다. 그녀의 유일한 조선어 대사는 춘향으로 분한 영화 속 영화에 나오는 단 한마디이다. "아니오." 도쿄에서 술집에 있었다는 소문이 나도는 그녀는 민족적 귀속이 모호하다. 그녀의 이름부터가 그러한데, 서양식의 이름 안나로 불려지는 한 그녀는 일본인이든 조선인이든 상관없어 보인다. 그녀는 조선어를 알아듣지만 말하지 않는다.

영화 속 영화인 〈춘향전〉에 등장하는 장면을 제외하고는 시종일관 양장만을 입고 있는 안나와 달리 정희는 치마가 짧은 개량식 조선옷, 여학생복을 고집한다. 이들의 복장의 차이는 그녀들이 구사하는 언어의 차이와 연동된다. 정희는 안나와 달리 일본어 사용이 가장 자제되어 있는 인물이다. 영일을 둘러싼 삼각관계를 형성하는 이 두 여인은 이미 그들의 복장이 표상하듯 대조적이다. 여학생 출신인 정희의 순결함과 다소곳함은 여급 출신으로 '추정되는' 안나의 방종이나 제멋대로인 성격과 대비된다. 앞의 영일과의 대화 장면은 정희가 일본어로 말하는 몇 안 되는 장면 가운데 하나다. 그것은 도쿄에 있는 오빠를 떠올리는 순간 튀어나온다. 왜 그녀는 그 순간 일본어로 말하는가?

한편 정희와 영일의 도쿄행에 관한 대화는 영화의 마지막 부분에서 드디어 현실로 이루어지는데, 영화를 완성하고 사랑을 실현시킨 그들이 도쿄로 향하는 기차에 오른다. 배웅을 위해 감독과 스태프들이 경성역에 나와 있다. 감독 허가 영일에게 말한다. "이번 군이 가는 길은 그 사명이 중대하네. 군을 우리 조선영화계의 사절로서 파견하는 것이니 동경의 각 촬영소를 방문하고 그곳 내지인들과의 의견을 교환하여 군이 돌아올 때는

제국 일본의 조선영화

많은 수확을 가지고 오기를 고대하네." 배웅의 인사말들은 그 자체로 이중 언어적 상황이다. 조선어와 일본어가 여기저기서 터져 나온다. 오다이지니(お大事に), 안녕히 다녀오십시오, 사요나라(さようなら).

'문화' 일본어와 조선 방언

이 영화에서 일본어는 국어라는 정치적 함의 안에서 읽혀지기보다는 문화어로서 읽혀진다. 이는 보다 세련된 것, 보다 앞선 것, 보다 모던한 것을 가리킨다. 그것이 가리키는 구체적인 장소는 도쿄이다.

이를테면 일본인 선생이 조선인 학생의 배움을 위해 고군분투하는 과정을 그린 영화 〈수업료〉(1940, 이 영화는 전술했다시피 '자발적인' 첫 번째 국어영화였다)에서 국어 사용은 매우 정치적이었다. 그것이 정치적인 이유는 국어를 사용하는 순간 일본에 대한 조선의 '동화(同化)'라는 문제가 부각되기 때문이다. 다시 말해 이 영화의 국어 사용은 이미 제국의 부름과 피식민자의 응답으로부터 비롯된 것이었다. 그런데 〈반도의 봄〉에서 일본어를 통해 부각되는 것은 일본 대 조선이 아닌 도쿄 대 경성의 관계이다. 경성의 문화인들은 경성보다 월등한 문화를 가지고 있는 도쿄를 끊임없이 참조하고자 한다. 영화의 초반에 영일은 창수에게 이렇게 말한다. "도쿄에 가면 좋은 책 좀 부탁하네."(조선어)

한편 이러한 언어의 배치는 '반도의 봄'이라는 제목과 호응한다. 이 영화에는 단 한 번도 '조선'이라는 어휘가 등장하지 않는다. 조선은 언제나 '반도'로 호칭된다.(이 점은 이 영화의 원작 또한 마찬가지이다. 원작의 제목이 "반도의 예술가들"이었다는 것을 상기해보자.) 반도라는 어휘는 조선이라는 단어가 내포하는 역사적이고 정치적인 맥락을 탈각시킨다. 그것은 단지 공간적이고 지리적인 내포만을 갖는다는 점에서 1930년대 말 이후부터 조선보다 훨씬 선호되었던 단어다. 이 단어를 쓰는 한 식민 종주국과 식민지 조선이라는 관계는 내지와 내지의 연장으로서의 반도라는 관계로 짜여지게 된다. 식민지 '조선'을 지워버리는 '반도'는, 그럼으로써 둘 사이에 차이가 있다면 다만 '지방색'으로 에둘러버릴 수 있게 하는 거짓 중립의 단어이다. 조선이 '반도'인 한 조선어는 하나의 '지방어'에 불과한 것이다. (내지의) 도쿄와 (반도의) 경성만으로 이루어진 이 관계 설정 속에서 식민지 조선이라는 개념은 사라지게 된다. 정확히는 식민본국 대 식민지의 관계가 사라진다. 그 속에서 '조선'에 작용하는 '식민' 국가권력은 '반도'에 작용하는 '국가권력'으로 모습을 드러낸다. 국가권력은 이 영화에서 두 번 모습을 드러낸다.

첫 번째, "모시모시(もしもし)."(일본어) 앞에 나온 정희와 영일의 대사를 끊으며 누군가 방문을 두드린다. "자네가 리에이이치인가(君がリエイチか)?"(일본어) 사복경찰 두 사람이 영일에게 횡령죄로 고발되었음을 알리고 그를 연행해 간다. 그들은 신속하고 사무적이다. 두 번째는 안나가 구치소에 찾아와서 돈을 내고 영일을 데려가는 장면이다. 수척한 영일이 간수의 인도로 방으로 들어선다. 경찰서장의 훈계가 시작된다. 둥근 안경을 쓰고 콧수염을 기른 중년의 경찰서장은 인상이 흐린 남자다. 안경과 콧수염이라는 지표물을 빼버리면 그의 얼굴의 특징을 잡아내기란 쉽지 않아 보인다. 이 특징 없는 인상을 지극히 사무적인 어조의 훈계가 뒷받침한다. "비록 돈을 돌려주었다고 해도 죄는 돌려줄 수 없는 것. 그러나 자네는 전도유망한 청년으로서……(たとえお金はお代えしても罪はお返しできない. だ

が, 君は前途有望な青年であり云々)."(일본어) 경찰서장의 모습은 영일을 잡으러 왔던 형사들의 모습과 대비되면서 한편으로는 '보완'된다. 영일의 방문을 두들기던 그들은 일사불란하고 정확하다. 경찰서장과 형사들의 대비는 제복과 사복의 대비이기도 하다.

만약 이 일련의 장면이 국가가 영화 속에서 얼굴을 내미는 유일한 순간이라면, 그것이 제복이라는 형태로 스스로를 '전시'하든 사복의 형태로 사람들 사이에 섞여들어 감시하고 조정하고 장악하든 이 국가는 공정하고 사무적으로 보인다. 그것은 선도 아니고 악도 아니며, 단지 시스템일 뿐이다. 이 시스템은 '합리적으로' 전체 상황을 통제하고 정리한다. 그리고 바로 그 국가가 혹은 그 국가만이 만성적인 악순환에 시달리는 문화인들의 문제를 해결해줄 것이다. 왜냐하면 그것은 영리주의를 배격함으로써 악덕 자본가들로부터 예술가들을 보호하고, 공정한 분배를 통해 골고루 기회를 나누어주고, 합리적인 기획으로 안정적인 시스템을 이룩할 것이기 때문이다. 총독부 주도로 설립된 조선영화주식회사는 각각 극영화 6편, 문화영

〈반도의 봄〉. 지식인 남성의 자기 연민, 안 풀리는 삶의 가학증－한국연애사의 잔혹한 문법. 그 남자의 옆을 여자는 지키고, 그가 일어나면 여자는 떠난다. 떠나야 한다.

화 6편, 조선뉴스 12편의 생필름 할당을 시행했으며, 기획부터 배급까지 일원화된 '시스템'을 이룩하였다.

그런데 이 '무정치적' 영화가 한사코 국가를 시스템으로 인식하고자 하는 바로 그 순간 국가는 여전히 영화의 효용성 '만'을 물어왔다. 1941년 총독부 도서과장이었던 모리 히로시(森浩)는 오락기관이 거의 없는 조선에서 유일한 오락을 제공해주는 영화의 중요성을 논하며 영화 관객의 수가 연간 2천만 명을 넘는다고 집계하고 있다.(표2 참조) 그에 의하면 당시 2천4백만 명이었던 조선인이 연간 1회 정도 영화를 본다는 계산이 나온

| 표 2 | 1940년 당시 영화 관객 수치.(《쇼와17년 영화연감》에서 재구성)

	영화관 수	관람자 수	인구 일인당 관람 횟수
경성부	16	7,751,448	8.37
평양부	4	1,351,350	4.77
부산부	3	1,091,741	4.54
청진부	3	608,988	3.14
대구부	4	972,139	5.55
인천부	2	366,506	2.03
광주부	1	142,012	2.21
목포부	1	74,701	1.08
해주부	1	89,502	1.48
신의주부	1	145,237	2.42
전주부	1	154,394	2.77
대전부	1	392,976	7.17
군산부	2	235,976	4.44
나진부	1	118,975	3.45
마산부	1	26,988	1.01

제국 일본의 조선영화

다.(《에이가준보》 1943. 7) 물론 이는 지역이나 계층별 차이를 염두에 두지 않은 간단한 산수의 결과지만, 실제로 1940년 당시 조선 전체의 정식 영화관을 찾은 유료 관객 수는 약 1,350만 명을 넘어서고 있었다.[60] 영화는 막강한 교화의 수단이었다. 성실한 총독부 관리의 다음과 같은 의견은 조선에서 영화가 얼마나 중요했는가 하는 문제에 대한 견본이 될 수 있을 것이다.

> 만약 진정한 일본정신을 체득하지 못한 조선동포가 황군(皇軍)의 일원이 된다면 어찌될까. 조선동포의 황국신민화 여하는 그대로 황군의 정강(精强)과 관계된다는 것을 생각한다면, 우리의 책임의 중대함을 새삼 통감하는 바이다. (중략) 영화의 힘이 지극히 크다는 사실에 생각이 미치지 않으면 안 된다. (중략) 우리는 전시하 조선이 담당하고 있는 중대사명을 생각할 때, 이를 달성하기 위해 영화를 활용하는 일이 절대적으로 필요하다는 것을 반복해서 역설해두는 바이다.[61]

로컬리티, 사라져야 하는 기호

조선붐, 가부키 춘향의 탄생

〈반도의 봄〉은 불현듯 〈춘향전〉의 한 장면에서 시작한다. 춘향으로 분한 안나가 발 뒤편에서 가야금을 연주하고 있다. 카메라가 뒤로 빠지면서 오른쪽으로 패닝하면 이를 엿듣고 있는 이몽룡과 방자의 모습이 보인다. 이윽고 몽룡이 인기척을 낸다. "춘향아, 퍽 기둘렸지?" "아니요." 약 3분에 가까운 시간이 할애되어 있는 이 첫 번째 장면은 반대편 방향으로 찍힌 두 번째 장면, 그러니까 이 장면을 찍고 있는 촬영 팀의 모습이 보이는 숏이 나오기 전까지 영화 속 영화라는 어떤 단서도 주지 않은 채 이어진다. 심지어 이 첫 번째 장면의 사운드에는 거기 존재하지 않는 자의 목소리, 즉 디제시스 바깥의 소리인 추임새가 들어가 있다.

〈춘향전〉은 춘향 역을 새로 맡게 된 정희가 분한 장면을 통해 한 번 더 등장한다. 이번에는 춘향과 이몽룡이 이별하는 장면이다. 앞의 장면이 카메라의 위치를 바꾸지 않은 채 계속된 고정 신(실은 불가시 편집에 의한 고정 신이라는 인상을 부여한 것)이었던 데 반해, 8분여에 이르는 이 긴 시퀀스는 매우 복잡한 컷과 카메라의 이동(다시 말해 지금 이 장면을 찍고 있는 것으로 상상되는 영화 속 카메라의 위치를 무시한)으로 이루어져 있다.

이 두 장면은 모두 독립적인 시퀀스라는 점에서 닮아 있다. 그것은 두 가지 점에서 그러한데, 첫째로 이 둘은 영화 속 영화라는 것을 지시해주는 어떤 설정 숏도 없이 느닷없이 시작한다. 두 번째는 사운드의 문제인데, 앞의 장면처럼 두 번째 〈춘향전〉 장면 또한 화면 내에 음원이 없는 피리 소리가 들어가 있다. 그 소리는 〈춘향전〉이라는 완성된 한 편의 영화에 어울리는 배경음이다. 따라서 이 두 장면을 보고 있는 한 우리는 실제로 〈춘향전〉이라는 별개의 영화를 보고 있는 셈이 된다.

이 영화 속 영화가 〈춘향전〉이라는 사실은 매우 의미심장해 보인다. 식민지 시기와 이후의 한국영화에서 〈춘향전〉은 당대 여성 스타들의 격전장이었으며 무엇보다도 새로운 테크놀로지의 시험장이었다. '한국영화사'에서 〈춘향전〉은 조선 배우들이 등장하는 최초의 장편 활동사진이었으며 최초의 토키영화였고, 최초의 색채영화인 한편 최초의 70밀리 영화였다. 〈춘향전〉은 매번 흥행 기록을 갱신하며 거듭 재생산되었고, 대내외적으로 조선/한국의 대표적인 상징으로 기능하였다.[62] 적극적인 의미에서 말하자면 이는 전통과 현대가 교섭하는 가장 대표적인 산물이었으며, 또한 식민지 이전과 이후를 연결하는 단절 없는 연속에 대한 욕망의 징표와 같은 것이었다.

〈춘향전〉이라는 조선의 '고전'은 1941년이라는 시간에 이병일이라는 야심만만한 젊은 감독이 생각할 수 있었던 조선이라는 '지방색(local color)'의 응축물이었다.[63] 1935년의 토키 〈춘향전〉은 영화로서는 실패작

로컬 컬러 혹은 자기민족지의 전사(前史),
한국적 음경(soundscape)의 예감

〈반도의 봄〉의 첫 장면은 '불현듯' 춘향전의 한 장면으로부터 시작한다. 몽룡이 춘향을 찾아오는 신이다. 2분여에 이르는 이 신은 카메라가 뒤로 빠지는 6번 컷에 이르러 드디어 영화 속 영화라는 것이 드러난다. 6번 컷에 이르기 전까지 우리는 이 장면들이 영화 속 영화라는 것을 지시해줄 그 어떤 지표물도 화면 내에서 찾아볼 수 없다. 그럼에도 불구하고 6번 컷에서 노출되는 영화 속 카메라의 위치에서 이전 컷들을 재구성했을 때 이 카메라가 앞의 장면들을 찍었다고 '가정'해도 별 무리가 없어 보인다.

이는 춘향이 가야금을 타도록 함으로써 디제시스 내 음원을 고정시키고(1), 이 사운드(가야금 소리)를 지속시킴으로써(1~4) 가능한 것이다. 그런데 실상 3번과 4번에서 두 번의 컷의 전환이 있었다. 이 컷의 전환을 인식하지 못하도록 만드는 것은 이것이 불가시 편집(invisible cutting)이자 1번 컷의 위력 안에 놓여 있기 때문이다. 1에서 4까지 지속되는 소리에는 가야금 소리 이외에 추임새와 북소리가 들어가 있다. 이것은 매우 이상한 이야기이다. 이병일은 사운드를 어떻게 하면 '자연화'할 수 있는가에 매우 민감했다. 이를테면 6번 컷에서 영화 속 영화가 끝난 이후, 주된 사운드는 영화 현장의 소리들이다.(6~8) 이 현장음은 다시 영화 속 영화 촬영에 돌입하는 8번 컷에서 끝난다. 감독이 일본어로 말한다. "いきましょう(갑시다), いいですね(좋죠?)" 영화 속 영화의 감독이 보고 있을 것으로 가정되는 장소에서 조선어 대사가 들려온다. 카메라를 돌려세운 이 장면은 사운드로 1번에서 5번까지의 컷의 장소를 지정한다. 다시 말해 이 시퀀스 전체에서 사운드는 매우 세심한 배려 속에서 장소에 귀속되어 있다. 그렇다면 더더욱 귀속점 없는 저 소리, 북소리와 추임새의 도입은 의도적인 것이다. 〈춘향전〉의 장면은 이후에 한 번 더 등장한다. 춘향과 몽룡의 이별을 그릴 두 번째 장면은 좀 더 복잡하고 길고 독립적인 시퀀스를 구성해낸다. 결국 1941년 이병일이 찍고 싶었던 것은 〈춘향전〉이었다. 그는 여기에서 이미 한국적 풍광과 한국적 음경, 고전적 여인상이 완벽한 삼위일체를 이루는 가상공간의 민족지를 예감케 하고 있다.

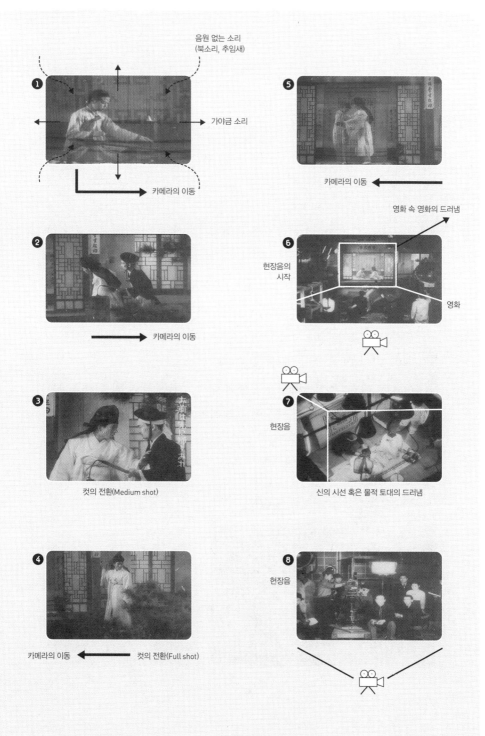

음원 없는 소리
(북소리, 추임새)

❶ 가야금 소리

카메라의 이동

❷ 카메라의 이동

❸ 컷의 전환(Medium shot)

❹ 카메라의 이동 ← 컷의 전환(Full shot)

❺ 카메라의 이동 ←

영화 속 영화의 드러냄

❻ 현장음의 시작 / 영화

❼ 현장음 / 신의 시선 혹은 물적 토대의 드러냄

❽ 현장음

이었고, 1938년에 극단 신쿄(新協)의 무라야마 도모요시(村山知義)가 연출하고 장혁주가 각색하여 쓰키지(築地)에서 상연한 일본판 연극 〈춘향전〉은 '백화점의 오미야게' 같다는 신랄한 평가를 들었다.[64] 이병일은 형식과 내용 모두에서 이 두 작품을 뛰어넘는 진정한 '지방색'으로서 〈춘향전〉을 만들고 싶었는지도 모른다.[65] 그런데 질문은 이 순간에 등장한다. 그러니까 왜 지방색이 문제인가?

조선영화에서 로컬리티의 담론은 토키영화와 거의 같은 시기에 시작되었다. 실질적인 계기는 토키영화의 가능성으로 떠오른 〈나그네〉가 일본에서 거둔 비평적 성공이었다. 이 영화는 1937년 《키네마준보》가 선정한 우수영화 부문에서 12위에 올랐으며, 일본의 비평가들로부터 조선영화로서는 거의 처음으로 열렬한 지지를 이끌어냈다. 그리고 그 평가의 수사들은 한결같이 조선이라는 '지방색'에 집중되어 있었다.[66]

한편 〈나그네〉가 조심스럽게 타진했던 내지 시장에 대한 진출 가능성은 두 가지의 영화 내외적 조건 때문에 적극적인 가능성으로 떠오를 수 있었

경복궁의 두 여인. 여성의 몸을 매개로 하여 수행되는 식민지 지식인 남성의 자기방어 전략, 그와 동시에 제국의 로컬리티의 표상인 그것. 이 모든 것이 1941년이라는 병참의 시간에 녹아내리기 시작한다.

제국 일본의 조선영화

다.[67] 1937년, 중일전쟁 발발과 같은 해에 이루어진 만주영화협회 설립은 조선영화계에 내지와의 연계 또는 진출이라는 장밋빛 환상[68]을 심어주었다. 이 낙관이 전혀 근거가 없었던 것은 아니다. 오히려 그렇게 볼 수밖에 없는 '객관적' 정황이 존재하였다. 1940년을 전후하여 일본에서는 일종의 '조선붐'이라고 할 만한 현상이 일어났다. 신쿄의 〈춘향전〉 공연은 그 시작과 같은 것이었다. 일본의 문예잡지는 조선문학에 관한 기사와 특집을 쏟아냈으며, 기쿠치 칸(菊池寬)이 관여했으며 마해송이 주간으로 있었던 대중지 《모던니혼(モダン日本)》은 1939년 11월에 조선판을 발행하여 성공한 데 힘입어 이듬해 5월에 다시 한 번 조선판을 내게 된다.[69] 1940년 김사량의 《빛 속으로》가 아쿠다가와상 후보로 《문예춘추》에 전재되었고, 이광수의 《가실(嘉實)》, 《유정》, 《사랑》이 한꺼번에 일본어로 번역 출간되었다. 그 밖에 《조선 대표소설집》, 《조선 문학선집》이 출판되었으며, 김소운의 조선시집 《젖빛의 구름(乳色の雲)》이 나온 것도 이때였다.[70] 그 와중에 조선영화 또한 꾸준히 공개되었으며 때로는 작은 성공을 거두기도 하였다.[71]

너도 나도 내지니 만주니, 조선영화 선외(鮮外) 진출에 대한 열의가 지금 절정에 달한 감이 있는데 이례 그렇게 될 것이지요. 어디로 보든지 조선시장만으로 조선영화는 유지하기 어려울 것으로 보이니까요. 그러나 이 훌륭한 기획의도가 하마터면 조선영화라는 작품의 색채를 도외시하기 쉬운 위험성을 갖게 됩니다. (중략) 또 과거의 〈나그네〉의 예로만 보더라도 독특한 색채란 것이 수출관문을 통하는 데 커다란 자격이 된다는 실증을 회상할 수 있습니다. (중략) 지방색, 로컬 컬러가 농후하다는 지적이 유리하게 주효(奏效)하여 동경시장에 〈나그네〉가 일약 등장하였던 것입니다. (중략) 어쨌든 영화가 그 어떤 고유한 특색을 내용으로 함에서부터 오히려 넓게 팔릴 수 있는 물건이란 것만은 실례로 보아 사실인 것 같습니다.[72]

《조광》에 실린 이창용의 이러한 언급은 앞서 이야기한 '고유한 모더니즘'의 전략과 관련하여 중요한 함의를 띤다. 즉 근대화와 고유성의 확보라는 이중 과제가 그것이다. 이창용의 언급은 제국의 이국취미 시선에 대해 조선영화가 어떻게 응답했는지를 보여준다. 그때 로컬리티의 전략은 메리 루이스 프랫의 용어를 빌려 말하자면 자기민족지(autoethnography)로서 구상된다.

> 식민화된 주체가 자기표상에 착수하려 하는 순간, 그는 식민지 지배자가 사용하는 언어용법과 관계할 수밖에 없게 되며, 이것이야말로 피식민자 집단에 의한 식민지 본국 문화에의 진입을 보증하는 것이 된다.[73]

이 언급을 참고하자면 식민지 조선영화가 일본영화로 통합되는 단계에 피식민 주체가 자기민족지를 구상하기 시작한 것은 더없이 적절해 보인다. 〈반도의 봄〉에 등장하는 〈춘향전〉이 그 수많은 장면 중에서도 한결같이 기다리고 술을 따르고 가야금을 뜯는 장면에 집중되어 있는 것은 우연이 아닐 것이다.[74] 그런데 1941년이라는 시간에, 즉 '조선 민족'이 사라질 것을 요구받던 당시의 로컬리티 전략은 여성의 몸을 매개로 하여 수행된, 식민지 지식인 남성의 일종의 자기 방어 전략이라고도 볼 수 있다.

이 전략은 물론 제국의 변화와 연동하는 것인데, 주의할 점은 제국이 계속 이국취미의 대상으로서 조선에 로컬리티를 요구한 것은 아니라는 사실이다. 어차피 처음부터 대륙병참기지로서 제국 일본이 조선에 보냈던 이 관심은 그것이 진행될수록 거꾸로 소멸을 요구한다. 조선의 로컬리티란 제국으로서는 매우 거추장스러운 것이 되어버렸다. 왜냐하면 로컬리티는 조선 혹은 '반도' 내부에서 계속 '차이'를 상기시키기 때문이다. 무엇보다도 제국 일본은 전쟁 중이었다는 사실을 기억해야 한다.

여급 안나의 일급 일본어

지금 내 앞에는 같은 잡지의 두 가지 표지가 놓여 있다. 하나는 《에이가준보(映画旬報)》의 1941년 10월 21일호이고, 다른 하나는 1943년 7월 11일 조선영화 특집호의 표지이다. 1941년 10월 21일호 표지에는 한복에 전통적인 헤어스타일을 한 조선 여인이 서 있다. 그녀는 조선의 '고전적인 미'를 상기시키는 커다란 향로에 손을 얹고 있고, 뒤편으로 푸른 하늘과 뭉게구름이 보인다. 그녀는 당시 '조선 전도(全道)의 연인'이라고 불렸던 최고의 여배우 문예봉이다. 조선 여인, 자연, 고전적 사물 세 가지로 구성되어 있는 이 장면은 그야말로 '조선적'이라고 불리는 모든 것을 총체적으로 환기시키고 있다. 흥미로운 것은 사진에서 문예봉이 차지하고 있는 위치다. 사진의 중심에는 문예봉과 그녀가 손을 대고 있는 사물이 놓여 있다. 그녀의 크기는 이 사물과 거의 비슷한데, 그럼으로써 그녀는 이 사진 속에서 흔히 인물사진이 배경에 대해 갖는 특권적 지위를 박탈당한다. 그녀는 말 그대로 '(조선의) 자연화'된다. 이 이야기는 그녀의 스타성이 (만약 내지에서 소구될 수 있다면) '조선색'이라는 카테고리 안에서만 가능하다는 것을 의미한다.

한편 1943년 7월 11일 조선영화 특집호의 표지 사진은 도요다 시로(豊田四郎)의 완벽한 '국어' 반도영화 〈젊은 모습(若き姿)〉의 한 장면이다. 조선영화제작주식회사의 야심 찬 첫 번째 극영화였던 이 영화는 징병제 실시 발표를 기념하여 곧 병사가 될 조선 소년들(당시 중학교 5년)의 이야기를 그리고 있다. 〈젊은 모습〉에서 고른 이 한 컷의 스틸은 그 자체로 내선

《에이가준보》 1941년 10월 21일호 표지.

제국 일본의 조선영화

일체의 세계를 지시하면서 동시에 (이 영화의 주된 테마이기도 한) 일본인의 '지도성'을 시각화한다. 내선인(內鮮人)은 하나가 되어 역경을 헤쳐나갈 것이다.(영화에서 이 장면은 조난당한 이들이 본부대의 구조를 기다리고 있는 장면이다.) 여기에는 더 이상 조선색이 없다. 조선인 배우는 그가 조선인이라는 어떤 징표도 갖지 않는다. 황철은 극중에서 일찍부터 내선일체의 정신을 몸으로 체득하여 소년들에게 일본 병사가 된다는 것의 '위대함'을 깨우쳐주는 마츠다 선생으로 등장한다.

지방색이란 제국의 시선에 대한 응답임에도 불구하고, 이 시선이 궁극적으로 요구하는 것에 다가가면 다가갈수록 그로부터 튕겨져 나오는 것이었다. 이러한 현상은 전쟁이라는 균질적 내부와 절대적 적의 구성 속에서

《에이가준보》 1943년 7월 11일 조선영화 특집호 표지.

강화된다. 그러니까 조선이 일개 지방으로서 로컬 컬러를 부여받은 순간, 이 로컬 컬러는 일본 내부의 조선이라는 위치 설정하에서 결국은 탈색되어야 하는 것이었다. 즉 이는 시한부적으로 유효할 뿐이다. 1942년 일본 영화연감의 다음과 같은 언급은 시장의 확대라는 조선영화의 요구를 충족시킬 수 있는 방안과 함께 어째서 대동아공영권 속에서 일본영화의 하위 부류로서 조선영화의 지방색이 해소되어야 하는가를 보여주고 있다.

> 과거의 조선영화가 로컬 컬러의 감상에 빠져 과도하게 조선적이었다는 사실은 큰 잘못으로서, 장래 일본영화가 대동아공영권 안에서 공유되는 것이어야 한다면 조선영화 또한 이 대사명의 일익을 함께 담당할 일본영화의 하나이지 않으면 안 된다. 150개에도 미치지 못하는 영화관만이 조선영화의 시장이어서는 안 될 것이며, 내선영화의 기성, 신인 영화인들이 교류 또는 내지영화, 만영(滿映) 등과 제휴함으로써 더욱 확장된 기획의 영화가 만들어져야 하리라.[75]

〈반도의 봄〉에서 정희와 함께 춘향 역을 공유(라기 보다는 교체)하는 안나는 이 제국의 요구에 대한 식민지 남성의 은밀한, 그러나 매우 비겁한 코멘트로 보인다. 도쿄를 배후에 깔고 있는 이 여인은 그 어디에도 조선인이라는 표식을 가지고 있지 않다. 그녀는 완벽한 일본어를 구사하고 세련된 양장만을 고집한다. 안나라는 이름으로 불리는 이 여인은 바로 그 이름으로 인해 이미 캐릭터 혹은 가면(persona)을 쓴 상태로 영화에 등장한다. 그녀는 말하자면 이중으로 캐릭터화된 인물이다. 안나라는 이름은 아마도 예명일 것이다. 도쿄에서 술집을 전전했다는 그녀의 경력은 이를 뒷받침해준다. 그런데 아무도 이 이국적 울림의 이름 뒤편의 진짜 이름에 대해 묻지 않는다.

이 영화가 그녀를 주인공으로 한 멜로드라마였다면, 관건은 그녀의 진짜 이름을 묻는 일이 될 것이다. 왜냐하면 멜로드라마란 표면 뒤에 진실이 있다는 믿음을 전제로 하여 그 진실을 추구하는 내러티브로 구성되기 때문이다. 그런데 그녀는 시종일관 안나이다. 이 이름은 그 자체로 자유와 대가를 요구한다. 다시 말해 그녀의 진짜 이름은 순이가 되어도 좋고, 아키코가 되어도 상관없다. 그녀는 일본인인가? 조선인인가? 안나로서 그녀는 이 질문 자체가 성립되지 않는 지점에 놓여 있다. 그것은 이 캐릭터에 민족성으로 귀속되지 않는 자유를 부과하지만, 이 자유의 대가는 처절한 것이다. 이국적 울림 속에서 그녀는 더없이 매력적이지만, '그'는 그녀의

〈반도의 봄〉의 안나. 이국적 울림의 이름으로 불리는 한 그녀는 이 이중어 영화가 선택할 수 있는 최적의 희생양이 될 것이다. 왜냐하면 일본어에 대한 은밀한 복수를 그녀를 통해 이룩하는 순간, 이 복수는 정치적으로 문제될 것이 없는 '외래적인 것'에 대한 상징적 복수로 이해될 것이기 때문이다. 그녀는 온몸으로 식민지 남성이 표출하는 착취와 가학성을 받아내야 한다.

헌신과 희생에 결코 응답하지 않는다. 왜냐하면 안나여도 순이여도 아키코여도 상관없는 그녀는 아내가 될 수 없기 때문이다.(그녀는 실제로 한 부장의 정부였다.) 귀속되지 않는 자는 통제 또한 벗어난다. 영일이 안나를 버릴 때, 여기에는 식민-피식민의 관계를 더 이상 물을 수 없는 지점에서 식민지 남성이 시도하는 일종의 전도된 가학적 복수라고 할 만한 것이 있다. 그것은 정치적으로 문제될 것이 없는 '외래적인 것'에 대한 상징적 복수로 처리되는 것이다.

같은 시기에 경성제대의 교수이자 조선문인보국회 이사장이었으며, 연극문화협회 명예회장이었던 가라시마 다케시(辛島曉)는 "조선영화주식회사는 스스로를 해소하기 위해 존재"한다고 단언한다.[76] 이제 조선영화는 일본영화로 완전한 갱생을 이룩하여야 했다.

조선영화주식회사,
반도영화의 카타스트로피

　식민지 말기에 이르러 어떻게 식민지 영화로서 조선영화의 가능성이 사라졌는가? 물론 이 질문에 대해 간단하게 대답할 수도 있을 것이다. 그것은 식민 통치자들의 억압 속에서 이루어진 불가항력적인 일이었다. 물론 나는 적어도 제도적으로 그러했다는 데 이의를 제기할 생각은 없다. 그러나 이 과정이 일방적으로만 이루어진 것은 아니다. 이는 1930년대 말 조선영화계의 상황과 밀접하게 연동하며 일어났다. 토키 시대에 돌입한 조선영화는 급격한 제작비 상승과 더불어 대규모 자금의 투입, 원활한 재생산 시스템과 선진 기술을 요구했다. 즉 기업적 합리성, 보다 넓은 시장, 새로운 테크놀로지에 대한 욕구야말로 토키 시대로 진입한 조선영화가 감당해야 할 문제였다. 그리고 바로 이 세계 표준 시간에 대한 욕망이야말로 조선영화가 일본영화와 성공적으로 유착할 수 있었던 실질적인 기제가 되었다. 한편 중일전쟁과 만주영화협회의 설립이라는 외부적 요소는 조선영화계에 '의식의 확장'이라는 결과를 가져왔다. 조선영화는 처음으로 외부를 상정하게 되었으며 그에 대한 응답으로 로컬리티라는 문제를 적극적으로 끌어안게 되었다.

말하자면 조선영화는 영화 내외적인 조건하에서 조선 이외의 시장을 상정해야 했고, 외부의 시선을 염두에 두는 순간 로컬리티라는 문제에 대응하지 않으면 안 되었다. 그런데 이 지방색이란 양날의 칼이었다. 제국이라는 외부를 상정하게 된 조선영화가 타자의 시선에 대한 응답으로서 지방색을 설정했다면, 한편으로 바로 그 제국이 조선영화를 호출한 이유는 대륙병참기지라는 말로 요약되는 바 '조선반도가 군사적, 경제적, 문화적으로 대륙과 연결되는 발판'[77]이라는 인식의 연장선 아래 있었던 것이다. 따라서 이 논리 안에서 지방색이란 결국 '해소'를 목적으로 할 수밖에 없는 것이다. 전시라는 예외상태와 절대적 적이 지닌 이질성은 그 반대편에 완벽하고 강제적인 제국 내의 일체성을 새겨놓고 있었다.

영화 '현장'에 관한 영화 〈반도의 봄〉은 1930년대 말부터 1940년대 초

〈반도의 봄〉. 대형 영화회사가 설립됨으로써 영화인들은 일시에 구원된다. 영일과 정희는 도쿄 영화계로 견학을 떠난다. 이 기적 같은 해피엔딩의 현실태는 알다시피, '조선영화주식회사'이다. 남겨진 자들은 암울한 표정으로 떠나가는 기차를 바라본다. '그'가 이병일의 분신인 영화감독 허이고, '그녀'는 조선영화계의 대모 복혜숙이라는 사실은 의미심장하다. 감독 허의 얼굴 위로 '終'자가 나타난다. 이 마지막 순간은 식민지 조선영화의 최후를 고하는 순간이기도 하다.

까지의 조선영화의 상황에 대한 조망을 통해, 영화를 둘러싼 제국과 조선 사이의 은밀한 공모와 길항관계를 엿볼 수 있는 적절한 실마리를 제공한다. 일본 대 조선이 아닌 내지 대 반도의 관계 위에서 나온 이 이중어 영화는 식민을 삭제함으로써 비로소 내지와 반도 양쪽으로 말을 건네는 '자기 민족지'를 완성할 수 있다고 믿었다. 그러나 제국은 그때 이미 그 어떤 구별이나 차이도 용인하지 않았다. 〈반도의 봄〉은 어떻게 식민지 조선의 영화가 사라져갔는가를 보여주며, 여전히 중요한 '정치성'과 '예술성'의 문제를 제기한다. 조선영화는 그 물리적 확장의 최고점에서 '제국' 일본의 영화로 넘어가는 완전한 질적 전환을 경험하게 된 것이다.

제 4 장

제국과 조선, 계몽 주체를 둘러싼 경합

－〈집 없는 천사〉를 중심으로

총독과 문부대신, 검열의 두 체계

−1941년, 통합기의 조선영화

예상치 못한 참견

−내무성은 달리 본다

내선일체기 조선영화의 존재 방식은 무엇인가. 이 물음에 대해 가장 적극적이고 일관된 답변을 내놓은 사람은 최인규였다. 일본인 교사가 조선 소년을 교화하는 과정을 통해 황국 신민화의 행로를 그려낸 영화 〈수업료〉(1940)를 감독한 최인규는 일약 내선일체기 조선영화의 대표 감독으로서 내외의 주목을 모았다. 그가 이듬해 완성한 야심작 〈집 없는 천사〉(1941)는 조선군 보도부 추천을 획득하였으며, 조선과 내지의 비평가들은 "조선영화 하면 〈수업료〉와 〈집 없는 천사〉"라는 말로 그의 노력을 상찬했다.[1] 〈집 없는 천사〉는 조선군 보도부의 추천을 얻은 후 이내 내무성 검열을 통과하고 문부성 추천 영화로 지정되었다.[2]

그런데 황민화를 꿈꾸는 목사가 부랑아 소년들을 교화하는 과정을 그린 이 영화가 내지에 공개되는 순간, 예상치 못한 일이 벌어진다. 가혹한 검열의 대상이 되어 35개소 약 2백 미터 분량이 삭제당했을 뿐 아니라, 일본어[3] 더빙판에 한해 일반 공개가 허용되었던 것이다. 내지의 영화평론가 하즈미 츠네오(筈見恒夫)는 이 불가사의한 저간의 사정을 이렇게 요약하고 있다.

검열도 무사히 거쳐 문부성 추천을 받은 후 드디어 상영에 이르게 된 순간, 예상치 못한 참견이 끼어들었습니다. 어째서인지 재검열의 대상이 되고 2백 미터 분량이 잘려나간 것입니다. 문부성은 (이전의) 추천을 취소하지는 않았습니다. 하지만 새로 개정된 영화에는 추천이 나오지 않았습니다. 상영은 개정판으로 하게 되니까 추천작이 아니라고 할 수도 있지만, 그럼에도 불구하고 문부성 추천작이라는 사실은 엄연히 남습니다. 재검열의 대상이 된 데는 보안상의 이런저런 이유가 있을 것으로 생각되지만, 결국 문부성이 추천한 영화라는 것은 내용상 나쁠 리가 없다는 것을 뜻합니다. 아마도 근본적인 이유는 역시 조선영화였기 때문이겠지요.[4]

하즈미 츠네오가 간단명료하게 정리하고 있는 것처럼 총독부의 검열을 통과한 다음 조선군 보도부의 추천을 받았으며, 내지에서도 내무성 검열을 거쳐 문부성 추천까지 받았던 이 영화는, 상영 직전에 재검열의 대상이 되었으며, 엄청난 분량의 필름이 잘려나간 이후에야 일본어 대사 더빙판에 한해서만 상영 인가가 내려졌다.[5] 자막이 붙은 오리지널판은 결국 일반

공개에 실패했다. 이는 주인공인 계몽가 목사의 민족적 귀속이 모호해졌음을 의미한다. 추천이 취소된 이유는 결국 밝혀지지 않았다.

주체의 경계

　내지에서의 추천과 검열을 둘러싼 이러한 과정은 말 그대로 '예상치 못한 참견이 끼어들었다'라는 표현에 어울릴 만한 것이었다. 추천을 취소한다고 '명시하지는 않았지만', 200미터 분량을 자른 개정판에 추천을 내주지 않았다는 사실이 의미하는 바는 무엇인가? 나는 이 장에서 일련의 검열 과정과 이유, 사건을 둘러싼 기억의 문제를 검토하려 한다. 사건과 그것을 어떻게 기억하는가의 문제는 식민지와 후기 식민지 간의 단절과 연

〈수업료〉(왼쪽)와 〈집 없는 천사〉(오른쪽). 일본인 남성과 조선인 남성은 사이좋게 조선의 아동을 신민(＝주체〔subject〕)의 길로 이끈다. 황민화의 과업을 향해 어깨를 걸고 나아가는 내선(內鮮)의 남성 주체들.

제국 일본의 조선영화

속이라는 문제와 연동될 것이다.

　단도직입적으로 말해보자. 내가 여기서 제기하려는 질문은 다음과 같다. 계몽의 주체가 되는 제국 남성의 범위는 어디까지였는가.(검열 기구의 작동방식을 통해 드러나는 제국의 위계질서) 병참기지화와 내선일체라는 현실 혹은 이념 속에서 행해진 식민지 남성 엘리트들의 재남성화에 대한 시도가 식민지에 남긴 결과는 어떠한 것이었는가.(국민적 시민권의 범위) 나는 이 재남성화에 관한 부분에서 현해탄, 즉 내지와 외지의 구별 지점이 띠는 의미를 재남성화의 한계 지점, 다시 말해 식민지 남성 주체의 (넘을 수 없는) 경계로서 설명할 것이다. 따라서 이는 조선에서의 국민적 주체의 가능성과 불가능성을 규정하는 통치의 공간적, 위계적 틀을 해명하는 것이기도 하다.

〈집 없는 천사〉의 후폭풍, 흔들리는 조선영화의 신체제

한 침대 위의 두 꿈, 통합에 관한 몽상

〈집 없는 천사〉가 일본에서 공개된 직후 영화잡지 《에이가준보》는 조선 영화에 관한 좌담회[6]를 열었다. 이 영화는 조선영화에 대한 간략한 소개 이후 처음으로 불려 나온 주제였다. 그만큼 〈집 없는 천사〉의 검열을 둘러 싼 사건은 이후 조선영화의 향방을 논하는 데 중요한 의미를 띠고 있었다.

〈집 없는 천사〉는 당시 조선영화계의 실력자들이 모여 만든 영화였다. 연출을 맡은 최인규는 총독부 검열 수수료를 면제받은 최초의 영화로서 시나리오 작가 야기 야스타로와 협력하여 만든 〈수업료〉로 일본과 조선 양쪽에서 흥행과 비평 모두 성공을 거둔 직후였다. 제작을 맡은 이창용은 누구보다도 발 빠르게 신체제의 흐름을 읽고 당시의 조선영화를 주도해가 고 있었다. 한편 시나리오를 쓴 총독부 도서과 직원 니시가메 모토사다(西 亀元貞)는 〈수업료〉의 영화화를 기획한 인물이기도 하였다.[7] 마지막으로

제국 일본의 조선영화

조선어 대사를 손본 인물은 당대 최고의 문학평론가 임화였다. 그는 당시 고려영화사 촉탁으로 활동하며 조선영화 최초의 통사인 《조선영화론》을 집필하고 있었다. 이 면면들로 미루어 보자면 이 영화는 영화 신체제 이후 조선영화가 나아갈 방향을 제시한 영화이자, 내지 시장에 대한 본격적인 모색의 결과물이었음이 분명하다. 이창용이 《에이가준보》의 좌담회에서, 적어도 추천이 취소된 이유만이라도 밝혀줄 것을 요구한 것은 당연한 일이었다.

> 이후의 제작 방침도 고려하지 않으면 안 되기 때문에 〈집 없는 천사〉 문제에 관해 내무성의 견해를 여러 각도에서 명시해주었으면 합니다. 그래야만 지금부터 우리들이 방침을 결정하는 데 상당한 참고가 될 터인데요.[8]

이것은 이창용 혼자만의 의견이 아니었다. 같은 호에 〈집 없는 천사〉의 리뷰를 쓴 스즈키 유키치 역시 이유가 명확히 밝혀지지 않은 것에 대해 석연치 않아 하고 있다. 그는 이 사건이 "새로이 건전한 방향을 향해 재출발하려 하는 조선영화의 장래에 어두운 그림자를 드리우는 것"이므로 "조선영화를 위해서도, 바로 그 조선영화를 포함하고 있는 우리 영화계를 위해서도 명랑한 지시"를 내려줄 것을 요구한다.[9]

그러니까 이 영화를 둘러싼 검열당국의 처사는 누가 봐도 부당한 것이었다. 그렇다면 왜 이런 일이 일어났는가? '검열 의지의 일원화'를 요구할 수밖에 없도록 만든 이 일관성 없는 처사는 어디서 나온 것인가? 왜 검열

당국은 명확한 이유를 밝힐 수 없었을까?

이 모든 사태는 조선영화가 일본영화로 완전히 재편성되는 와중에 일어난 일이다. 물론 이 재편성이 일방적으로 일어난 것은 아니었다. 1930년대 중반 이후 토키 영화 시대로 돌입한 조선영화는 급상승한 제작비를 감당하기 위해서 어떻게든 규모를 키워야 했다. 그 속에서 기술력 향상과 통일된 시스템을 요구하는 '기업화', 그리고 '조선 이외의 시장 진출'[10]에 대한 요구는 조선영화와 일본영화의 유착이라는 상황을 낙관하도록 만드는 중요한 요인이었다. 조선영화계 측에서 보자면 이는 단순히 전쟁과 식민정부에 대한 협력만을 의미하는 것은 아니었다. 매우 현실적인 차원에서 내선영화의 통합은 선진 기술과 자본의 영입, 그리고 내지(와 만주까지를 포함한 동아공영권)라는 시장의 확보를 염두에 두고 있었다.[11]

그러나 현실적으로 전개된 상황은 물론 낙관적이지만은 않았다. 1938년에 이미 서광제는 이렇게 쓰고 있다.

금년 우리가 떠든 바는 외국 영화의 금수(禁輸)와 내지(內地) 영화회사와의 기술적 제휴, 내지에 영화시장을 얻는 문제였다. 외국영화의 금수에 따른 조선영화의 무조건적 내지 진출이라는 것은 한 개의 몽상에 지나지 않았다는 것을 우리는 깨닫게 되었다. 그리고 내지 영화회사와의 기술적이나 경제적 제휴라는 것도 조선 내의 영화회사도 적으나마 완전한 토키 시스템을 갖고 어느 정도의 기술적 영화인을 갖은 후에 제휴든 공동제작이든 문제가 될 것이나 설사 그러한 조건이 구비된다 하더라도 언어와 풍습이 다른 두 사람의 예술가나 두 개의 영화회사에서 한 개의 조선영화를 제작한다는 것은 결국은 실

패로 종결될 것은 사실이다.[12]

　기술과 자본이 뒤떨어진 상태에서 내지로 진출한다거나 혹은 합작의 형태로 기술을 제공받고 내지 시장의 문을 두드리겠다는 생각은 결국 '몽상'에 불과하다는 이 말은 서광제 자신의 뼈아픈 경험담으로부터 나온 이야기였다. 이 글은 그가 도호영화사와 합작으로 〈군용열차〉를 만든 직후에 씌어졌다. 서광제의 예감은 정확히 맞아떨어졌다. 결론부터 말하자면 1940년대 이후 조선영화는 일본 자본에 의해 직접 통제되는 일본영화 시장으로 전락하였으며, 조선영화라는 카테고리 자체가 소멸해버리는 상황에 직면하였다.

　조선의 영화인들은 한편으로 희망의 언설을 반복하고, 다른 한편으로는 총독부나 내지 영화인들과 교섭하면서 이 상황을 타개해나가고자 했다. 〈집 없는 천사〉의 제작자 이창용이야말로 이 같은 교섭의 대표적 인물이었다. 1930년대 초반까지 나운규 프로덕션에서 촬영을 익힌 촬영감독 출신인 그는 일본 유학에서 돌아온 1930년대 중반에 배급회사를 차리며 기획, 제작에 뛰어들었다. 이창용은 영화 신체제의 와중에 자신의 고려영화사의 규모를 급속히 키웠으며, 총독부와 긴밀한 관계를 유지하면서 1940년에 이미 대규모 영화 통합회사 설립을 기획하고 있었다.[13]

　이창용의 이러한 행보는 당시 조선영화계가 사로잡혀 있던 딜레마를 고스란히 보여주고 있다. 내지와의 유착은 조선영화가 순식간에 도약할 수 있는 가능성으로 다가왔으나, 유착이 시작된 그 순간부터 조선영화는 자신의 존재 의의를 자문하지 않을 수 없게 되었다. 만약 조선영화가 일본영화의 하위 부류 가운데 하나라면 구태여 내지 대 조선이라는 카테고리를 유지할 필요가 있는가? 한편 이 문제는 실질적으로 영화의 내용을 결정하는 데 있어서 누가 주도권을 쥘 것인가 하는 문제와 연결된다.

앞에서 언급한 《에이가준보》의 조선영화 좌담회에서 이창용은 조선영화계가 얼마나 내지의 여러 기술자들을 초빙하고 싶어 하는지를 말하는 한편 '조선영화의 특수성'을 이유로 내세우며, 연출자와 시나리오 작가를 내지에서 데려오는 데 대한 경계를 표하고 있다.[14] 특수성이라는 용어는 이념적으로 하나가 되어 마땅한, 그리고 이미 하나가 된 그 순간에 실체로서 존재하는 조선영화의 의의를 옹호할 수 있는 유일한 거점이었다. 이를테면 이 좌담회가 열린 지 2년 후에 역시 《에이가준보》가 주최한 '조선영화의 특수성'을 논하는 좌담회에서 총독부 영화 검열실의 시미즈 세조는 이렇게 말문을 연다.

조선영화주식회사가 생겨났는데 이것은 조선의 특수한 사정으로부터 나온 것이라고 생각됩니다. 한편에서 내선일체를 외치고 있는 판국에 조선의 특수한 사정 운운하는 것은 모순이 아닌가 생각될지도 모릅니다만, 가만히 검토해보면 이러한 행방이야말로 매우 자연스러운 것이라고 할 수 있겠습니다.[15]

조선영화의 특수성이란 매우 성가신 문제였다. 왜냐하면 민도(民度)가 다른 조선민을 위해 만들어야 하는 조선영화의 특수성은 인정할 수밖에 없는 것이었지만, 그것이 인정되는 순간 불가피하게 주도권을 둘러싼 문제가 아울러 일어나기 때문이었다. 조선을 더 잘 아는 자, 즉 조선인이 영화의 창작 주체가 되어야 한다는 언설이 전면화되는 것이다. 〈집 없는 천사〉를 둘러싼 검열 사건은 바로 이 지점과 연결되어 있다. 이는 단지 한 편의 영화가 어떻게 제작되어야 하는지를 의미하는 것만은 아니다. 이 문제는 식민자와 피식민지 엘리트 남성 사이의 미묘한 신경전과 관련되어 있는 것이다.

기억의 오류

2004년에 필름이 발견되기 전까지 최인규의 이 세 번째 영화는 그의 전작인 〈수업료〉와 함께 최인규 특유의 '리얼리즘'적 작풍을 선보인 가작으로 평가되어왔다.[16] 이러한 평은 해방 이전의 평가와 거의 일치하고 있는데, 조선영화가 일본영화와 완전히 밀착되어 있는 상황을 고려한다면 현실적으로 당연한 일이었는지도 모른다. 예를 들어 당시 이 영화의 일본 측 수입사인 도와상사가 펴 낸 《집 없는 천사》 비평집이라는 자료집에는 다음과 같은 리뷰들이 실려 있다.

〈집 없는 천사〉를 보고 리얼리즘의 문제를 여러 모로 생각하게 되었다. (중략) 지금도 눈앞에 경성 종로의 전차 불이 타고 있는 듯하다. 이 드문 경험을 가능하게 한 것은 영화의 탁월함에 있다.

〈집 없는 천사〉가 〈수업료〉보다 나은 반도영화의 걸작이라는 이야기를 들은 것은 꽤 오래 전의 일이다. 이제서야 친숙한 느낌으로 이 영화를 보고, 그 평가가 당연한 것이었음을 깨달았다. 이 영화는, 적어도 내가 지금까지 본 열 편 조금 못 미치는 반도영화 중에서는 가장 완성도가 높은 것이었다.[17]

그는 누구보다도 영화를 기술적인 측면에서 이해한 영화작가였다. 초기에는 사회상을 반영하는 비판적 리얼리즘의 경향을 보였으나 후기에 이르면서 자연을 넓게 수용하는 서정적 리얼리즘으로 전환하였다.[18]

마지막 인용문은 2004년에 출판된 《한국영화감독사전》에 실려 있는 최인규의 작품에 대한 평가다. 전혀 다른 시간과 장소에서 동일한 단어를 발견하는 것은 꽤 난감한 일이다. 그러니까 리얼리즘이라는 낱말로 수렴되는 이 비슷한 견해를 어떻게 이해해야 하는 것일까. 영화를 볼 수 없었다는 상황을 감안하더라도 〈집 없는 천사〉에 대해 해방 전과 해방 후의 평가가 거의 달라지지 않았다는 사실은 흥미롭다. 이 영화는 문부성 추천에 얽힌 문제와는 별도로 조선군 보도부의 추천을 받은 영화였다. 이 사실이 적어도 (앞의 하즈미의 말처럼) 내용상 이 영화에 아무런 문제가 없었음을 의미한다면, 해방 이후로도 일관되게 이어진 평가는 오히려 당혹스러운 것이다.[19]

필름이 없는 상태에서 한 영화를 재구성하기 위해서는 기억과 증언, 당시의 자료에 의존할 수밖에 없을 것이다. 증언 역시 기억의 영역에 속하는 것이라면 내가 묻고 싶은 것은 바로 이 영화가 한국영화사 속에서 기억되는 방식이다. 물론 이 평가의 근저에는 최인규의 개인사와 관련된 몇 가지 요인이 작용한다. 그는 종전 직전까지 소위 협력영화에 적극적으로 관여했음에도 불구하고[20] 해방 이후 최초로 만들어진 '광복 영화' 〈자유만세〉[21]를 연출했으며, 미국 공보원과의 협력관계 속에서 적극적으로 자기 발언의 기회를 얻을 수 있었다. 또한 1950~60년대 한국영화에서 주도적인 역할을 한 홍성기, 신상옥, 정창화 등은 모두 해방공간에서 그로부터 연출 수업을 받은 '제자'들이었다. 특히 1948년 당시 잡지 《삼천리》에 게재했던 〈10여 년의 나의 영화 자서〉는 이후 한국영화사가 기억하는 최인규라는 인물상을 그리는 데 지대한 영향을 끼친 것으로 보인다. 이를테면 최인규는 이 글에서 〈집 없는 천사〉의 제작의도를 다음과 같이 밝히고 있다.

〈집 없는 천사〉. 희망의 수사란 종종 의심스러운 것이다. 조선의 구습은 일소되어야 하고, 아이들은 건전한 교육자에 의해 올바른 길로 인도된다. 미래의 희망으로서, 새 나라의 동량으로서. 후기 식민국가에서 반복될 이 막강한 수사의 유사성. 그러나 '계몽'이란 남이 아니라 우선 나 자신의 이성을 자유로이 사용할 수 있는 능력이 아닌가.

무엇으로 인하여 조선의 가로(街路)에만 거지가 낭자하여야 하는가? 이것을 영화를 통하여 다시금 일본의 위정자에게 항의하려 함이 나의 진의도(眞意圖)였다. 이 역시 총독상을 받았고 동경서 문부대신상까지 얻었으나[22] 일본의 기괴한 모략으로 전례 없이 대신상을 취소받는 동시에 재검열로 35개소 약 2천 자의 대삭제를 당하였다.[23]

물론 위의 언급을 1948년이라는 시기에 할 수밖에 없었던 자기변명에 불과하다고 볼 수도 있을 것이다. 그렇다면 이야기는 간단하다. 왜 일본의 위정자에게 항의하기 위해 만든 영화가 (그의 표현을 빌리자면) 총독상에 더하여 문부대신상까지 받을 수 있었는가? 이 사실이 어떤 권위로 인정받을 수 있기 위해서는 이 '상'이 보편적이고 객관적인 절대가치여야 한다. 그렇지 않다면 이 언급은 해방 직후의 시기에 자기 정당화에 급급했던 자가 빠져든 인식의 오류, 즉 거짓말이 될 것이다. 나는 이후의 한국영화사가 계속해서 인용하고 있는 그의 말이 결코 거짓은 아니었다고 생각한다. 어쩌면 실제로 최인규는 일본의 **위정자**에게 항의하기 위해서 거리의 아이들의 비참한 상황을 그렸는지도 모른다. 그리고 이 영화에 일본의 **위정자**가 내린 상이야말로 그에 대한 정당한 평가라고 생각했는지도 모른다.(그는 정말로 문부대신상이 취소된 것에 대해 분노하고 있지 않은가.) 질문은 바로 그 '진심'으로부터 비롯된다. 이 '진심'이야말로 이 영화를 둘러싼 1941년 당시의 '해프닝'과 한국영화사에 스며든 기억의 오류 두 가지를 모두 설명해줄 수 있는 키워드가 될 것이다. 그러니까 이 해프닝에는 식민자와 피식민지 엘리트 남성 사이의 교섭에서 발생하는 근본적인 갈등이 내재되어 있던 것은 아닐까? 그리고 바로 이 갈등의 주체인 식민지 엘리

제국 일본의 조선영화

트 남성이 완전무결한 계몽의 주체를 떠맡고 있는 한, 이 영화는 해방 이후의 한국영화가 그려내는 세계와 동일한 남성 표상을 공유할 것이다.

정말로 조선어가 문제였을까

−분할의 메커니즘

쇼와16년의 검열독본

1941년을 결산하고 있는 《쇼와17년 영화연감》에서 〈집 없는 천사〉는 '일반용 인정 불합격 영화' 목록에서 발견된다. 14세 미만 관람금지인 '비일반용' 영화 83편 중 두 편의 영화가 조선발 영화인데 그 중 한 편이 〈집 없는 천사〉이다. 기타를 포함해서 총 10가지가 열거되어 있는 비일반용 영화의 이유와 수는 다음과 같다.[24]

1. 국사의 사실에 관해 연소자의 판단을 동요시키는 부분이 있는 것 : 2건
2. 국정교과서의 내용과 배치되는 부분이 있는 것 : 없음
3. 연장자에 대한 존경의 염을 잃게 하는 부분이 있는 것 : 8건

4. 범죄 또는 악희(惡戲)를 유발, 모방시키는 것 : 4건

5. 참혹살벌의 성정(性情)을 조장하는 것 : 6건

6. 공포 혐오의 느낌을 주는 것 : 9건

7. 과도하게 감상적인 것 : 5건

8. 연애에 의한 감정 도발의 부분이 있는 것 : 2건

9. 공상 호기심을 과도하게 자극하는 것 : 없음

10. 기타

　A. 결혼 또는 연애에 관한 판단을 동요시키는 부분이 있는 것 : 9건

　B. 퇴폐적 풍기 내지 변태적 연애 : 8건

　C. 저조비속(低調卑俗) : 16건

　D. 윤리적, 기타 일반적으로 연소자의 판단을 흐리게 하는 부분이 있는 것 : 14건[25]

　적용된 영화 편수만을 기입해놓은 이 기록으로부터 정확한 이유를 유추해내기란 쉽지 않은 일이다. 그렇다면 퍼즐 맞추기를 한번 해보자. 해당사항 없음인 2번과 9번을 제외하고 남는 것은 총 8개 항목이다. 그런데 〈집 없는 천사〉는 연애물도, 역사물도, 코미디도 아니다. 그렇다면 1, 4, 5, 6, 8번도 제외될 것이다. 남는 것은 3번과 7번 그리고 10번이다. 7번은 조선 영화의 단점으로 자주 지적되었던 것이 감상성이었다는 점을 생각한다면 어느 정도 확률이 있다고 할 수 있을 것이다. 그러나 당시 최인규의 영화에 대한 높은 평가는 바로 이 감상벽을 뛰어넘었다는 데 있었다. 따라서 7번 역시 제외되어야 한다. 이제 3번과 10번이 남는다. 기타인 10번의 네 항목을 살펴보자. 〈집 없는 천사〉가 소위 '아동영화'라는 점을 고려한다

면 A, B, C는 자동으로 탈락된다. 최종적으로 3번 항목인 "연장자에 대한 존경의 염을 잃게 하는 부분이 있는 것"과 10번 항목의 D인 "윤리적, 기타 일반적으로 연소자의 판단을 흐리게 하는 부분이 있는 것" 두 가지가 남는다.

그런데 하즈미의 말을 다시 한 번 인용하자면 일단 문부성 추천을 받은 이 영화는 '내용적으로 나쁠 리'가 없어야 한다. 그렇다면 대체 이 영화는 저 이유들 중 어디에 속해 있는 것인가?

한편 같은 《쇼와17년 영화연감》에 수록된 조선영화 개요는 〈집 없는 천사〉에 내려진 사실상의 문부성 추천 취소 사건에 대해 다음과 같이 기록하고 있다. "이 사건의 의미는 조선영화계가 일본영화로 소생하는 데 다대한 시사를 던져주었다는 점에서 불행 중 다행이었다고 말할 수 있다."[26]

조선영화가 일본영화로서 소생해야 하는 이 시점에 '다대한 시사'를 던져주었다는 이 언급은 이 영화의 어디가 문제였는지를 사실상 일본 측과 조선 측 모두 알고 있었다는 것을 암시한다. 그런데, 그럼에도 불구하고, 우리의 퍼즐 맞추기는 점점 궁지에 몰릴 뿐이다. '그들'은 무엇을 알고 있었던 것일까?

〈집 없는 천사〉는 종로 풍경에서 시작된다. 전선이 어지럽게 얽혀 있는 종로에 밤이 찾아오면 그곳은 거대한 네온사인의 거리가 된다. 남매인 명자와 용길은 길에서 꽃을 팔아 번 돈을 악독한 양아버지에게 가져다주어야 한다. 어느 날 밤 양아버지에게 얻어맞던 용길이 도망을 친다. 거리에서 밤을 보낸 용길은 이튿날 우연히 방성민 목사의 눈에 띄어 그의 집으로 오게 된다. 목사의 집은 이미 그가 데리고 온 부랑아들로 북적거린다. 목사의 아내이자 두 아이의 엄마인 마리아는 그런 남편에게 불만을 품고 있다. 방 목사는 집 없는 아이들을 수용할 수 있는 시설을 만들 것을 계획하고, 의사인 마리아의 오빠 안인규에게 시외의 별장을 빌려줄 수 있는지 묻는다. 이 별장은 인규가 독일유학에서 돌아온 직후 독일 여자 케테와 함께 살았던 추억의 장소이다. 의사의 승낙을 받은 방 목사는 아내의 반대를 무릅쓰고 소년들과 일가족을 이끌고 시외로 간다. 방 목사는 '향린원'이라고 이름붙인 이곳에서 소년들에게 근면과 성실, 노동의 가치와 규율을 가르친다. 한편 명자는 인규에게 구제되어 병원의 견습 간호원으로 일하고 있는 중이다. 그러던 어느 날 두 소년이 도망가려는 것을 막던 용길이 물에 빠지는 사건이 발생한다. 용길을 구하기 위해 마리아의 오빠가 불려오고, 이 일을 계기로 명자와 용길은 재회한다. 이 사건으로 향린원이 신문에 보도되고 각지에서 성금이 도착하지만, 이는 성금을 노린 권 서방 일당을 불러들이는 결과를 낳는다. 권 서방 일당이 습격한 위기의 순간, 다리가 끊어져 떨어진 악당들은 치료를 받으며 감화된다. 이윽고 방 목사가 올린 일장기 아래에서 모두가 황국신민의 서사를 외운다.

〈집 없는 천사〉의 내러티브는 1941년이라는 시간에 만들어질 수 있었던 최상의 모범답안처럼 보인다.[27] 당시 영화관은 '하나의 교육 도장으로 국가로부터 인정받은'[28] 장소였으며, 모든 영화는 비유라 하기에는 너무나 실제적인 '교육'[29]이라는 단어의 울림 속에서 '교육영화'가 되어야 했다. 소국민(=아동)이야말로 영화가 염두에 두어야 할 최대 관객이자 '일반' 관객이었다. 가정과 학교의 그물망 바깥으로 벗어난 부랑아들마저 '충량한 황국신민'으로 길러내는 과정을 그린 이 영화는 문제가 생겨서는 안 되는, 생길 수도 없는 영화였다.[30]

분할, 계몽, 통합

〈집 없는 천사〉의 마지막 장면은 주인공 방 목사가 이룩해낸 '감화'의 극적인 완성을 보여준다. 방 목사가 올린 일장기 아래 모든 등장인물들이 한 자리에 모여 '황국신민의 서사'를 외운다. 이때의 '황국신민의 서사'란 1941년이라는 시간에 요구되었던 계몽의 극적 완성이라 해야 할 것이다. 이 일련의 시퀀스는 두 가지 점에서 흥미롭다. 첫 번째 이 시퀀스의 마지막 장면에서 내뱉는 처남 안인규의 대사는 의미심장하다. "이것이 모두 방 선생님의 위대한 힘이 아니고 뭐겠니?" 식민지 엘리트 남성 방 목사는 오로지 '자신의 힘'으로 계몽의 과업을 완수한다. 그것이 가능하기 위해서는 이 장소가 '강'이라는 장치로 격리되어 있어야 한다(2, 3, 7, 8). 이 일련의 시퀀스가 강둑에서 벌어지는 것은 우연이 아니다. 일장기가 올려져 있는 위치는 바로 그 강둑의 최하단부이다(2, 3). 강의 문턱에 걸린 일장기, 강은 현해탄의 메타포로 기능한다.

두 번째 이 시퀀스는 그 자체로 매우 세심하게 계산된 식민지인 내부의 분할과 통합의 메커니즘으로 이루어져 있다. 화면 전방에 방 목사와 남자 아이들이 서 있다(무리 A). 가운데 빈 공간을 설정해두고 화면 후방에 권 서방 일당과 여자들이 서 있다(무리 B). 방 목사의 딸 안나는 아이임에도 불구하고 그녀의 성으로 인해 후방의 무리에 위치한다(2, 3). 남자 아이들 중의 한 명이 황국신민의 서사를 제창한다. 소년의 등은 뒤편에 있는 자들을 완강히 배제한다(4). 4번 숏의 역숏에 해당될 5번 숏은 최전방에 있는 소년의 등으로 인해 아예 화면에서 그 뒤에 있을 것으로 가정되는 자들(6번 숏에 등장하는 권 서방 일당과 여자들)을 효과적으로 지워낸다. 무리 A와 B의 구도가 무너지기 시작하는 것은 7번 숏에 이르러서이다. 무리 B의 인물들이 하나둘씩 이동해오기 시작한다. 방 목사의 부인 마리아부터 이동은 시작된다. 그리고 권 서방, 그의 일당들. 드디어 무리는 하나가 된다(8). 성, 계급, 나이는 이 장면에서 극적으로 초극되며, 황국신민의 서사와 함께 통합의 이상이 달성된다. 계몽의 과업은 강의 이편에서 누구의 도움이나 간섭도 없이 그렇게 완성된다. 오로지 방 목사의 공로로. 그런데 강 이편에서 '자족적' 계몽 공간이 구성되어 버리는 바로 이 순간, 과연 '황국'은 어디까지 서사에 관여할 수 있는 것일까.

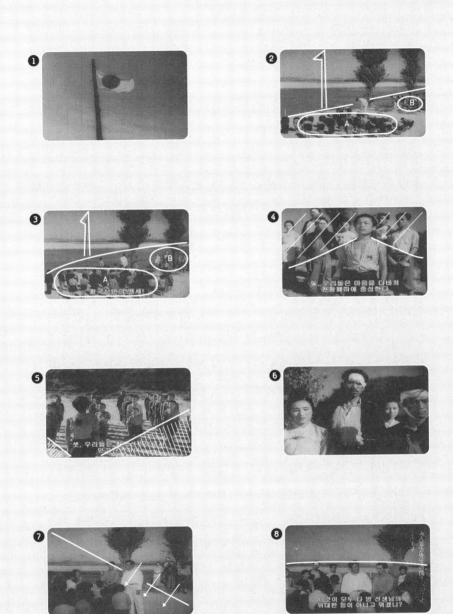

문제는 조선영화이기 때문입니다

다시 《에이가준보》의 좌담회로 돌아가보자. 앞의 인용문을 문맥상에서 보면 궁지에 빠진 쪽은 내무성이다. 내무성의 일관성 없는 처사는 충량한 황국신민을 기르는 데 일조를 기하고자 하는 조선영화를 어떻게 받아들여야 할지 모르는 난감함의 표출로 보인다. 하즈미 츠네오가, 근본적인 이유란 결국 이 영화가 조선영화이기 때문이라고 말할 수밖에 없었던 것은 바로 이런 이유에서이다. 그러나 조선영화가 앞으로 나아갈 바를 논하고 있는 자리에서 문제의 근본 원인이 조선영화였기 때문이라고 말하는 것은 공소하다. 문제는 바로 그 '조선영화'가 이 사태를 어떻게 받아들이고 앞으로의 영화제작에 활용할 것인가에 있다. 하즈미의 말에는 당연히 추가 설명이 요구된다. "조선영화이기 때문이라는 말은 무엇을 의미합니까? 기술이 졸렬하다는 것을 말하나요?" 하즈미는 검열의 근본적 동기에 대해, 또한 당국이 희망하는 조선영화의 존재방식에 대해 이렇게 추측한다.

조선어로 말하는 영화를 환영하지 않는다는 말입니다. 조선영화라도 국어를 사용한다면 괜찮아요. 이런저런 이유를 들 수 있겠지만, 근본 적으로는 그렇다는 겁니다. 조선어로 말하지 말고 국어로 말해라. 그런 방침이 정해진다면 그에 따라갈 수 있으리라 생각합니다.[31]

그에 의하면 사건의 원인은 조선영화에 대한 일본의 검열 의지가 일원화되어 있지 않다는 점에 있었다. 가령 영화에서 조선어가 아닌 국어를 사용해야 한다는 방침이 명확히 정해져 있었다면 이런 사태는 일어나지 않았을 것이라는 말이다. 이 이야기는 당시 조선어에 쏟아졌던 과도한 이데올로기적 하중을 생각한다면 설득력이 있어 보인다.

1938년, 보통학교에서 완전한 국어 교육을 실시하는 것을 내용으로 하는 제3차 조선교육령이 선포된다. 조선 문화계 내부는 조선어를 둘러싸고 위기의식에 사로잡혔다. 최재서가 주관한 문화잡지 《국민문학》은 1942년 5, 6월 합병호부터 완전히 국어판으로 전환하였고[32], 1943년부터 조선에서 만들어진 모든 영화의 언어는 적어도 공식적으로는 일본어였다. 그러나 이때도 문학과 달리 영화의 경우에는 성가신 문제가 끼어들었다. 앞의 좌담회에서 이창용도 지적하고 있듯이 일본어 해득자가 조선 인구의 2할을 조금 넘는 상황에서 일본어 국책 영화의 효과란 미미할 수밖에 없었다.[33] 일본어와 영화 사이의 이 딜레마는 1943년 이후에도 여전히 남아 있었으며 이를 해결하기 위해 실제로는 '조선판'을 함께 제작하지 않으면 안 되었다.[34]

게다가 〈집 없는 천사〉를 둘러싼 문제가 발생한 때는 아직 조선어 완전 폐지론까지 이르지 않은 1941년의 시점이다. 하즈미의 견해에 대해 이창용은 총독부로부터는 국어에 관한 어떤 지침이나 강요도 없었다고 밝힌다. "따라서 작품 내용에 따라, 국어를 사용할 수 있으면 가능한 국어로 가고, 영화적으로 봐서 국어로는 힘들겠다 싶은 장면은 무리하게 사용하지 않아도 되었던 겁니다."[35]

작품 내용상 '무리 없이' 조선어와 국어를 병행했다는 이창용의 말대로 〈집 없는 천사〉는 1941년 경성의 이중언어 상황을 '자연스럽게' 보여주고자 한다. 그런데 이는 그 자체로 언어에 의해 구별되는 위계질서의 세계를 적나라하게 드러내고 있다. 국어와 조선어는 나이와 성과 계급을 가른다.

이 영화에서 가장 완벽하게 일본어를 구사하는 인물은 방 목사와 안인
규다. 이들 사이의 대사는 국어와 조선어를 자연스럽게 오간다. 가령 이런
식이다.

> 안인규　나란 사람은 그저 이럭저럭 술이나 먹고 소일하는 사람이니
> 까.(조선어)
> 방 목사　그렇지 않아도 마리아가 늘 걱정을 한답니다.(조선어)
> 안인규　하하하, 이번에는 화살이 나에게 오는 건가(今度は矢がこっち
> に曲がったね).(일본어) 아니야, 마리아가 걱정하는 것은 내가 아니라
> 자네일걸세.(조선어)

방 목사는 아이들에게 일본어와 조선어를 오가며 이야기하고, 아이들은
그에게 조선어로 대답한다. 반면 아이들은 자신들끼리 있는 장면에서 조
선어와 짧은 일본어, 예를 들어 잘됐네(よかった), 뭐라구(なに), 싫어(いや
だ) 등을 구사할 줄 안다. 한편 방 목사와 안인규가 유창하게 구사하는 일
본어의 세계로부터 가장 멀리 떨어져 있는 존재는 용길의 사악한 양아버
지 권 서방 일당이다. 무지하고 더럽고 잔혹한 이들은 일본어를 들을 수도
말할 수도 없는 존재들이다. 또한 이 영화에 등장하는 모든 여성들은 그녀
들의 계급과 상관없이 일본어를 쓰지 않는다. 물론 여성 등장인물 사이에
도 계급에 따른 차이는 설정되어 있다. 이를테면 마리아의 경우, 그녀 스
스로는 한 번도 일본어를 사용하지 않음에도 불구하고 일본어 구사 능력
이 있는 것으로 간주된다. 이에 비해 명자는 조선어만을 말하고 들을 수

제국 일본의 조선영화

있다. 단 하나 예외가 있다. 모던하고 퇴폐적인 도시 경성의 밤을 보여주는 초반의 바 장면에 등장하는 여급들의 경우이다. 그녀들은 일본어로 말하고 듣는다.

일본어, 계급의 분할선

일본어와 조선어의 이러한 배치는 이창용의 말처럼 꽤 현실적인 것처럼 보인다. 경성의 하층민인 권 서방 일당과 아무런 교육도 받지 못한 명자가 일본어를 못 알아듣고 말하지 못하는 것은 당연한 일인지도 모른다. 중산층 남성을 주고객으로 삼으면서 동시에 일본식 이름으로 불리며 그 이름만큼 식민지 남성의 내지 여인에 대한 환상을 충족시켜줘야 했던 여급들이 일본어를 사용하는 것도 자연스러운 반영일 것이다.

타락한 모던 도시 경성. 계몽이란 또한 모던의 찌꺼기를 일소하는 일이다. 그때 바의 여인들은 계몽의 대상에서조차 제외될 것이다.

그런데 이 자연스러움 자체가 영화를 만드는 과정에 필연적으로 개입되는 의도 아래 이루어진 것이라는 점을 고려해보자. 그러니까 이렇게 질문을 던질 수도 있다. 왜 명자는 일본어를 못하는데 용길은 일본어를 알아듣고 (비록 짧은 말이지만) 말할 수 있는가? 다른 소년들은? 일본어 교육의 주된 장소가 학교였다는 점을 생각한다면 그 바깥에 있었던 이 아이들은 일본어를 못해도 무방하다. 백번 양보해서 만약 그들의 '국어' 해득 능력이 거리에서 살아가기 위해 익힌 것이라면 그만큼의 능력은 같은 처지의 명자나 권 서방 일당도 가지고 있다고 가정할 수 있다. 그리고 왜 교육받은 여자인 마리아의 입에서는 단 한 번도 '국어' 대사가 나오지 않는가? 방목사와 마리아의 오빠는 왜 하나의 장면에서, 조선어 문장의 중간에 '국어' 문장을 끼워서 말하고 있는가? 마치 그들의 '국어'가 얼마나 유창한지 과시하듯이.

'국어'는 나이와 성과 계급에 따라 나누어지는 이 세밀한 안배 속에서 명백히 특권적인 위치를 차지한다.[36] 영화 속 세계는 '국어' 구사 빈도와 능력에 따라 차곡차곡 나뉜다. 이 세계의 맨 아래층에는 악당 권 서방 일당이 있고 그 위에 미래의 신민의 가능성으로 존재하는 남자 아이들이 있다. 그리고 다시 그 위에 국어를 완벽하게 구사하는 성인 남성 엘리트가 군림한다. 게다가 그들 중 한 명은 마음의 병을 고치는 목사이고, 또 한 명은 몸의 병을 고치는 의사이다. 그들이야말로 계몽의 주체로서 얼마나 적절한 존재들인가?

그러나 이 순간 우리는 그들의 국어가 조선어 사이에서 혼종된 것임을, 따라서 완전하게 분절된 국어일 수 없음을 동시에 지적하지 않을 수 없다. 이것이야말로 식민지 계몽 주체들의 재남성화의 전략이 해협을 넘으면서 파탄에 이르는 이유이기도 하다. 더 완전한 국어의 공간에서 이들의 이중

언어 능력은 일종의 근본적인 불온성을 띠게 된다.

한편 국어를 말하지 않는 여자들은 어떤 과정을 거치더라도 이 위계의 맨 위, 즉 성인 남성 엘리트들이 담당하고 있는 영역에는 도달할 수 없다는 점(짧은 일본어를 지껄일 줄 아는 남자 아이들은 언젠가는 '국어'를 유창하게 구사하는 성인 남성이 될 것이다)에서 이 구조와는 별개의 존재들이다. 그러나 이것은 그녀들이 위계질서의 바깥에 있다는 것을 의미하지는 않는다. 그녀들은 규율과 질서와 대의와 성심의 언어인 국어로 전달되는 명령에 따라야 한다. 즉 말하지 않아도 들을 줄은 알아야 하는 그녀들에게 이 세계가 요구하는 것은 입이 아니라 귀이다.

마찬가지 원리로, 어떤 의미에서 계몽하는 주체(국어로 언명하는 주체)의 지위 역시 내지와 외지의 관계에 있어서는 내지의 남성들에 국한되는 특권인 것이다. 식민지인의 국어 능력은 명령이 아니라 명령의 재현과 달성, 즉 듣는 귀에 한정되며, 이러한 원리는 젠더의 문제에서도 일관되게 적용된다. 식민지의 국어, 아니 제국의 국어 자체가 법과 명령의 매체라고 할 때 신민들의 지위는 이 명령에 대한 접근도, 수행에 있어서의 지위에 의해 엄밀하게 분할되었다고 할 수 있다. 따라서 국어 조선영화의 실현이 완성된다 해도 식민지 남성의 지위가 근본적으로 바뀌지는 않는다. 검열의 '국어' 문제는 언어의 문제라기보다는 그 근본적 작동 원리에서 제국 내부의 위계질서와 관계되어 있기 때문이다.

통합의 이상과 분리의 이야기
－외부 없는 피식민 주체의 가능성과 불온성

무균지대의 '위험한' 감화

　향린원은 그 자체로 식민지 조선의 남성이 꿈꿔왔던 세계의 축소판이라고 할 만하다. 향린원은 영화 전편에 걸쳐 반도의 메타포로 기능하고 있

강은 '바깥'으로부터 식민지 남성을 안전하게 격리시켜줄 것이다. 고립과 폐쇄의 장치에 의해서만 식민지 남성들의
좌절된 욕망은 비로소 실현 가능해진다. 현해탄의 메타포, 혹은 식민지 남성이 상상할 수 있었던 1941년의 이상향.

제국 일본의 조선영화

다. 그런데 바로 이 공간의 설정, 이상적 공간 향린원(=황민화된 반도)이라는 폐쇄적이고 자기충족적인 설정 자체로부터 이 영화의 파란은 예고된다. 이곳에서 '외부'는 효과적으로 지워져 있다.

창고를 개조한 부랑아들의 시설인 향린원 옆에는 방 목사 일가가 거주하는 서양식 저택이 있다. 방 목사의 아내 마리아의 형상은 식민지의 엘리트 남성이 그리던 이상형이다.(그녀는 문예봉이다.) 거실에서 가끔 피아노를 치곤 하는 이 아름답고 교양 있는 아내는 신여성임에도 불구하고 단 한 번도 양장을 하지 않는다. 그녀는 국어를 듣되 말하지 않는다. 우리는 쪽진 머리와 한복 차림으로 일관하는 그녀가 집 밖의 공간에 있는 것을 볼 수 없다. 그녀는 어머니이자 아내의 역할에 충실하다.[37] 바로 그 옆에 붙어 있는 향린원은 식민지라는 조건하에서 끊임없는 좌절을 겪어야 했던 식민지 남성들의 사회적 욕구를 충족시킨다. 이곳에서 방 목사는 절대적으로 강할 것인데, 왜냐하면 이 세계 안에서라면 그를 능가할 수 있는 자가 아무도 없기 때문이다. 이 공간의 유일한 성인 남성으로서 그는 가장 나이가 많고 가장 현명하며 가장 도덕적이다. 인도주의적 열정 속에서 살아가는 그는 어떤 사리사욕도 없어 보인다. 그는 결코 화를 내지도 않고 서두르지도 않으며 좌절하지도 않는다. 도덕적으로 완전무결한 이 사내는 이곳의 절대적이고 유일한 '선'이다. 그 속에서 그는 끊임없는 설득과 이해로 동의를 구해내고, 그 결과 규율과 질서의 세계로 아이들과 아내를 이끈다.

향린원의 아침은 방 목사의 어린 아들이 부는 나발 소리로 깨어난다. 공동 침사에서 아이들이 기상한다. 벽에는 그들의 소속이 적혀 있는 팻말이 걸려 있다.

건축부   안영팔, 최일남, 박용길, 김남수, 김용산

취사부   이동길, 김수산, 홍언금, 김성근

위생부   김화삼, 곽은효, 홍기환, 조승화

교육부   방안나, 방요한(안나와 요한은 방 목사의 아이들이다.)

　자급자족을 달성해야 하는 그들의 하루는 할당된 일을 합리적인 분업으로 완성하는 것을 목적으로 한다. 우동을 뽑아내는 것이 그들의 일이다. 여기서는 청결이 무엇보다도 중요하다. 이곳이 하나의 작은 병영처럼 보이는 것은 우연이 아니다. 이것은 단지 이 영화의 '국책영화'적 이미지를 강조하기 위한 설정이 아니다. 오히려 이 공간은 방 목사로 대표되는 식민지 엘리트 남성이 추구하는 이상적 세계를 보여주고 있는 것이다. 그것은 질서, 규율, 청결로 대변된다.

　물론 이 과정이 어떠한 저항도 없이 일사불란하게 이루어지는 것은 아니다. 거리의 무절제에 익숙해져 있던 작은 몸들은 유혹에 약한데, 외부로부터의 유혹은 종종 엿과 같은 감각적 사물로 나타난다. 목사의 교화는 철저히 이 '밖'을 지우는 것을 통해 완성된다. 그러나 물을 뜨러 간 소년 일남은 엿장수의 꾐에 빠져 돌아오지 않는다.

　한가한 시간에 유혹은 더욱 더 강해진다. 이를테면 장마 때문에 우동을 만들 수 없어 노동이 중단되었을 때 아이 둘이서 탈출을 계획한다. 낡은 보트를 타고 물이 불은 강을 건너려는 그들의 계획은 용길의 필사적인 만류로 저지된다. 이 영화가 어떻게 아이들을 질서와 규율의 세계로 복귀시키는가를 살펴보는 것은 흥미롭다. 그것은 희생과 사랑의 이름으로 행해진다. 소년 용길은 몸을 던져 아이들이 보트를 타려는 것을 막고, 방 목사

는 도망치려 했던 아이들을 혼내는 대신 그 중 한 아이인 영팔에게 경성으로 가서 의사인 처남을 불러오라고 시킨다. 영팔은 맡은 바 임무를 충실히 수행하고, 도망갔던 일남 또한 제 발로 걸어 돌아온다. 극악무도한 권 서방 일당마저 의사와 목사의 손에 의해 '황국신민'으로 거듭날 것이다.

한마디로 이들은 모두 '감화'되는데, 알다시피 감화란 마음에 미치는 작용이다. 감화의 결과는 마음에서 우러나오는 행동으로 나타나야 한다. 따라서 처음부터 자발적인 행위까지 요구하는 것이 감화라고 할 때, 이 영화의 마지막 장면은 감화의 극적인 완성을 보여주는 것이다. 방 목사가 올린 일장기 아래에서 모든 등장인물들이 한 자리에 모여 '황국신민의 서사'를 외운다. 이 장면은 인도주의적 열정으로 부랑아 소년들을 선도하는 과정을 그린 이 영화의 표면적인 내러티브상에서 보자면 급작스러운 결말처럼 보인다. 그러나 선도란 말뜻 그대로 올바른 길로 인도하는 것을 말한다. 이는 필연적으로 어떤 목표를 상정하고 있는 것인데, 1941년의 시간에 이 목표의 달성이 황국신민의 서사를 외우는 장면으로 귀결되는 것은 당연한 일이라고 할 수 있다.[38] 마지막 순간, 한자리에 모인 모든 등장인물들은 성과 계급과 나이를 막론한 2천만 반도인의 표상으로 작용하기에 부족함이 없다. 여기에는 말 그대로 남, 여, 노, 소가 모여 있다. 그리고 이들을 충량유위(忠良有爲)한 황국신민으로 이끈 것은 오로지 식민지 엘리트 남성인 방 목사의 공로다.[39]

지워진 외부, 불온한 유토피아

그런데 이 외부를 지운 공간의 일체감은 황국신민의 서사를 괄호 안에 넣고 볼 때, 일종의 국민국가 혹은 단일화된 민족의 메타포로 전이될 위험을 안고 있다. (실제로 이와 같은 최인규의 계몽적 주체 구성은 해방 이후와 연속성을 갖는다.) 마지막 장면은 교화의 완성이기도 하지만, 이 교화의 완성 지점은 어떤 의미에서 다른 이상이나 표어로 바뀌더라도 이상할 것이 없어 보인다. 따라서 황국신민의 서사는 그 자체가 목적처럼 보이면서도 실제로는 이 공간의 완성을 외부에 선언하기 위한 기계적 접합의 기제로 보이기도 한다. 다시 말해 황국신민의 서사는 이 순간 분명 향린원과 외부, 반도와 내지를 잇는 역할을 하고 있지만 이는 화학적 '통합'이라기보다는 중개 없는 물리적 연결로서 비춰질 수 있는 것이다. 이를테면 이 상황을, 가가와 교장이라는 일본인 중개자를 설정함으로써 제국의 언설적 위계에 충실히 복무했던 이광수의 협력문법과 비교해볼 수도 있을 것이다.[40]

위협은 외부로부터 온다. 침범자들. 그러나 그들마저 감화에 이르는 순간 계몽의 과업은 완벽하게 달성될 것이다.

제국 일본의 조선영화

제국의 내지에서 보자면 우선 이 영화는 조선어를 통해 제국 안에 있는 이질성을 부각시킨다는 의미에서 위험하다. 그러나 그 위험성은 보다 근본적인 장소에도 있다. 왜냐하면 조선의 남성 주체들이 '황국신민'의 원리 자체에 직접적으로 접근함으로써 조선어의 사용 여부를 떠나 일군만민의 원리인 그 심부로 어떤 중개자나 매개자도 없이 돌진해 들어가기 때문이다. 재남성화의 계기인 황민화라는 과제야말로 이와 같은 자기 충족적인 공간, 즉 식민지 남성 계몽 주체의 설정을 가능하게 하였다. 그러나 이상의 달성이 '선언'되는 순간 그것은 제국의 공간적 구획 안에 놓인 대동아 신민 사이의 현실적 위계와는 배치되는 결과를 낳는다. 식민자와 피식민자의 분할이라는 통치성의 현실적 운용 원리에서 보자면 최인규 영화의 이와 같은 이상화된 황민의 재현은 그 자체로 불온하다. 왜냐하면 이 예기치 못한 '초과달성'은 현실의 위계 또한 초과해버리기 때문이다.

이 모든 것이 가능한 것은 향린원이라는 공간이 이미 '바깥' 세계로부터 떨어진 독립된 장소이기 때문이다. 이 공간을 특징짓는 것은 '강'이라는 설정이다. 안인규가 독일 여성과 함께 살았던 이 추억의 공간은 강에 둘러싸여 있기 때문에 세상으로부터 고립될 수 있었다. 이 고립이야말로 독일 여성이라는 불가능한 대상과 식민지 황인종 남성의 사랑이 가능했던 이유일 것이다. 향린원의 전사(前史)로서 별장이 품고 있던 이 기능은 이후 향린원으로 바뀌고 나서도 은밀하게 작동한다. 방 목사와 그의 가족, 그리고 방 목사가 데리고 온 아이들이 별장에 도착한다. 강 앞에서 멈춰선 그들이 별장을 바라본다. 그들의 시점 숏으로 잡히는 강 건너편의 별장과 창고가 언덕 위에 홀로 유유히 서 있다. 목사의 얼굴에 웃음이 환하게 퍼진다. 저 건너편의 공간은 강에 의해 안전하게 지켜질 것이다. 그때 강은 식민지 남성으로 한계 지워질 수밖에 없는 1941년의 조선이라는 현실로부터 그들을 떨어뜨려주는 메타포처럼 보인다.

이 강, 즉 현해탄의 메타포로도 읽히는 고립과 폐쇄의 장치는 중요하다. 왜냐하면 비록 그들의 성취가 '황국신민의 서사'를 통해 최종적으로는 내지로 연장된다 하더라도, 그 과정에서 반도의 정치적 주체는 다름 아닌 재남성화된 조선 지식인으로 나타나기 때문이다. 다시 말해 조선어와 국어를 통해 조선인의 계몽을 담당하는 식민지 남성 주체는 내지와 외지를 연결하는 특권적 지위에 놓인다. 그러니까 그들은 조선을 '더 잘 안다.' 나아가 이 '알고 있는' 주체는 이를 '알리려 한다.' 조선어와 국어가 병용되는 이 영화의 불온성은 여기에도 있다. 조선어가 잔존하는 한, 반도 계몽(반도의 황민화)을 이끄는 특권적 지위는 (비록 잠재적인 것이라 할지라도) 식민지의 남성 엘리트가 되어버릴 수 있다. 실제로 '병사가 될 수 있게 된' 그들은 이 공간을 보루로 하여 지금 내지 연장(완벽한 일체화에 대한 요구)을 복화술처럼 흘리고 있는 것이다.

최인규는 이 영화에 앞서 연출한 〈수업료〉에서 이미 일본인에 의한 조선인 계몽을 완전한 국어 영화를 통해 보여주었다. 수업료를 내지 못하는 가난한 조선인 소년을 위해 교실에 우성함을 설치하는 일본인 선생의 이야기를 그린 이 영화는 (〈집 없는 천사〉와 마찬가지로 제작을 맡았던 이창용 자신의 표현에 의하면) 자진해서 일본어를 사용해 만든 첫 번째 조선영화였다. 이 영화의 성공에 힘입어 거의 같은 스태프들이 다시 모여 만든 영화 〈집 없는 천사〉는 그런 의미에서 〈수업료〉의 속편과 같은 것이었다. 일본인 남성과 조선인 남성은 학교(〈수업료〉)와 사설 고아원(〈집 없는 천사〉)이라는 공간에서 사이좋게 조선의 아동을 신민의 길로 이끈다.[41] (학교와 사설 고아원은 식민지 조선에서 일본인과 조선인의 법적 지위, 더 나아가 일본어와 조선어의 관계를 얼마나 상징적으로 보여주고 있는가. 이 설정은 그저 무의

제국 일본의 조선영화

식의 발로였을까.) 따라서 조선인 계몽가를 다룬 〈집 없는 천사〉는 내선의 남성 주체가 함께 어깨를 걸고 황민화를 향해 나아가야 한다는 것을 피력한 일종의 대구(對句), 또는 연작이라고 할 수 있다.

　그런 점에서 〈집 없는 천사〉의 제작자들은 제국이 그토록 민감한 반응을 보이리라고는 생각지도 못했으리라. 그러나 불안의 토대 위에 서 있는 식민자란 언제나 피식민자보다 예민하고 주의 깊은 법이다. 어떤 의미에서 제국은 이 영화에 도사린 식민지 남성의 무의식을 정확히 간파했는지 모른다. 당연한 말이지만, 위험을 통제해야 하는 식민자와 그 자체로 '위험물'인 피식민자의 (무)의식은 같을 수 없다. 검열과 완전히 일치하는 자기 검열이란 근본적으로 불가능한 것인지 모른다. 그 어떤 협력자의 의식도 통치성 자체와 일치할 수 없다. 〈집 없는 천사〉는 외부를 지워버린 피식민 주체의 가능성과 불온성을 온전하게 보여주는 사례다.

　향린원(=반도)에서 식민지 엘리트 남성은 진정 자신이 꿈꾸던 유토피아를 창출해낸다. 그곳은 좌절한 남성들의 웅얼거림과 방탕한 여성들이 들끓는 술집으로부터도, 더럽고 잔인한 하층민들이 우글거리는 빈민굴로부터도, 그리고 식민 권력 관계가 명시되어 있는 현실의 거리로부터도 멀리 떨어져 질서와 청결로 이루어진 작은 왕국이 될 것이다. 문제는 바로 이 격리된 유토피아가 완성되는 순간, 그리고 그것이 바깥으로 유출되는 순간 벌어진다.

새아버지 찾기의 극점, 아버지를 자처하는 피식민 주체

절대적 아버지를 위하여

조선인은 오늘날 오직 감사하고 오직 **자수(自修)**하고 오직 **봉공(奉公)**함이 있을 뿐입니다. 모든 것을 **천황(天皇)**께 바치고 **천황**께 맡기삶고 충성을 다함이 있을 뿐입니다. 그리고 선배인 **내지인(內地人)**에게 대하여서는 존경하여서 일보(一步)를 **피(避)**하는 마음을 가질 것입니다. 그의 조상이 얼마나 많은 피를 흘리고 **신고(辛苦)**했는가를 잊어서는 안 될 것입니다. 그를 선배로, 형으로 공경하고 믿고 사랑하고 **추존(推尊)**하는 것이 조선의 정당한 태도일 것입니다. 이러하는데서 복이 올 것입니다.[42]

제국 일본의 조선영화

식민지와 함께 온 한국 근대문학의 아버지 이광수는 평생 고아의식에 시달려야 했다. 그의 이러한 고아 콤플렉스는 그 자체로 식민지 조선의 지식인들을 지배했던 결여의식을 보여준다.[43] 그들에게 아버지는 부정되거나, 처음부터 부재하는 것으로 설정된다. 실제로 이광수라는 '고아'는 끊임없이 새로운 아버지를 찾아다녔다. 때로는 후쿠자와 유키치로, 때로는 아베 무부츠나 도쿠토미 소호라는 구체적인 이름으로 등장하기도 한 이 아버지 찾기는 바로 그 이름들을 매개로 절대적인 아버지와 조우한다. 그는 이 새로운 아버지를 향하여 말한다. "폐하는 아버님이시오, 황실은 큰 댁"이라고.[44]

제국 일본이라는 종가(宗家)로부터 연역된 존재로서 스스로를 황민으로 규정한 그에게 일본인은 '형 혹은 선배'로 나타난다. 봉건적이고 무능한 조선의 아비, 그리하여 자신을 버린 이 아비 대신 맞이한 새 아버지는 문학을 계몽의 언설로서 시작했던 사회진화론자이자 민족계몽주의자였던 이광수에게 더할 나위 없이 완벽한 것이었다. 그것은 근대국가였으며, 또한 '군신의 의(義)과 부자의 정(情)'으로 맺어진 정(情)의 세계였고, 무엇보다 강한 것이었다.[45] 그리하여 이 새 아버지를 맞이하는 순간 그는 비로소 식민지인의 한계를 극복한 주체로 우뚝 선다. "대동아공영권 건설에 조선인은 황국신민으로 주인이 되고 지도자가 되는 것이다. 동아 제민족의 도사(導師)가 되는 것이다."[46]

〈집 없는 천사〉는 마치 이광수가 식민지기 내내 걸었던 긴 도정의 결과 혹은 목표처럼 보인다. 그것은 스스로 아버지 되기인데, 정신적으로나 신체적으로 월등하며 적극적이고 능동적인 주체인 엘리트 남성은 명실공히 아버지의 자리를 점유한다.[47] 아버지가 된다는 것은 그 자신이 새로운 아버지를 맞아들임으로써 가능한 것이라는 점을 전제로 한다면 여기까지는 아무 문제가 없다. 그런데 문제가 발생하는 지점은 〈집 없는 천사〉라는 영화 속에서 '아버지'라는 존재가 표상의 차원에서 유일무이하게 등장한다는 것이다. '이에(家)' 개념의 확장인 천황제 국가가 대가장인 천황과 그러한 천황의 적자인 신민(臣民)[48]으로 이루어져 있는 한, 이 절대적인 아버지를 제외한 다른 아버지들은 대가장에게 적자를 인도하는 매개적 존재로 표상되어야 한다. 혹은 이광수의 말처럼 같은 아버지를 모시는 이상, 일본인을 "선배로, 형으로 공경하고 믿고 사랑하고 추존"해야 함이 마땅하다.

그런데 이 영화에는 바로 그 일본인이 배제되어 있다. 일본인을 배제함으로써만 비로소 완전한 아버지가 된 자신을 상상할 수 있었던 무의식. 그것은 이 영화의 옆에 일본인 감독이 만든 두 편의 내선일체 조선발 영화 〈젊은 모습〉(도요다 시로, 1943)과 〈망루의 결사대(望樓の決死隊)〉(이마이 타다시, 1943)를, 혹은 최인규 스스로 이마이 타다시와 협력하여 종전 직전인 1945년 7월에 완성하여 공개한 영화 〈사랑과 맹서〉를 세워보는 순간 명확해질 것이다. 이들 영화에서 아버지의 형상을 부여받는 것은 모두 일본인이다. 이들은 엄격하지만 자애로우며 한결같은 공평무사함으로 자신의 신민들을 돌보고 지켜준다. 그럼으로써 이들은 절대적인 권위를 인정받는다. 이들은 모두 명실공히 '보호자'들인 것이다.

국민연습

다시 한 번 문제의 소재를 정확히 하자. 〈집 없는 천사〉를 둘러싸고 벌어진 사건은 이 영화가 조선에서 내지로 옮겨 가면서 벌어진 일이다. 다시 말하자면 조선에서 상영하는 것은 문제가 아니었고, 심지어 권장되었다. 식민 권력이 피식민지 남성에게 부여한 계몽의 과업은 그 자체로 훌륭하게 완수되었다. 식민주의란 계속되는 위계질서의 연쇄라는 점을 고려한다면, 식민지 엘리트 남성이 식민지 내에서 수행하는 계몽의 역할은 제국의 질서를 위해서 장려할 만한 일이었다. 그럼에도 이 반도의 대표적 시국 영화는 현해탄이라는 극한의 장소를 넘어설 수 없었다. 그도 그럴 것이 제국으로서는 계몽의 과업이 어디까지나 식민자 혹은 제국의 언설에 의해 '구체적 인물과 형상'을 갖고 매개되지 않으면 안 됐기 때문이었다.

비록 재남성화된 피식민 남성 주체들의 지위와 임무가 식민지 조선이라는 한정된 역사성과 공간 안에서 구축된 것이라 할지라도, 이러한 기획이 식민지 시대의 종결과 함께 끝나버린 것은 결코 아니다. 오히려 1945년 이후의 상황, 즉 외부가 사라지는 시점에서 그들의 과업은 드디어 빛을 발

〈망루의 결사대〉의 공간 배치는 그 자체로 제국의 위계질서를 재현한다. 일본인과 조선인, 중국인으로 차곡차곡 쌓이는 이 위계의 이야기가 국경지대를 배경으로 한다는 것은 의미심장하다. 비슷한 시기 정치 무의식의 극점을 보여주는 한 소설가는 국경을 넘으면서 이렇게 고백하였다. "국경선을 넘자 이미 우리들은 국민으로서의 의무도, 권리도 갖지 못한 벌거벗은 야인(野人)과 같은 느낌이었다."(정비석) 그러니까, 누가 우리를 지켜줄 것인가가 문제였다.

하게 된다. 이러한 재남성화된 엘리트 주체야말로 후기 식민국가 만들기를 수행했던 당사자였다고 해야 옳을 것이다.

　제국이 무너지고 조선이 대한민국으로 옮겨오는 순간, 이들 엘리트 남성들은 드디어 완전무결한 계몽의 주도권을 잡는 데 성공한다. 이 과정은 역설적이게도 해방 이후의 한국영화가 〈집 없는 천사〉를 식민지 영화의 기억 속에서 건져 올린 '리얼리즘 작가영화'의 성과로 기억하는 데 결정적인 영향을 미친다. 사후적 판단이 되겠지만 〈집 없는 천사〉의 검열을 둘러싼 일련의 과정이야말로 피식민 남성 주체들이 차후 후기 식민국가의 계몽 주체로 옮겨갈 수 있는 가능성과 그 '위협'을 예감한 결과일지 모른다.

한국영화사의 문법,
리얼리즘론이라는 방법 혹은 가치

최후의 보루, 리얼리즘?

처음의 질문이었던 최인규를 기억하는 한국영화사의 문제로 돌아가보자. 먼저 밝혀두어야 할 것은 한국영화사 서술에서 '리얼리즘'이란 그 자체로 특권화된 어휘라는 사실이다. 한국산 '작가주의' 영화는 '충무로 영화'라는 명칭으로 폄하된 대중영화와 유럽 '예술' 영화 사이에서 구성되었다. 한국의 엘리트 영화비평가들이 시도한 이 질서의 구축 속에서 한국산 작가주의 영화는 '리얼리즘적 성취'라는 가치를 부여받았으며, 이는 '저항 민족주의'라는 이름으로 소구되었던 한국사회의 가치 체계와 결합하여 한국영화에 관한 비평에서 오랫동안 절대적 기준으로 작용했다.[49] 이를테면 이영일은 한국영화사 연구의 기원이자 정점이라고 할 수 있을 그의 《한국영화전사》에서 다음과 말하고 있다.

최인규는 〈집 없는 천사〉를 통해 세계영화사의 한 조류인 네오 리얼리즘이 조선에 당도하기 전에 이미 그러한 기법의 영화를 선보였다. 다른 기회에 지적하겠지만 영화의 형식으로서의 리얼리즘은 이러한 광폭한 군국주의 시대에 있어서는 작가의 최후의 저항선이라는 것을 알아둘 필요가 있다. (중략) 최인규는 일제 말기의 숨 막히는 암흑기와 해방 직후의 대혼란기에 영화계가 극도로 불우했음에도 불구하고 한국영화의 눈부신 리얼리즘의 맥을 이었다.[50]

이 평가의 근저에 무엇이 가로놓여 있는가에 대해서는 내적으로 일관성 있는 유추들이 가능하다. 나운규의 〈아리랑〉을 한국적 리얼리즘의 시작으로 놓고 이 기원으로부터 리얼리즘으로 관통하는 통사를 구축한 이영일로서는 한국영화의 암흑기라고 불리는 식민지 말기를 회피할 수 없었다. 그 틀 안에서 볼 때 최인규는 '시대적' 한계에도 불구하고, 다루고 있는 대상(빈곤층 아동)과 스타일(야외촬영, 롱테이크) 면에서 일관성이라는 작가주의적 그물망에 포착될 수 있는 거의 유일한 감독이었다. 어떤 의미에서 최인규야말로 이념을 뛰어 넘은 곳에서 식민지와 후기 식민지를 리얼하게 이어주고 있는 남성 주체의 대표적인 영화사적 실체인지 모른다.

다른 한편 이 문제는 이영일이 사용하고 있는 리얼리즘이라는 개념이 의미하는 바가 무엇인가와 관련된다. 질문의 범위를 좁히자면 '광폭한 군국주의 시대에 있어서 작가의 최후의 저항선'이라고 말하는 순간 리얼리즘이란 무엇을 뜻하는가? 이영일이 여기서 리얼리즘이라는 표현을 단순히 양식이나 스타일의 문제로 한정하고 있지 않은 것은 분명하다. 이 책이 씌어지던 당시가 1969년, 박정희라는 일본 제국주의의 정신적 아들이 이

끌었던 군사독재 시대의 한가운데였다는 점을 생각한다면 '광폭한 군국주의'는 단지 과거의 문제만이 아니었다.

이는 이영일이야말로 한국영화사를 리얼리즘의 가치로 체계화한 장본인이지만, 정작 그에게 리얼리즘이란 최소한의 부정적(不定的) 도덕 개념으로서만 존재하는 것이었다는 점을 의미한다. 20세기를 관통하는 소위 '광포한 군국주의', 즉 절대악에 의해 구축되는 이 부정적 도덕 의식이야말로 리얼리즘적 문화 이념의 근거인 것이다.[51]

이를테면 비평가로서의 나는 리얼리스트가 아니며 어떻게 리얼리즘

〈집 없는 천사〉의 내러티브가 1960년대의 근대화 프로젝트의 내러티브와 고스란히 겹치는 것은 결코 우연이 아니다. 그렇게 식민지와 후기 식민지는 '리얼'하게 이어지고 있는 것이다. 우선 이 봉합을 문제삼지 않으면, 단절도 결별도 어려우리라.

을 초극할 것인지가 가장 큰 관심사이다. 그러나 만약 한국영화사를 연구하고 가르치는 내가 한국영화의 리얼리즘—그 석연찮고 불만족스러운—의 틀을 부수어버린다면 한국영화는 밑도 끝도 없게 된다. 리얼리즘만이 유일하게 옹호될 수 있는 대상이기 때문이 아니라 한국영화인들의 피와 땀, 비애, 육체적 고통과 기쁨이 오직 여기에 모여 있기 때문에 불가피하게 옹호되어야 하는 것이다.

이때 이영일이 의미하는 리얼리즘이란 스타일이나 사조를 넘어 정신이자 태도이며 나아가서는 최소한의 윤리를 구축하기 위한 보루라고 볼 수 있다. 따라서 이것은 한국의 얼룩진 현대사 속에서 '불가피하게 옹호'될 수밖에 없는 것이며, 한국사회가 다른 '사회적 경험'을 갖게 되는 순간에는 이에 조응하여 다른 어떤 것으로 바뀔 가능성을 향해 열려 있는 것이다. 그런 의미에서 우리는 이영일 스스로 '어떻게 리얼리즘을 초극할 것인가'가 최대의 관심사라고 말하는 순간에 귀를 기울여야 한다. 이 이야기는 그의 리얼리즘이라는 테제가 실은 어떻게 한국사회가 다른 사회적 경험으로 나아갈 수 있는가 하는 질문, 다시 말해 사회적 변혁에 대한 의지와 관계되어 있는 것이라는 점을 보여준다. 상대가 완전한 악으로서 나타날 때, 그것을 넘어서는 방법은 악 그 자체를 또렷이 드러내는 것이어야 했다. 그는 바로 방법(리얼리즘)을 구출하기 위해, 또 한국영화통사의 방법론적 지평과 일국 영화사의 연속성을 확보하기 위해 최인규의 영화를 리얼리즘적 성취로 평가하지 않을 수 없었던 것이다. "영화의 형식으로서의 리얼리즘은 이러한 광폭한 군국주의 시대에 있어서는 작가의 최후의 저항선이라는 것을 알아둘 필요가 있다"는 언급과 "최인규는 일제 말기의 숨 막히는 암흑기와 해방 직후의 대혼란기에 영화계가 극도로 불우했음에도 불구하고 한국영화의 눈부신 리얼리즘의 맥을 이었다"는 계통발생에 관한 진술의 진의는 이러한 것이리라.

새 나라의 어린이는

그런데 어떤 의미에서 부랑아들의 부정(不正)적 면모를 또렷이 묘사하고 극복함으로써 황민에 이른다는 최인규 영화의 이야기 구조는 박정희 정권의 근대화 논리의 핵심 이념이라 할 '구습의 일소를 통한' 새마을·새국가·새역사 창조를 예감게 하는 논리라고도 할 수 있다. 왜냐하면 조선인(＝한국인)에 내재한 악을 일소함으로써 선(실은 악에 대한 상대적 선)을 지향하고 이를 국가적 과제와 연속시키는 생각은 식민지와 후기 식민국가를 잇는 (후기) 식민지인의 무의식이기도 하기 때문이다.[52]

이영일 이후의 한국영화사 서술에서 리얼리즘이 하나의 도그마가 되었다는 사실을 부정할 수는 없을 것이다. 그 속에서 〈집 없는 천사〉는 '조선 민중이 겪는 고통받는 삶을 영상으로 고발'[53]하는, '최인규의 섬세하면서 리드미컬한 템포가 잘 조화'된 영화[54]로 평가받았다. 이것이야말로 '방법'이 '가치'로 전도되는 순간이다. 왜냐하면 리얼리즘이 표방되는 순간에 도착하는 이러한 고통받는 민중과 윤리성이라는 레토릭이야말로 한국영화사를 통괄하는 문법이었기 때문이다. 그 순간 리얼리즘이라는 언어는 가치의 문제, 부정을 통해 구성되는 '윤리'를 불러들인다.

그렇다면 후기 식민국가의 식민지 영화에 대한 연속성의 언설은 그 자체로 오해의 산물인 것일까? 그렇지는 않을 것이다. 이를테면 〈집 없는 천사〉를 '교육영화'로 평가하고 있는, 1960년대 한국영화의 대표적인 '작가주의' 영화감독 유현목은 이영일의 책이 씌어지던 그 해에 〈수학여행〉(1969)이라는 아동영화를 완성한다. 이 영화에서 가난한 섬마을의 소년소녀들과 무지한 부모들은 서울에서 내려온 한 헌신적인 선생에 의해 계몽되며, 눈부신 경제발전을 이루어낸 서울로 수학여행을 떠남으로써 '새 나라의 어린이'가 될 것을 재차 다짐한다. 이 영화가 만들어진 1969년은 1962년부터 시작된 제1차 경제개발계획의 성과가 과시되어야 했던 시간이기도 하다. 그 순간 조선인을 황국신민으로 이끌던 계몽의 과업은 근본적인 균열 없이 매끄럽게 민족계몽의 과업으로 이동한다.

방 목사는 우리 손으로 이 공간을 일궈나갈 것을 역설한다. 작은 몸들은 일사불란하게 지붕을 고치고 땅을 갈고 집을 고쳐나간다. 겹쳐지는 조국 근대화의 이미지. 일본 제국, 만주, 조선, 다시 대한민국과 조선민주주의인민공화국에로.

제국 일본의 조선영화

한국영화사는 역사, 즉 연속을 연속으로 쓰되 다만 거기서 (제국을 위함인가, 아니면 민족국가를 위함인가 하는) 과제 수행의 '목적'과 '맥락'을 지우고, 주체와 방법을 전면화하는 방법을 택했다. 민족과 리얼리즘의 결합을 통해 이 시기를 호출함으로써, 제국 일본 치하의 암흑기 영화는 '민족국가' 대한민국의 영화 통사 속에 들어갈 수 있게 된다. 왜냐하면 황민화와 근대화를 수행하는 두 주체는 생물학적으로나 이념을 구축하는 '방법' 면에서 완전히 '같은' 사람들이었기 때문이다.

두 국가, 하나의 주체

  이 장에서는 1930년대 후반을 전후로 하여 표상의 영역에서 극적으로 변한 남성의 신체[55], 이로부터 비롯되는 혹은 이를 가능하게 만든 재남성화 이후의 인식 구조를 살펴보았다. 나는 아울러 이러한 재남성화된 신체와 의식이 조선이라는 공간을 벗어나는 순간, 즉 식민지 위계질서로 들어서는 순간 어떻게 거부되는가를 묻고자 하였다. 오해의 소지를 없애기 위해서 밝혀둘 것은 식민지 남성의 재남성화는 식민 본국과 식민지 엘리트 남성 사이의 교섭의 결과였다는 것이다. 그럼으로써 사건은 '신민'과 '국민'의 분할을 넘는 계기인 '황민'(의 자격)이라는 문제계를 둘러싸고 벌어진다.

  병영국가의 병사로서 재남성화된 일군의 신체들을 발견한 식민지의 '협력적' 예술가들은 병사가 되거나 황민임을 선언함으로써 '국민'이라는 시민권을 획득할 수 있으리라는 가능성을 향해 재현의 틀을 짜나간다. 그러나 그들이 놓여 있는 공간적 한계를 의식하는 일은 내선일체와 내선영

제국 일본의 조선영화

화계의 통합이라는 움직임 안에서도 여전히 중요하고 절대적이었다. 조선은 일본을 정점으로 한 대동아공영권이라는 실질적인 위계의 구도 안에 놓인 곳이었기 때문이다.[56]

따라서 식민지 내부에서 이들이 이루어낸 재남성화라는 결과는 어디까지나 식민지 내부에서 '만' 작동 가능했다. 〈집 없는 천사〉를 둘러싼 과잉된 찬사와 가혹한 검열 사이의 분열은 바로 이 내선일체와 황민화라는 이념의 안팎에 존재하는 분할선들과 위계의 문제를 보여주는 사례로서 당대의 문화적 질서를 이해하는 데 중요한 분석의 지점이 된다. 단적으로 말해 찬사와 검열 간의 미묘한 경합은 누가 계몽의 주체가 될 것인가를 둘러싸고 벌어졌다. 식민지의 남성 주체도 이제 계몽의 주체가 될 수 있다. 그러나 거기에는 두 가지 전제가 따랐다. 그 계몽 주체의 활동 범위는 반도 안으로 국한되어야 했다. 동시에 그의 과업은 반도 안에서 독립적으로 마무리되어서는 안 되었다. 다시 말해 황국신민의 이념은 그것이 아무리 제국의 기본 방침에 철저히 따른 것이라 할지라도, 일본인이라는 구체적 형상과 국어라는 구체적 매개를 통해 제국 내부로 안정적으로 통합될 수 있어야 했다.

여기서 가장 미묘해지는 것은 '아버지'라는 위상을 둘러싼 지점이다. 아버지를 부정해왔던 식민지의 남성들은 그 순간 비로소 스스로에게 아버지의 이름을 부여했지만, 제국이 이미 아버지의 자리를 명시하고 있는 이상 그들은 반도라는 공간을 넘어서는 순간 더 이상 아버지일 수 없었다. 이 결과가 식민지 남성이 제국과 교섭하여 국민이라는 표상을 획득함으로써 얻은 것이라면, 바로 그렇기 때문에 그들은 제국의 레벨에서 계몽 주체의 자리를 차지하는 것을 포기해야 하는 것이다. 그들은 계몽과 재남성화를 허락받았지만 반도 안에서만 그러했기 때문에 결코 제국 건설의 독자적 주체가 될 수는 없었다.

이 글은 최인규의 〈집 없는 천사〉에 대한 내지의 검열이 제기하는 문제야말로 식민자와 피식민지 엘리트 남성 사이에서 벌어지는 계몽 주체를 둘러싼 경합과 관련이 있다는 가설에서 출발하였다. 문제는 1941년 식민지 조선에서 만들어질 수 있었던 가장 '모범적'인 영화로 인정받은 이 영화가 왜 식민권력의 모국으로 들어가는 순간 거부될 수밖에 없었는가 하는 점이다. 그것은 평등의 이념으로서의 내선일체가, 천황 앞에서는 모두가 같다는 일시동인(一視同人)의 이념이 미묘하게 균열을 일으키는 지점과 연결된다. 이 문제는 〈집 없는 천사〉가 재현하고 있는 남성 계몽 주체의 유일무이함에서 비롯된다. 제국 통합의 원리로서 제시된 대동아의 성원들은 누구나 적어도 이론적 차원에서 '능력으로서의 계몽'을 소유하고 있다. 왜냐하면 그러한 능력이 없으면 누구도 갑작스럽게 '각성된 황민'이 될 수 없기 때문이다. 그러나 "자유롭게 이성을 사용할 수 있는 능력"으로도 정의되는 계몽의 현실적−구상적 주체는 제국의 위계질서 안에서 일본인, 특히 일본의 남성 주체에 한정된 가치였다. 식민지의 엘리트 남성들의 역할은 여기서 계몽의 수행자적 위치에 한정되어야 했다. 그들이 행하는 과업은 재남성화 주체화의 계기인 한편, 보다 근본적인 차원에서는 제국의 '발화'에 수반되는 전달자의 기술(技述)적 행위로서 규정되었다. 그들의 계몽은 수행적인 것이거나, 잠재적인 능력이 되어야 했다. 병사가 되는 순간 탄생한 이 '계몽'은 여전히 사용이 아니라 잠재성으로 남아야 했다.[57]

단적으로 말해 외부로부터 차단된 공간을 설정함으로써 그 상위에 있는 것으로 가정되어야 하는 절대적 아버지, 혹은 이 아버지를 연상시키는 종주국인의 존재가 표상의 차원에서 배제되어버렸다는 점이야말로 문제의 핵심이다. 식민지 엘리트 남성은 식민지라는 연쇄적 위계 구조 속에서 아이들과 여성과 하층민을 계몽시키는 위대한 과업을 부여받고 이를 훌륭히 완수해낸다. 그러나 이 수행이 더 큰 위계질서 속으로 이동하는 순간, 이는 받아들일 수 없는 것이 된다.

한편 이 유일무이한 계몽 주체인 남성 엘리트 표상은 이후 한국영화사가 이 영화를 기억하는 방식에 지대한 영향을 끼친 것으로 보인다. 그러니까 한국영화사가 최인규를 호명해내는 방식이야말로 리얼리즘/작가주의의 공고한 결합의 수사가 의미하는 남성 엘리트들의 계몽에 대한 의지를 보여주는 것이다. 그리고 이 수사를 가능케 한 절대적 표상은 제국에 심려를 끼쳤던 저 완전무결한 아버지의 형상이 된다. 이 표상은 해방 이후 엘리트 영화비평가들에게는 식민지 경험의 보상으로서, 한편으로는 근대 민족국가 만들기라는 과제를 껴안은 남성 주체의 전사(前史)로서 기억될 것이다.

그러므로 〈집 없는 천사〉가 제기하는 계몽의 주체로서 남성 표상은, 조선에서 만들어진 협력영화를 어떻게 해명할 것인가 하는 문제에 대한 실마리를 던져주는 동시에 해방 이후 남성 엘리트 민족주의자들이 구축한 국가 만들기라는 과제에서 남성 엘리트들의 '책임'과 그에 관한 언설들을 새삼 되묻게 한다. 이 계몽 주체에 대한 해명이야말로 한국영화사를 다시 읽는 방법이 될 것이다.

제국과 로컬, 변전하는 서사

- 〈맹 진사댁 경사〉를 둘러싼 민족 표상

조선을 생각하고, 영화를 생각할 때,
나는 문득 뭐라 말할 수 없는 적막감을 느끼게 된다.
― 오영진[1], 〈영화와 조선대중〉

오인된 전통

−제국의 로컬에서 민족의 재현으로

기묘한 정전

1943년 일본의 영화잡지 《에이가효론》 1월호에 게재된 오영진의 글은 '조선과 영화를 생각할 때, 말할 수 없는 적막감'을 느낀다는 문장으로 시작한다. 조선의 영화청년으로서 표하는 비분강개로 시작하여, 만연한 위기에도 불구하고 저버릴 수 없는 희망의 수사로 마무리되는 이 글은, 조선 영화사들의 통폐합으로 만들어진 사단법인 조선영화주식회사가 등장한 직후에 씌어졌다. 말하자면 이 글은 식민지 조선에서 본격적인 프로파간다 영화가 만들어져야 하고 이를 조선 대중에게 보여줘야 한다는 당위를 배경으로 작성되었던 것이다. 여기서 오영진이 계속 강조하는 것은 영화가 갖는 정치성은 그것이 예술적, 생활적일 때 더욱 강력하게 발휘될 수 있다는 점이다. "조선영화가 우활(迂闊)하게도 지금까지 보지 못하였던 조선의 생활을 새로이 발견하여, 조선의 현실을 파악하는 것부터 시작"하는 것.

　이 글이 흥미로운 것은 '영화와 조선대중'이라는 제목에서 이미 짐작되는 대로 노골적인 계몽의 언설 이면에 조선영화의 후진성, 정확히는 소비시장으로 전락한 식민지 영화공간에서 느끼는 자괴감이 드러나기 때문이다. 혹은 이 계몽의 언설이야말로 바로 그 자괴감에 근원을 두고 있기 때문이다.

　그렇다면 이 적막감을 느끼는 주체는 과연 어떤 이인가? 경성제대 출신이자 일본에 영화 유학을 다녀온 식민지 엘리트 남성 주체가 영화라는 모던한 표상을 앞에 두고 느끼는 괴리감은 어디서 기인하는 것인가? 이 괴리감을 극복하기 위해 그가 제안하는 예술성, 생활성이란 대체 무엇을 의미하는가? 예술성은 어떻게 생활성이라는 말과 동의어로 사용되고 있는가? 그때, 파악해야만 한다고 피력하고 있는 조선의 현실은 과연 무엇인가?

　이 모든 물음에 명료한 답을 내놓기란 쉽지 않은 일이다. 왜냐하면 이 모든 것은 식민지와 근대가 중첩된 가운데 생긴 분열증의 산물이기 때문이다. 그럼으로써 이 질문들은 바로 그 분열의 토대를 이루고 있는 식민적 근대성(colonial modernity)이라는 문제에 접속된다. 그 질문들은 한국의 식민적 근대성에 관한 모든 질문이 그러하듯이 그 순간에 대한 질문이 아니라 해방 이후, 후기 식민지의 근대성과 연결된다.

　단도직입적으로 말해보자. 여기서 밝히고자 하는 것은 식민적 근대성의 연속선상에서 만들어진 후기 식민국가 생성의 내러티브이다. 오영진의 일어 시나리오 《맹 진사댁 경사》와 그것의 첫 번째 영화 버전 〈시집가는 날〉(1956)은 시나리오로부터 영화로의 이행, 일본어로부터 한국어로의 번역 과정 속에서 두 텍스트가 위치 지어진 식민지와 후기 식민지라는 시공간을 매우 상징적이고 적나라하게 보여주고 있다.

《맹 진사댁 경사》는 1943년 4월 《국민문학》에 시나리오 형식으로 처음 발표되었으며, 같은 해 태양극단에서 연극으로 초연된 것을 시작으로[2] 해방 이후 극단과 대학무대에서 여러 차례 공연되었다. 또한 오영진이 《시집가는 날》이라는 제목으로 한글 번역한 시나리오를 기초로 하여 1956년[3]과 1962년(이용민), 1977(김응천)에 이르기까지 세 번 영화화되었다. 뿐만 아니라 이 텍스트는 오영진 자신에 의해 다시 한 번 음악극으로 각색되기도 하였다.[4] 텍스트는 연극과 영화, 음악극과 텔레비전 드라마라는 서로 다른 매체를 오가며 끊임없이 재생산되었으며, 그 과정 속에서 현대판 고전의 위치에 올랐다. 그러니까 이 모든 매체와 장르의 거듭되는 이동 속에서 《맹 진사댁 경사》는 전통이라고 불리는 어떤 두루뭉술한 것, 한국적인 것의 표상으로서 작용하게 된 것이다.

나는 지금 두루뭉술이라는 표현을 의도적으로 사용하고 있다. 그것은 자주 '얼버무리다', 즉 흐릿하고 불분명한 태도를 지칭하는 동사와 함께 사용된다. 이 형용사가 가능하기 위해서는, 나와 너 사이에 이미 어떤 것을 공유하고 있다는 전제가 필요하다. 그때 나는 '두루뭉술하게 얼버무릴' 수 있다. 이 태도는 두 가지를 의미한다. 하나는 전술한 대로, 이미 너와 내가 대화의 주제를 공유하고 있다는 것이며, 다른 하나는 이 주제에 속해 있는 어떤 것을 구태여 노출시키지는 않겠다는 태도의 표명이다. 말하자면 이 제스처는 주제의 기원을 은폐하는데, 이 은폐가 가능한 것은 이미 서로 공유하는 전제가 있기 때문이다. 그렇다면 두루뭉술이라는 말만큼 전통에 힘을 부여하고, 그것을 현재의 시점으로 영속화시키는 단어가 있을까?

이 글에서는 특히 1956년, 이병일[5]이 만든 첫 번째 영화 버전 〈시집가는 날〉을 중점적으로 다룰 것이다. 해방 이후 최초로 해외에 알려진 한국영화인 〈시집가는 날〉은 표상장치인 영화가 어떻게 민족을 만들어내고, 동시에 그것을 내·외부적으로 인정받게 만드는가 하는 자기민족지의 메커니즘을 전시한다. 오영진의 일본어 원작 시나리오와 13년의 차이를 두고 만들어진 〈시집가는 날〉을 비교해볼 때, 이 두 텍스트가 일본 제국주의 식민지와 미국 주도의 후기 식민지라는 서로 다른 맥락에 위치해 있다는 것은 매우 흥미로운 입사점을 제공해준다. 말하자면 이 텍스트에는, 식민화된 엘리트 남성이 그려내는 제국에 대한 로컬로서의 조선이라는 표상 방식과 1950년대 후기 식민지 엘리트 남성에 의해 이루어진 민족의 교육적 시간 혹은 계몽의 기획이 맞물려 있다.

그런데 《맹 진사댁 경사》가 1950년대 한국영화의 수확이라고까지 일컬어진 영화 〈시집가는 날〉을 거쳐 '한국적'이라고 불리는 어떤 것의 전형이 돼가는 과정은 원전이 놓여 있던 콘텍스트가 지워지는 과정이기도 했다. 가령 이 과정의 완결이라고 볼 수 있는 고등학교 국어 교과서에는 이 텍스트의 출처가 《국민문학》이라고 밝혀져 있음에도 불구하고, 친일 문학지 '國民文學'으로 대변되는 콘텍스트 자체는 마치 기억상실에라도 걸린 것처럼 완전히 지워져 있다. 이 기억상실은 《국민문학》이라는 식민시기 말 신체제 치하의 경성문단을 대표했던 이 잡지의 구성원들과 그들이 공유했던 모토가 일관된 것이었다는 사실을 염두에 둘 때, 또 한편으로는 이 일본어 텍스트가 한국어로 번역되고, 이를 통해 다른 장르로 이동해나간 기나긴 과정에도 불구하고 거의 원형을 잃지 않았다는 점을 생각해볼 때 매우 이상한 일이다.

1941년, 경성제국대학 영문과 출신으로 1930년대 조선 문단에 과학적 문예비평이라는 틀을 제시한 최재서가 주축이 된 《국민문학》은 조선어를 더 이상 쓸 수 없게 된 곳에서 어떻게 (식민지) 문학이 (로컬) 문학으로서 가능할 수 있는가를 물었던 위기의 기획이었다. 물론 총독부의 '시국적 요청'을 받아들여 만들어진 이 잡지는 그러니까 이 두 가지 점 모두에서 확고한 자기 노선을 가지고 있었던 셈이다. 따라서 개개의 작품은 어쩔 수 없이 《국민문학》이라는 틀 안에서 읽혀질 수밖에 없는 텍스트들이었다.

그렇다면 원전의 콘텍스트를 지우는 이 기억상실증은 어디서 시작된 것일까? 물론 단순하게 이야기하자면 이는 해방 이후 한국영화를 비롯한 한국사회의 근저에 놓여 있던 식민지 체험에 대한 심리적 거부로부터 비롯되었다고 할 수 있다. 이 심리적 거부의 한편에는 후기 식민국가 구축을 위한 움직임이 존재할 것이다. 따라서 여기서 지적하고자 하는 것은 바로 이 기억상실의 의도성이며, 단절의 기원 밑에 놓여 있는 연속성이다. 그것은 민족서사를 다시 세우기 위해 단절될 필요가 있었다. 더 정확히 말하면 단절을 욕망해야 했다. 일제 말기를 가리키는 '암흑기'라는 표현은 이 무의식적 욕망에 대한 수사학적 대응이다. 그것은 검고, 보이지 않는다. 이 단어에는 보지 않으려는 은밀한 주체의 욕망이 작동한다. 그렇다면 식민시기 이후에도 동일한 이야기가 기꺼이 받아들여지고, 바깥에 (새로운 국민국가) 한국을 알리는 선택된 표상으로 작용했다는 사실은 무엇을 의미하는가? 다시 말해 《맹 진사댁 경사》라는 텍스트를 둘러싼 민족지 만들기라는 메커니즘, 마침내 현대 고전의 지위까지 획득한 이 일련의 내러티브는 어떻게 이해해야 하는 것인가?

성전의 시간, 영화의 시간

　다시 《국민문학》으로 돌아가보자. 이 잡지가 흥미로운 이유는 잡지 자체가 식민시기 말 경성을 지배했던 표상 체계를 보여준다는 점 때문이다. 가장 많은 수를 차지하고 있는 영화 광고, '조선적'임을 계속 환기시키며 매우 세심하게 고려된 서정적 일러스트, 당시 식민지 조선의 신경증을 요약해 보여주는 약 광고들, 화장품 광고, 저축과 징병을 장려하는 국책 광고, 국가 시책과 연동해 적절히 배치된 표지와 목차, 각 글 첫 장의 서체 디자인 등은 이 잡지의 주체들이 근대적 표상을 이루는 것들에 매우 민감했음을 알려준다. 게다가 《국민문학》은 문학잡지가 아니라 문화잡지를 표방하고 있었다. 물론 이는 《국민문학》이 당시 거의 유일하게 고급 독자를 대상으로 한 잡지였으며, 따라서 문화의 제분야를 전방위적으로 도맡아야 했다는 현실적 사정 때문이기도 하였다.

성전(聖戰)의 시간, 이미지의 폭격. 대동아 공영권 최대의 히트작 〈하와이 말레 전투〉와 11월 개봉 우수 문화영화들의 목록들이 수놓는 《국민문학》 1942년 11월호.

특기할 만한 것은 그 중에서도 문학을 제외하고 가장 빈번하게 이루어진 좌담이 영화 관련 좌담[6]이었다는 사실이다. 여기서 최재서와 좌담의 참석자들은 조선영화의 혁신과 근대전(近代戰)에 있어서 영화의 무기성을 역설하고 있는데, 이러한 논의에서 한결같이 드러나는 것은 대중적이고 민주적이며 다이내믹한 감각으로 러시아 아방가르드들을 매혹시켰던 바로 그 영화라는 근대 테크놀로지 예술에 대한 매혹이다.[7]

영화라는 '제7의 예술'의 힘을 강조하는 이 논의들은 프로파간다에 관한 부분을 제외한다면 마치 1980년대 말과 90년대 초반 한국사회를 휩쓸었던 문학으로부터 영상으로의 이행 논의를 재현하고 있는 것처럼 보일 정도다. 그들은 어떤 매혹과 열광 그리고 조바심으로 가득 차 있었다. 이 매혹과 열광은 어디서 비롯되는 것인가? 혹시 그들은 영화라는 근대 표상 장치를 근대가 거의 완성된 징후로 보고 있었던 것은 아니었을까? 다시 말해 근대의 초극이 영화를 통해 실질적으로 최재서 등에게 다가온 것은 아니었을까? 근대의 초극이란, 그것이 설혹 논리상의 조작에 불과한 것이라 할지라도 근대의 완성을 전제로 하는 것이다.

물론 이 가설에는 어느 정도의 비약이 있다. 그러나 근대, 특히 전통적으로 문(文)을 지향했던 식민지 조선의 근대에서 영화—이미지가 계속 두 갈래의 관점 사이에서 찢겨져 왔다는 것을 생각한다면, 영화의 매체적 특성이 이토록 비중 있게 주류에서 논의된 적은 일찍이 없었다. 영화는 모던한 지식 계급 청년들을 사로잡은 근대의 징표였지만, 동시에 여전히 신기하나 저급한 볼거리로 간주되었다. 그런데 이 순간 영화는 근대적 표상 장치로서 드디어 문학과 대등하게, 혹은 심지어 그것을 넘어서는 것으로서 논의된다.(예술 대중화와 관련하여 영화의 가능성을 처음으로 인식했던 1920년대 후반 사회주의 계열의 그 조심스러웠던 논의와 비교해보자면, 이 논의들은 심지어 과격해 보이기까지 한다.) 혹은 바로 그 극점에 이른 것으로 인지된 근대의 표상 속에서 이미지와 글자가 화해로운 조화를 시도하게 된 것이다. 물론 당시가 파시즘의 시대였으며 따라서 이미지와 파시즘의 공고한 관계 속에서 이들이 이미지−표상의 매혹에 과도하게 빠져들었다고 볼 수도 있을 것이다. 그러나 바로 그 파시즘이야말로 이들에게 근대의 완성을 충격적으로 대면하도록 했던 시대성이기도 하였다.

그런데 해방 이후 한국사회에서 영화에 관한 논의는 식민지기의 그것을 다시 한 번 반복한다. 영화는 모던한 것이자 저급한 것이며, 그럼에도 불구하고 막강한 대중 교화력을 지닌 것이다. 이 논리의 반복을 어떻게 이해해야 할까? 어쩌면 여기에는 의도적 기억상실과 더불어 의도적 퇴행이 존재했던 것이 아닐까? 그리고 바로 이 의도적 퇴행 속에서 《맹 진사댁 경사》가 〈시집가는 날〉로 이동해갈 수 있었던 것은 아니었을까? "오영진 희곡사의 맨 첫 번째 자리에 놓이는 《맹 진사댁 경사》는 일제 말 군국주의 체제하에서 전통에 대한 반성과 확대로서 쓴 것이었다."[8] 국어 교과서의 정답은 마치 의도적 오인의 메커니즘으로 이루어진 텍스트 내부의 구조를 바깥으로 확장시킨 것처럼 보인다. 어쩌면 《맹 진사댁 경사》라는 텍스트는 처음부터 바로 그 오인의 어느 지점에서 생성된 것인지도 모른다. 말하자면 내선일체와 오족협화(五族協和)의 시간 속에서 식민지 남성이 탄생시킨 이 텍스트 내부에는 이미 처음부터 어떤 주름이 새겨져 있었던 것이 아닐까?

한국영화사 연구에서 식민지 시기는 분류상으로는 존재하지만, 존재하지 않는 유사(有史) 이전과도 같은 느낌을 불러일으킨다. 물론 작품들이 거의 남아 있지 않다는 현실적인 이유도 있겠지만, 한국영화가 다뤄온 소재 면에서도 하위 액션 장르를 구성하는 항일 독립투쟁 영화를 제외하고는 일제 치하를 배경으로 한 작품들이 가장 적게 다뤄졌다는 것은 어떤 무의식의 반영으로 보인다. 이는 탈식민지/민족주의의 패러다임 구축 과정에서 배제해야만 했고 배제했던 일본적 모더니티에 대한 심리적 거부로부터 기인했을 것이다. 따라서 이 글에서 분석의 대상을 〈시집가는 날〉로 택한 것은 바로 그 심리적 거부의 과정을 따라가보고자 하기 때문이기도 하다. 다시 말해 그 거부의 제스처 안에 이미 근대성의 연속성과 혼재성이 존재하고 있다는 가설에 기초한다.

오인과 동인

– 공공권을 횡단하는 기호

그럼 갑분 아씨는?

〈시집가는 날〉의 이야기는 맹 진사가 자신의 딸 갑분이와 도라지골의 판서댁 아들 미언의 혼담을 성사시키고 집으로 돌아오면서 시작한다. 매관매직으로 진사라는 신분을 산 맹 진사와 그의 부인 그리고 딸 갑분이는 이 결혼으로 얻게 될 신분상승의 꿈에 한껏 부풀어 있다. 그런데 결혼식을 기다리고 있는 어느 날, 판서댁 아들이 절름발이라는 소문이 들려온다. 맹 진사의 딸은 절름발이에게는 시집가지 않겠다고 선언하고, 집안끼리 정한 약속을 깰 수 없다는 불문율 아래서 고민에 빠진 맹 진사는 갑분이와 딸의 몸종 입분이를 바꿔치기하는 묘안으로 이 상황을 타개하고자 한다. 갑분이가 된 입분이는 혼인날을 맞이하고, 정작 절름발이인 줄 알았던 새신랑은 미남 청년이라는 사실이 밝혀진다.[9] 맹 진사는 뒤늦게 숨겨둔 갑분이를 데려와서 다시 한 번 입분이와 바꿔치기를 하려 하지만 실패하고, 입분이는 새신랑 미언과 결혼한다.

이 이야기에 나오는 바꿔치기가 흥미로운 것은, 오인의 내러티브에 흔히 끼어드는 정체성의 문제가 존재하지 않는다는 사실 때문이다. 정체성의 혼동을 겪기 위해서는 두 주체와 그 사이의 유사성이 존재해야 한다. 그러나 이 뒤바뀜에는 신분적 차이라는 절대적인 권력 관계가 개입해 있기 때문에 유사성은 처음부터 차단되어 있다(다만 여기서 그들을 유일하게 혼동시키는 것은 이름이다. 그러나 갑분이와 입분이라는 음성상의 유사는 일종의 말장난을 위한 장치에 불과해 보인다). 그녀들이 비록 어린 시절부터 같이 자랐다고 하더라도, 몸종과 아가씨라는 엄연한 신분의 차이는 아무도 그들을 혼동할 수 없도록 만든다. 그녀들 또한 이를 결코 잊지 않는다.

바꿔치기 모티프는 그녀들의 의지가 아니라, 처음부터 강제된 것이었다. 그런 의미에서 왕자와 거지 스토리는 이미 중단된 채 시작된다. 그녀들은 바꿔치기의 주체가 아닌, 대상에 불과하다. 그렇기 때문에 바꿔치기가 이루어진 순간 정작 입분이와 갑분이가 없어지고, 대신 이를 받아들이는 사람들의 반응이 이야기의 중심에 놓이는 것은 내러티브의 흐름상 매우 타당한 것이다. 갑분이는 화면에서 완전히 사라지고, 입분이는 인형처럼 "미동도 하지 않는다."[10]

맹 진사의 명령을 받은 참봉이 소작농인 마을 사람들 모두를 마당에 불러놓고 단단히 주의를 준다. 입분이가 이제부터 갑분이가 되었으니, 이 사실이 절대 바깥으로 새어나가지 않도록 할 것이며, 당신들은 입분이가 갑분이라는 점을 명심하라. 일견 머리를 주억거리는 사람들도 눈에 띈다. 그 순간 누군가 묻는다. 그럼 갑분 아씨는 어떻게 되는 거지? 사람들은 저마다 고개를 갸우뚱거리기 시작한다. 이 문제는 그렇게 이해하기 쉬운 것이 아니다. 어떤 이는 막대기 세 개를 가지고 상황을 설명해보려 한다. 그러니까 왼편이 입분이, 오른편이 갑분 아씨란 말이지. 가운데 도라지골 판서 댁 아들이 있는 거고. 입분이가 갑분 아씨가 되어서(왼쪽 막대기를 오른쪽 막대기에 겹쳐놓는다) 판서댁 아드님과 결혼을 한단 말야(겹쳐져 있던 왼쪽 막대기가 가운데 막대기 옆에 붙는다). 그럼 여기 남아 있는 갑분 아씨는 어떻게 되는 거지(오른쪽 막대기를 들고 곰곰이 생각에 잠기는 인물). 애써 설명하려는 자와 애써 이해하려는 자들 사이의 대화가 계속 그 자리를 맴돌며 순환하는 데서 웃음이 유발된다. 문제가 생겨나는 것은 하나의 기표에 두 개의 기의가 놓여 있기 때문이다. 그런데 이 두 개의 기의는 결코 혼동될 수 없는 것이다. 그럼에도 불구하고 '갑분이'라는 기표 안에 갑분이와 입분이가 동시에 놓이는 순간 오인이 생겨난다.

시나리오와 영화 양쪽 모두에서 유일하게 사람들이 모여 의견을 토론하는 이 장면이, 갑분이가 사라지고 입분이가 말 그대로 화면 위에서 비활성화된 순간 등장한다는 것은 매우 의미심장해 보인다. 말하자면 그들의 바뀜을 가능하게 하는 결정적인 계기는 대중의 동의이다. 토론, 즉 공론장의

입분이와 갑분이의 바꿔치기는 대중의 동의로 인해 비로소 완성된다. 맹 진사댁 마당으로 소환당한 '대중'. 동의의 형식을 구하는 일방적 통보, 혹은 내선일체에 관한 패러디.

합의를 이끌어낸 후에야 이 바뀜은 완전해진다. 그러나 이것은 이해를 거친 합의의 형태로 이루어질 수 있는 문제가 아니다. 이미 입분이와 갑분이는 바뀌었고, 사람들은 이를 통보받기 위해 모인 것이다. 그런데 이 통보는 이해하는가라는 질문과 함께 떨어져 토론의 형식을 취하게 된다. 게다가 이들은 모두 맹 진사의 소작농들이다. 따라서 이들은 이미 맹 진사의 권력 안에 놓여 있는 자들이며, 지금 그곳에서 맹 진사라는 권력을 수행하고 있는 참봉의 말을 일방적으로 받아들일 수밖에 없다.

그렇다면 왜, 그럼에도 불구하고 그것은 질문의 형식을 취하고 있는 것일까? 왜 이 바뀜을 확정짓기 위해서 대중의 동의를 얻는 형식을 취해야 하는 것인가. 다시 말해 여기서는 토론이라는 형식 자체가 중요한 것이다. 이 마을의 모든 구성원들이 갑분 아씨가 된 입분이를 갑분 아씨로 인정하는 순간, 드디어 입분이는 갑분 아씨가 될 수 있다. 그러니까 이미 정해진 것임에도 불구하고 이 오인이 완전해지기 위해서는 반드시 승인의 절차, 그 형식을 통과해야 한다. 여기서 승인이란, 받아들여야 하는 쪽의 동의의 형식으로서 존재한다. 내용보다도 형식이 중요하다. 그 순간, 1943년의 시간에 이 텍스트가 문제 삼고 있는 이 오인이 사람들에게 받아들여지는 과정은 마치 내선일체에 관한 일종의 패러디처럼 느껴진다. 당신들은 황국신민이다. 동의하는가? 이제 텍스트의 곳곳에 오인과 동의의 메커니즘이 불거져 나온다. 신체 건장한 미남자가 초례청을 걸어 들어온다. 대경실색한 맹 진사가 그에게, 당신이 정말로 미언이냐고 묻는다. 그렇다고 대답하는 미언이 다시 맹 진사에게 묻는다. (미언인 저에게 그렇게 물으신다면) 그렇다면 이 집은 맹 진사댁이 아닙니까?

오영진의 시나리오를 가장 충실하게 옮겨왔다는 평가를 받고 있는 〈시집가는 날〉에서 유독 이 오인의 과정이 미세한 차이를 수반하며 재현된다

제국 일본의 조선영화

는 것은 의미심장해 보인다. 오영진의 텍스트에서 갑분이가 된 입분이는 결혼식 전까지 두 번 등장한다. 그리고 이 두 장면에서 모두 입분이는 갑분이의 방에서 '미동도 하지 않는다'. 그리고 결혼식 당일, 세 번째로 등장하는 입분이의 장면은 여전히 움직이지 않는 그녀를 둘러싸고 벌어지는 부산한 신부 화장으로 이루어져 있다. 이 장면은 거울에 비친 입분이의 모습으로 시작한다. 이미 신부화장을 끝낸 입분이가 거울에 클로즈업으로 비춰진다. 그녀는 거울에 비친 자신의 모습을 보고 작게 한숨을 내쉰다. 그러면서 입분이는 원작에 비해 조금 더 활성화된다. 그녀는 신부화장을 한 자신의 모습, 그러므로 원래 신부가 되었어야 할 갑분이가 되어버린 자신의 모습을 '발견'하고 한숨을 내쉬는 것이다.

입분아, 잘 가!

맹 진사댁 마당에 마을 사람들이 모이고 뒤바뀐 신부에 대해 공표된 이후, 영화에는 원작 시나리오에 없는 장면이 추가되어 있다. 우물가에서 냇가에서 방앗간에서 말들이 번져간다. 이 일련의 시퀀스는 미언이 절름발이라는 소문이 마을에 퍼지던 장면과 조응한다. 한 아낙이 옆의 아낙에게 속삭이고 그 옆의 아낙이 그 옆의 아낙에게 속삭인다. 젊은 장정이 중년의 남정네에게, 남정네는 지나가는 노인에게 소곤거리고 숙덕거리며 말은 그렇게 번져간다. 숙덕공론, 그것은 말이 억압당한 곳에 존재하는 유일한 공론의 방식인지도 모른다. 말은 공인된 장소, 즉 맹 진사가 통제하는 바로 그 권력의 장소인 그의 집 마당을 넘어 여기저기서 작은 토론의 장들을 만들어낸다.

　마지막으로 결국 이 모든 것이 '사람의 참된 마음'을 구하기 위해 미언이 꾸민 일이었음을 알게 된 입분이는 미언과("아가씨, 아니 아가씨든 종이든 매한가지요. 나의 아내는 틀림없는 당신이오. 진실한 애정과 순정의 아름다움을 가진 그런 사람을 찾고 있었소. 입분이, 입분이, 알아주겠소?") 드디어 성공적인 결합에 이르고 도라지골로 간다. 악인에게 가해지는 응징은 완수되었고, 이제 그들은 도라지골이라는 이름만으로 계속 존재해오던 이상향을 향해 떠난다. 그리고 마을 처녀들이 여기저기서 도라지타령을 부르며 그들을 배웅한다. 〈시집가는 날〉은 이를 조금 변주한다. 떠나는 미언과 입분이를 배웅하기 위해 남녀노소가 손을 흔들며 외치기 시작한다. "입분아, 잘 가"라고. 그때 그녀는 드디어 갑분이에서 입분이로 돌아온다.

　이 사소한 변주로 인해 오영진의 시나리오와 〈시집가는 날〉은, 즉 1943년이라는 시간과 1956년이라는 시간은 결정적으로 결별하고 있는 것이 아닐까? 그러니까 입분이는, 입분이를 갑분이로 받아들여야만 했던 혹은 그런 척해야 했던 사람들에 의해 다시 입분이로 돌려놓여져야 한다. 은폐된 민족의 표상은 다시 제 이름을 부여받아야 하며, '진심을 확인한' 젊은

소곤거리고 숙덕거리며 말은 번져간다. 숙덕공론, 말이 억압당한 곳에 존재하는 유일한 공론의 방식.

　　　　　　　　　　　　　　　　　　　제국 일본의 조선영화

두 남녀는 저 멀리 이상향을 향하여 떠난다. 1956년의 그곳에서 민족이라는 이름으로 꿈꾸었던 장래를 향하여. 그렇다면 이 저편인 장소는 어디로부터 비롯되는가? 혹은 '민족의 말살' 위기에 상상되었던 이 과거의 장소는 어디에 있는 것인가, 민족의 재교육의 시간에 재등장한 〈시집가는 날〉의 내러티브적 비유 안에서 말하자면 민족의 장래가 이르는 그 장소는 어디인가?

원시적 열정

−자기민족지와 식민지의 남성성 구축

식민지 고아들의 아비 찾기

저는 남한테 미치광이라는 말까지 들을 정도의 열정으로 그걸 주장
해왔지요. 그렇고말고요, 실제로 남자뻘인 일본이 조선에게 손을 내
밀고 사이좋게 결혼하자고 하는데 그 손에 침을 뱉을 이유가 없으니
까요. 하나의 몸이 됨으로써 비로소 조선 민족도 구원받을 수 있습니
다. 저는 감격한 나머지 조선인들에게 오해까지 받고 있습니다. 도대
체 조선인들은 시기심이 많은 열등민족이어서 말이죠.[11]

1940년대 식민지 지식안들이 처한 정신적 위기를 명료하게 보여주고
있는 김사량의 소설 《천마(天馬)》는 문단의 주류로 진입하고자 하는 한 일

본 유학생 출신의 인정투쟁을 그리고 있다.

식민지 말기의 경성, 도쿄라는 모던 도시에 비해 아무래도 가짜인 이곳에서 가짜 모던의 무리들 속에 섞여 들어간 겐류(玄龍)는 도쿄라는 진짜, 원본의 권위를 등에 업고 인정투쟁을 시작하지만 결국 좌절한다. 그는 '시기심이 많은 열등민족' 속에서 웃음거리가 되어 있는 스스로를 발견한다. 이 인정투쟁은 겐류뿐만 아니라 모두가 '제국 국민'이라는 동일화의 욕망에 사로잡히기 시작하는 순간 좌절되는 것이다. 시기심이란 차이를 인식하고 있을 때 가능한 것이다. 그것은 바로 이 상태를 넘어서고 싶어 하는 욕망과 거듭되는 좌절의 축적 속에서 강해진다. 그때 가면이라는 하나의 가능성이 다가왔다. 이것은 가면무도회의 한 장면을 연상시킨다. 모두가 일제히 가면을 쓰고 질주한다. 그런데 그 어느 순간, 가면은 가면 밑의 얼굴과의 경계를 지워버린다. 피를 섞음으로써 하나가 될 수 있다는 이광수의 소위 일선통혼의 믿음, 만주와 내선일체와 태평양 전쟁으로 인하여 드디어 피식민의 조선 민족이 식민 종주국의 일본인처럼 될 수 있으리라는 동일화의 믿음. 그때 이 진심의 인정투쟁이란 실패에 다다를 수밖에 없는 것이었으리라.

어쨌든 1940년대의 식민지 지식인들에게는 근대화의 욕망이 민족에 대한 욕망과 언제나 함께 했던 것이다. 그런데 여기에는 계속해서 하나의 모순이 존재한다. 이 동일화에 대한 욕망의 근저에 있는 것이 조선 민족이라면 바로 그 민족이 동화되는 순간에는 무엇이 남는가? 이 딜레마의 정점에 놓여 있는 것은 아마도 조선어 말살 정책이 될 것이다. 근대 조선어가, 그러니까 한글의 성립이 근대와 함께 온 국민국가의 이념 위에서 이루어진 것이라면 그것이 금지되는 순간 개념으로서의 민족은 어떠한 타격을 입게 되는가? 내선일체의 욕망은 그 앞에서 뒤틀리고 분열된 방식으로 드러난다. 아마도 최재서의 기획이야말로 여기에 대한 가장 상징적인 예로 불려나올 수 있을 것이다. 최재서는 조선어가 사용 불가능해진 그 지점에서, 한국문학을 존속시킬 수 있는 방법은 제국의 로컬로 편입되는 길밖에 없다고 생각했다. 또한 그럼으로써 일본문학이라는 틀마저 넓힐 수 있을 것이라고 생각했다(물론 이는 다분히 자기 정당화에 의해 추동된 야심이었다는 점을 인정하더라도). 그런데 자국어 문학을 성립시키고자 하는 기획이 근대 민족국가를 성립시키고자 하는 기획과 맞물려 있던 근대문학 성립의 틀로 보면, 이는 위기의 기획이었다. 그러나 또한 그만큼 절박한 기획이기도 했다.[12]

이러한 맥락에서 살펴보자면, 《맹 진사댁 경사》가 일본어로 씌어졌다는 사실은 매우 중요한 의미를 지닌다. 말하자면 여기서 그려지는 조선이라는 표상은 바로 그 뒤틀림 위에 놓여 있는 것이다. 이 뒤틀림을 견뎌내는 것은 완고한 자기 방어로 구축된 나르시시즘이다. 나르시시즘의 회복 전략은 세 가지로 나타난다. 첫 번째로 시공간을 이곳이 아닌 어떤 곳으로 이끌고, 두 번째로 절대적인 아버지와 부정의 아버지를 세우고, 세 번째로는 남성 주체를 화면의 중앙에서 지우는 대신 배후에서 작용하도록 만드는 것이다.

다시 앞의 인용문으로 돌아가보자. 김사량의 주인공은 일본과 조선, 내지와 식민지의 내선일체를 결혼에 빗댄다. 이 무의식적인 환유[13]가 의미하는 것은 무엇일까? 강상중의 말처럼 일본 식민지 지배 언설이 자동과 타동, 능동과 수동, 남성과 여성의 이미지를 경유하여 성립되는 그 순간, 여성화라는 저 식민지 심상지리학이 작동하는 그곳에서 피식민 남성 지식 주체들에게 대체 무슨 일이 일어난 것일까?[14] 일본, 더 정확히는 모던 도시 도쿄를 경유한 모더니티의 향유자들이자 대부분 이중언어 구사자들(이는 그들이 제도교육의 최대 수혜자였음을 의미하는 동시에 제도 내부의 존재들이었음을 암시한다)이었던 그들에게 이 제국의 심상지리학은 어떻게 작동하고 있는 것일까? 식민과 거의 동시에 도착한 한국의 근대문학이 고아의식으로부터 시작한다는 것은 의미심장한 일이다.[15] 또한 그 고아가 끊임없이 새 아버지를 찾아 나선 여정은 상징적이다. 이광수와 후쿠자와 유키치, 또는 도쿠토미 소호의 관계로부터 보이는 유사부자(類似父子)의 모습은 동성애적 매혹이 어떻게 가부장제 안에서 변형된 욕망으로 자리 잡는지를 보여주는 전조였는지도 모른다.

이를테면 오영진의 일본어 소설 〈젊은 용의 고향(若い竜の故郷)〉은 바로 이 욕망의 적나라함으로 넘쳐난다. 〈젊은 용의 고향〉은 한 시나리오 작가가 취재를 위해 조선인 징병 훈련소를 방문하면서 시작된다. 그는 차례차례 일본인 장교들과 만난다. 시나리오 작가는 이들이 보여주는 규율과 남성성에 매혹당하고, 그들 앞에서 작아지는 스스로를 느끼는데, 그들의 모습은 한결같이 '엄격하지만 자애롭다.'

진폭이 큰 굵직하고 시원스러운 목소리였다. 그다지 크지 않은 부장실이 온통 울릴 정도의 목소리다. 저 목소리로 힘껏 외친다면 대체 어느 정도가 될까? 맹수의 포효가 떠올랐다. 나는 완전히 압도당해 버렸다. 그러나 그 눈, 그것은 자애로운 어머니의 그것과 같이 안경 저편에서 상냥하게 빛나고 있었다. 깊은 애정이 담긴 눈동자다. 그 눈으로 언제나 신병들을 지켜보고 있음이 틀림없으리라.[16]

시원스러운 목소리, 맹수의 포효, 자애로운 어머니의 눈. 힘과 자애가 어우러진 일본군 장교들을 묘사하는 남성적 수사는 동성애적 매혹과 유사 아버지에 대한 욕망으로 뒤범벅되어 있다. 이 소설이 흥미로운 지점은 보는 주체의 일관된 시선의 방향이다. 조선인 신병훈련소를 취재하기 위해 왔는데도 불구하고 이 시선은 끊임없이 일본군 장교들을 뒤쫓는다. 그는 매혹당하고, 그 매혹은 이들의 힘과 자애로움이 (조선인) 신병들을 자식처럼 보살펴주리라는 확신으로 마무리된다. 그때 이 보는 주체, 압도당한 남성이자 압도당하고자 하는 남성[17]인 그는 '진정한' 아버지를 찾는 아들로 보인다.

이 새로운 아버지 찾기를 새삼 여기서 거론하는 것은 무슨 까닭인가. 유사 아버지를 향한 텍스트를 《맹 진사댁 경사》의 옆에 나란히 세우는 순간 내러티브의 결락이 보충된다. 《맹 진사댁 경사》는 아들과 두 아버지의 이야기이다. 부정적인 조선의 아버지 맹 진사는 거부되어야 한다. 대신 주인공 미언의 절대적인 아버지 김 판서는 (스크린 위에) 현전하지 않음으로써

〈시집가는 날〉. 아버지의 현전을 둘러싼 아들의 이중전략. 한 아비는 부정되기 위해서 현전하고, 또 다른 아비는 부재함으로써 절대성을 잃지 않는다.

제국 일본의 조선영화

자신의 절대성을 잃지 않는다. 그리고 드디어 '압도된' 남성은 입분이라는 처녀를 통하여 자신의 남성성을 획득한다.

착한 야만인, 시골 여자
ㅡ자기민족지의 문법

레이 초우는 근대 중국영화를 논하는 자리에서 원시적 열정이란 문화적 위기의 순간에 등장하며, 전통문화의 기호가 의미작용을 독점하지 못하게 되면서 기원에 대한 환상이 생겨난다고 말한다. 그때 이 기원에 대한 환상은 어떤 속성을 가진 영역, 동물, 야만인, 시골, 토착민, 인민 등과 관련지어지며, 이것들은 잃어버린 기원과 관련된 어떤 것을 대신한다. 그렇게 기원이란 현존재에 앞서서 존재했던 것, 회복 불가능한 공유 장소(common/place)로 등장한다.[18]

따라서 이 공유 장소는 언제나 사후 발명되며, 원시적인 것은 시간과 언어의 외부에 존재하게 된다. 그때 원시적 열정은 중국을 희생자인 동시에 제국으로 간주하는 원시주의의 역설로 근대의 중국 지식인들을 끌어당긴다.[19] 원시적 열정이 근대 중국 남성 지식인들을 사로잡은 이 메커니즘은 식민지 조선의 지식인들의 경우에도 유사한 방식으로 작용했으며, 《맹 진사댁 경사》라는 텍스트를 가능하게 했다는 것은 충분히 추측할 수 있다. 말하자면 이 식민지 남성 지식인, 무엇보다 일본어를 내지인처럼 구사할 수 있다는 자부심을 가지고 있었던 이 식민지 지식인을 끌어당긴 열정의 산물은 메리 루이스 프랫의 용어를 빌려 말하자면 일종의 자기민족지 구상의 기획이었다.

오영진이 구상한 《맹 진사댁 경사》의 세계는 온통 민족지적 표상으로 넘쳐난다. 그것은 한결같이 이 세계를 벗어나지 않는다는 점에서 자기 참조적이다. 이야기의 강력한 모티프이자, 일종의 사운드트랙으로 작용하는 〈도라지 타령〉이 끊임없이 불려지는 이 세계는 외부의 어떤 것도 환기시키지 않는다. 그럼으로써 이 세계는 바깥 현실의 어떤 것과도 관계 맺지 않고 완전하게 자족적으로 이루어진다. 이것이 가능한 것은 이 텍스트 내부의 시간과 공간이 다만 환기의 작용 안에 놓여 있기 때문이다. 여기에는 시공간에 관한 어떤 명시적인 지시도 없다. 다만 유일하게 시대를 짐작할 수 있는 것은 맹 진사의 벼슬인 진사가 매관매직의 결과라는 정도이다. 우리는 이로써 시나리오의 배경이 매관매직이 성행했던 19세기가 아닐까 어슴푸레 추측할 수 있을 뿐이다. 조선이 가장 더러워진 순간, 혹은 식민지 시기 내내 식민 본국에 의해 타락하고 나태한 조선의 이미지를 확정지었던 바로 그때.

공간적 배경은 어떤가. 참고로 〈도라지 타령〉은 경기도 민요다. 그러나 결론부터 말하자면 '그렇거나 말거나'에 가깝다. 이 사실들은 그리 중요하지 않다. 시공간에 관한 모든 것은 추측에 불과하다. 그것은 상상의 공간에 자리 잡고 있으며 변화무쌍한 환영 같고 문자 그대로 이국적이다.[20] 공간성을 결정적으로 약화시키는 요소 중 하나는 이 텍스트에서 쓰이는 말들이 표준어에 가깝기 때문이다. 이 점은 향토성을 그리고 있는 일군의 식민지기 텍스트들 사이에서 《맹 진사댁 경사》를 매우 이질적으로 보이도록 만든다.

여기서 다시 한 번 일본어 텍스트에 주의를 기울여보자. 그러니까 바로 자기 참조적이고, 자기 환기적인 세계를 그려내기 위해 선택한 언어가 일본어라고 했을 때, 다시 말해 조선어가 아닌 일본어로 이 세계를 그려내기 위해서 오영진이 선택한 것은 '시골스럽고 계급적'인 언어이다.[21] 아무리 뛰어나게 일본어를 구사했다 하더라도, 모어(母語)가 아닌 습득한 언어로서 일본어를 익힌 그에게 방언이라는 복잡한 문화사회적 자장을 끌어온다는 것은 무리였을 것이다. 그러나 여기서 지적하고 싶은 것은 더 나아가 이것이 번역될 수 없는 것을 번역하고자 한다는 점이다. 가령 부산을 오사카로 번역할 수는 없다. 부산은 부산이고, 오사카는 오사카다. 그것은 이미 처음부터 고유명사이기 때문이다. 말하자면 이것은 두 고유명사를 번역하려는 시도이다. 그렇다면 이 시도 안에는 무엇이 놓여 있는가? 문제는 바로 그 순간 이 번역되어야만 하는 고유명사 자체가 처음부터 번역의 가능성을 염두에 두고 '만들어진 것'이었을 확률이 높다는 것이다. 그때, 이 번역은 자기민족지가 만들어지는 메커니즘의 극단적인 예를 보여준다.

거꾸로 이 기묘한 사투리의 어감은 1956년의 텍스트에서, 그러니까 오영진 스스로 한글로 번역한 시나리오에 기초한 〈시집가는 날〉에서 모두 삭제된다. 이는 두 가지의 문제를 제기하는데, 한편으로 사투리가 지방색을 지시해주며 거기에 어떤 공간성을 부여하는 역할을 한다면 (도시가 배경이 아님에도 불구하고) 모두가 표준어를 쓰고 있는 〈시집가는 날〉의 배경은 그곳이 어디인지 짐작 불가능하게 한다. 그러나 이 표준어로의 통일은 여기서 이 공간을 가상적으로 보이게 하는 대신에, 표준어라는 균질성에 의해 거꾸로 원형에 대한 인상을 보증해주는 데 기여한다.

이에 비해 《맹 진사댁 경사》의 두 번째 영화 버전인 1962년의 동명 영화에서는 입분이만이 유일하게 사투리를 구사한다. 사투리는 그녀를 도드라지게 하고, 그녀의 순박함을 강조한다. 그런데 내러티브 내에서 그녀가 사투리를 쓰는 데는 일관된 맥락이 없다. 극중 그녀의 말에 의하면, 그녀는 어렸을 때 맹 진사 댁에 거둬져서 갑분이와 함께 자랐다. 그렇다면 그녀는 어디서 사투리를 습득한 것일까? 게다가 그녀가 구사하는 사투리란 구체적인 지역성을 알기 어려운 형태이며, 흔적만이 희미하게 남아 있을 뿐이다. 최은희가 분하고 있는 입분이를 다른 등장인물과 구별지어주는 것은 모두가 표준어 '스러운' 말을 쓰고 있는 그곳에서 그녀만이 유일하게 말의 어미에 '~유'를 붙이고 있기 때문이다. 그런데 이 충청도 사투리의 흔적을 제외하고는 입분이의 대사에서 그 외의 어떠한 사투리적 관습도 찾아볼 수 없다. 그러니까 〈시집가는 날〉의 표준어에 '가까운' 말과 〈맹 진사댁 경사〉(1962)에서 입분이의 사투리 '적' 말은 결국 그리 멀지 않아 보인다.

이 모호한 언어들이 생성되는 지점, 일본어와 조선어 사이에서 착종되어 자기민족지의 작업이 수행되고 있는 바로 그 지점을 조금 더 자세히 들여다보자. 다음은 거의 동일한 시기에 벌어진 세 가지 장면이다.

첫 번째, 《국민문학》에 실린 〈내일의 조선영화〉라는 좌담회이다. '지방색의 수리(受理)'라는 소제목하에서 참석자들은 다음과 같은 말을 주고받는다. 먼저 김종한이 말한다. "내지의 친구와 함께 조선영화를 보러 간 적이 있습니다. 그 친구가 가장 좋아한 것은 로컬 컬러가 있는 대목이었습니다. 그때 나는 로컬 컬러라는 것이 역시 애정의 촉매를 이루는 것이라고 생각했습니다." 마찬가지로 좌담에 참석한 오영진은 이에 대해 자신의 할머니 이야기로 응한다. "서양영화는 키스만이 있고, 내지(內地) 영화는 사의(辭儀)만이 있다고 생각하는 그녀는 아무리 이상한 조선영화라도 조선영화라는 사실 하나만으로 기뻐하며 봅니다. 역시 영화는 대중을 계몽하기 위한 가장 좋은 방법이지요."[22]

두 번째, 마찬가지로 《국민문학》에 실린 오영진의 첫 번째 시나리오 《배뱅이》에 대한 작가 자신의 언급이다. "《배뱅이》를 쓸 수 있었던 것은 전적으로 야기 야스타로(八木保太郞)[23] 씨 덕택입니다. (중략) 이야기는 조선영화의 소재를 무엇으로 할 것인가에서 당시 제가 구상 중이던 이기영 씨의 소설 《고향》과 좀더 명랑하고 건설적인 〈아리랑〉의 이야기로 건너갔습니다. 그때 저는 처음으로 배뱅이에 관한 이야기를 야기 야스타로 씨에게 듣게 되었습니다. 야기 씨는 그때 저에게 이렇게 말해주었습니다. '흥미롭지 않나, 한번 써보지 그래?' 저는 《고향》을 뒤로 미뤄두고 그 자리에서 야기 씨의 제안에 응했습니다. 바로 그 작품이 조선에 돌아와 쓰게 된 저의 첫 번째 작품이 된 것이지요."[24]

세 번째, 1940년 《모던니혼》의 조선특집호에서는 〈반도영화계를 등에 진 사람들의 좌담회〉라는 제목으로 당시 조선영화계의 주축을 이룬 제작자와 감독들을 모아 좌담회를 연다. 고려영화사의 이창용, 최인규, 방한준, 신코 키네마 소속의 카네이 세이이치(김성일), 조선영화주식회사 소속의 안석영, 동아영화의 최승일, 총독부 도서과의 니시카메 모토사다가 참석한 이 자리에서 조선영화의 장래를 점칠 수 있는 각자의 포부를 말해달라는 질문이 던져진다. 먼저 이창용은 영화의 발달사에서 멜로드라마를 무시할 수는 없지만 개인적으로는 희극과 만화를 연구하고 싶다고 말한다. 방한준은 조선의 있는 그대로의 모습, 특히 농촌을 취급하고 싶다고 말한다. 안석영은 조선의 민요를 이용하여 음악영화를 찍고 싶다고 밝힌다. 최승일은 최승희와 같은 국제성이 있는 영화를 발견하고 싶다고 하고, 최인규는 이미 작업에 들어간 '춘향야화'라고 대답한다. 여기에 대해 마지막으로 니시카메 모토사다가 조선영화를 정리한다. "조선영화는 자주 체코영화와 비교되는데 조선은 내지와 다른 에스프리를 가지고 있다고 생각합니다. 저는 민족의 역사, 고전의 수작이 나오지 않으면 안 된다고 생각합니다. 조선영화에서도 내지로 진출하는 것과 동시에 대륙으로 진출할 수 있는 작품이 나오지 않으면 안 됩니다. 홍아(興亞)의 기지가 되어 성업 (聖業) 달성을 위한 일익이 될 수 있다면 전술한 것은 양양하게 이루어지 리라 생각합니다."[25]

이 세 장면에서 공통되는 것은 민족적인 것이 외부의 시선을 매개하여 온다는 것이다. 그것은 외부에 의해 '먼저' 발견되거나, 혹은 외부자가 보 고 싶어 하는 것에 대한 응답으로서 등장한다.(이 세 장면에서 모두 조선적 인 것의 강조, 혹은 매혹을 전하는 것은 일본인이다). 그와 동시에 '대중의 계 몽'이 언급되는 순간 조선의 대중이 염두에 두어진다. 그러니까 여기에는 두 가지의 대상이 존재하고 있는 것이다. 하나는 '일본인 친구'이며 또 하 나는 '조선영화라는 사실 하나만으로 기뻐하는 할머니'가 그들이다.

이는 자기민족지가 식민 종주국의 독자와 화자 자신이 속한 사회 집단 의 식자층이라는 쌍방 모두에게 말을 걸고 있으며 그것은 양쪽에서 각기 다른 방식으로 받아들여진다는 메리 루이즈 프랫의 주장을 다시 한 번 상 기시킨다.[26] 이 다른 방식으로 받아들여지기야말로 1956년의 영화 텍스트 〈시집가는 날〉을 둘러싼 평가의 기반을 이루고 있는 것은 아닐까? 이 영화 를 둘러싼 평가, '한국적 정서와 원형의 미학'이라는 레토릭이야말로 자기 민족지의 상징적이고 극적인 완성을 보여준다.

여자가 있는 풍경

그렇다면 '한국적 정서와 원형의 미학'은 과연 어떻게 제시 가능해지는 가? 〈시집가는 날〉에 관한 주된 평가 중 하나는 소품, 의상, 풍속을 꼼꼼히

제국 일본의 조선영화

재현해냈다는 것이다. 빨래터, 연자방앗간, 나물 캐기, 전통 혼례, 그네뛰기 등등. 이것은 이 영화가 농촌 공동사회의 '모든 것'을 재현해냈다는 인상을 불러일으킨다. 그런데 이것은 말할 것도 없이 선택적인 재현이다. 이 재현 안에 일상은 포함되어 있지 않다. 대신 농촌 공동체라고 했을 때의 공동체적인 것, 이를테면 노동과 처녀들과 그곳에서 벌어지는 이벤트로서 관혼상제가 선택되어 있다.

　재현은 환기의 영역 안에 놓여 있는 것이다. 따라서 얼마나 더 '잘' 환기시키는가가 재현의 몫이다. 고증이라는 것에 대해 생각해보자. 사극 장르에서 고증이 그토록 강력한 평가의 기준이 되는 것은, 그것이 지금 이곳에 없는 것, 이미 사라진 것을 얼마만큼 잘 '재현'했는가의 기준이 되기 때문이다. 그러니까 고증으로 가능해진 디테일이야말로 리얼리티의 담보, 핍진성에 대한 환상을 충족시켜준다. 고증의 기준은 얼마만큼 강력하게 지금 이곳이 아닌 저기 그곳의 시공간을 환기시키는가에 달려 있다. 재현 장치로서 영화가 민족지로 더 적합한 이유는 이미지의 시간 자체가 양가적이기 때문이다. 사진의 욕망은 잘 알려져 있다시피 어떻게 '시간의 흐름을 고정된 이미지로 저장할 수 있을 것인가' 하는 데 있다.[27] 영화는 시간 속에서 운동의 환영을 만들어내지만 각각의 프레임은 이미 지나온 것이며, 내러티브가 완결되고 끝이 선포되는 순간 이미 그것은 과거의 것이 된다. 어떤 영화도, 비록 그것이 내러티브 안에서 열린 결말을 지향한다 하더라도 시작과 끝이 있는 한 계속될 수 없다. 그런데 지금 영화를 보고 있는 우리에게 운동의 환영으로 이루어진 매 장면은 또한 현재의 연속이다. 그런 의미에서 영화란 이미 과거이자 동시에 현재이다. 그때 디테일이란 영화에 있어서 이 양가적 시간이 고여 있는 장소이다. 그것은 인상을 환기시키고 또한 보증한다.[28]

〈시집가는 날〉의 스타일상의 특이성은 과도한 전경 숏과 롱 테이크, 롱 숏으로 이루어져 있다는 점이다. 이 영화의 첫 장면에서 우리가 보는 것은 조선의 산천이라고 상기되는 어떤 것이다. 완만한 산등성이가 굽이굽이 이어진다. 배경음악으로 처녀들이 부르는 〈도라지 타령〉이 흘러나오고, 카메라는 천천히 패닝하면서 갈대밭을 훑어간다. 장면이 바뀌면 한 처녀가 들길을 걸어온다. 처녀의 시점으로 저 멀리 나물 캐는 일군의 처녀들이 보인다. 이 장면은 영화를 시작하는 보통의 설정 숏으로는 너무 약소하거나 혹은 너무 과도하다는 느낌을 준다. 그것은 두 가지 이유 때문이다. 첫번째, 이 완만한 산등성이와 갈대밭이라는 이미지는 내러티브가 전개되는 마을을 특징지어주는 어떤 기호도 되지 않는다. 두 번째, 빈번하게 등장하는 이 풍경 숏은 매번 불분명한 시점인 채로 던져진다. 그러니까 누가 보고 있는가.

이 장면은 계속해서 이 영화에 영향력을 행사한다. 처녀들은 나물을 캐고 있거나 그네를 뛰거나 들판에서 춤을 추고 있다. 그녀들은 개개가 아니

완만한 능선, 갈대밭, 처녀들. 카메라의 긴 패닝이 훑고 지나가는 시점 없는 풍경 숏. 일본어와 조선어 사이에서 착종된 자기민족지.

제국 일본의 조선영화

라 그저 하나의 집단으로 보이며, 그래서 이 산과 들과 갈대밭과 같은 풍경으로 기능한다. 더 나아가 주인공 입분이마저 이 처녀들 중의 하나일 뿐이다. 여기에는 그녀를 그녀이게 하는 어떠한 캐릭터화도 부재한다. 그녀는 이 수많은 처녀들 사이에서 구별되지 않는다. 만약 어떤 인물의 캐릭터화가 그가 무엇을 원하는가에 기초해 있는 것이라면, 그녀가 이토록 구별되지 않을 정도로 미약한 캐릭터인 이유는 이 영화가 그녀에게 어떤 욕망도 허용하고 있지 않기 때문이다. 그녀의 캐릭터 부재는 거의 내러티브를 위협하는 수준에 이르는 것이다. 먼저 그녀가 원하는 것이 무엇인지 우리는 알 수 없다. 그녀는 같은 계급의 삼돌이를 거부하지만, 그것은 다만 그녀가 시집가는 갑분 아씨를 몸종으로서 따라가고 싶어 하기 때문이라고 설명된다. 그런 그녀가 도라지골 도련님을 속이는 일에 참여한다. 물론 일방적인 강요에 의해서. 따라서 이 또한 그녀의 의지와는 상관없는 일이다.

심지어 이 텍스트가 그 영향 아래 놓여 있는 고소설 《춘향전》에서조차, 춘향은 계급 상승의 욕망으로 들끓고 있었다! 그런데 입분이는 정말로 아무것도 원하지 않는다. 그리고 마지막 순간에 놀라운 계급 상승을 이루어낸다. 그런데, 미언의 계략은 정말로 입분이를 향해 있기나 했던 것일까? 〈시집가는 날〉의 내러티브에서 가장 의심쩍은 부분은 대체 왜 미언이 입분이를 택한 것일까 하는 점이다. 사실 그는 그녀를 한 번도 본 적이 없다. 그가 열거하는 입분이의 미덕("겉모습이 아니라 진실한 사랑을 아는 자"라고 언급되는 이 미덕에 십분 공감한다 하더라도)은 관객인 우리가 본 것이지, 그가 본 것이 아니다. 물론 그가 보낸 사자 김명정이 입분이에게 길을 물어본 적이 한 번 있다. 이것이 도라지골과 입분이가 접촉한 유일무이한 장면이다. 그렇다면 미언의 선택은 대체 어떤 경위로 이루어진 것인가. 십분 양보해서, 반쯤은 농담으로 당시 양반가에서는 서로의 얼굴을 확인하지

두 제국의 착종, 제국 내 자기 민족지 구성과 할리우드의 문법

이병일이 구사하는 화면 구성은 영화이론에서 화약고와도 같았던 개념, 봉합 장치로서의 180도 규칙에 대한 모범적 사례를 보여준다. 이를테면 입분이를 짝사랑하는 맹 진사댁 머슴 삼돌이가 등장하는 장면, 1부터 6까지의 장면을 보자. 2번 컷과 3번 컷에서 삼돌이는 화면의 왼편에서 들어옴으로써 액션의 라인을 유지하면서(가상선[imaginary line]의 유지) 두 피사체의 접근 과정을 '자연스럽게' 구성해낸다. 삼돌이와 입분이의 대화 신(3~6)은 입분이의 단독 숏(4, 6)과 오버 더 숄더 숏(3, 5)의 병행을 통해 매우 안정적인 대화 장면을 연출해낸다. 이 안정적인 할리우드 고전영화의 문법은 입분이와 도라지 영감의 대화 신(a~f)에 이어서 등장한다.

1부터 6까지의 가상선을 유지하는 신은 거꾸로 a부터 f까지의 대화 신이 '일반적'이지 않다는 것을 깨닫게 해준다. 즉 거기에는 자연스러움을 의식적으로 초과하는 모종의 '의도'가 개입되어 있다. 이 대화 신에는 단 한 번도 투 숏이 등장하지 않는다. 도라지 영감과 입분이를 동시에 보여줄 수 있는 마스터 숏이 없는 것이다. 롱 숏에서 미디엄 숏으로 숏의 크기를 변화시키는 것까지는 '일반적'인 규칙에 의거해 있다. 그러나 두 인물을 동시에 보여주는 투 숏의 부재는 도라지 영감이 앉아 있는 강 저편과 입분이가 속한 이곳을 분리시킨다. 그것이 의도하는 것은 일종의 '피안'(彼岸)의 효과이며, 그때 도라지 영감의 말은 예언적 역할을 수행한다.

ⓐ

ⓑ

롱 숏

ⓒ

ⓓ

미디엄 숏

ⓔ

ⓕ

투 숏의 부재

❶

동선의 이동

❷

동선의 이동

❸

액션의 라인(The Line of Action)의 유지

❹

❺

오버 더 숄더 숏(Over the Sholder Shot)

❻

안정적 대화 신

않고 결혼하는 게 법도였다고 한다면? 물론 이 오인의 이야기 자체가 여기서 출발하고 있기는 하지만, 현실의 규칙이 이런 식으로 적용된다면 명문가의 아들이 오직 사람만을 보고 종과 결혼한다는 동화는 성립하지 않는다. 이는 명백히 내러티브의 결함이다.

왜 이러한 결함이 생겨난 것일까? 간단히 말하자면 이 내러티브를 만들어낸 주체가 이를 결함으로 생각하지 않았기 때문이다. 이상한 말이지만 이 영화에서 입분이가 입분이일 필요는 없다. 그녀는 다만 나물을 캐고 춤을 추는 처녀들 중의 하나면 족하다. 다시 말해 입분이라는 이름은 고유명사가 아니다. 그것은 이 풍경으로서의 처녀들을 대표하는 일종의 대표명사일 뿐이다. 따라서 미언이 유독 입분이를 선택하는 데 이유가 있어야 하는 것은 아니다. 혹은 그녀가 처녀들의 하나인 한, 입분이가 아닌 그 누구더라도 상관없다. 그에 비해 갑분이가 처벌받는 이유는 그녀가 이 대표명사화를 거부하면서 등장하기 때문이다. 미언과 혼담이 정해진 그녀는 마을 처녀들의 부러움을 받으며 특별한 존재가 되어간다. 처녀들이 갑분의

고유명사를 박탈당한 여자들, 그럼으로써 그녀들은 비로소 안전하게 민족의 표상으로 안착할 것이다.

제국 일본의 조선영화

주위를 빙글빙글 돌며, 그녀의 미래의 신랑이 얼마나 멋진 사람인지를 노래한다. 자랑과 만족감으로 뿌듯해진 갑분이의 얼굴이 밝게 빛난다. 그녀는 노래 부르는 처녀들과 명백히 대비된다. 왜냐하면 그녀는 무엇보다도 자기 욕망을 가지고 있기 때문이다.

그렇다면 이 풍경화된 존재들이 의미하는 것은 무엇인가? 그녀들이 풍경으로 자리 잡는 순간, 그녀들은 조선의 산이나 들과 같은 것이 되어간다. 그러면서 그녀들은 풍경으로서 조선이 된다.[29] 여성의 신체가 민족의 표상으로 전유된다는 것은 이미 색다를 것도 없는 이야기이다. 남성 주체에 의해 자연화되고 본질화되는 여성은 그때 민족에 관한 제유의 기능을 떠맡는다. 그런데 동시에 이것은 매번 완전한 목표를 달성하지 못한다. 왜냐하면 여성의 신체에 가해지는 위해가 동시대성을 상기시키는 순간 그것은 언제나 흘러넘칠 수밖에 없는 것이기 때문이다. 그런데 〈시집가는 날〉이 특별하게 만드는 것은 바로 그 동시대성을 상기시키는 그 어떤 것도 부재한다는 점이다. 그것은 같은 시기의 그 어떤 영화보다도 외부로부터의 침입을 단호히 거부한다. 그럼으로써 조선이라는 기의와 입분이라는 기표는 온전하고도 행복하게 일치한다.

이 일치가 어디까지나 자기 참조적 세계 안에서 이루어지기 때문에 가능하다는 것은 도시의 병든 모더니티를 그리고 있는 동시대의 영화를 떠올리는 순간 자명해진다. 이를테면 신상옥의 1958년 영화 〈지옥화〉를 떠올려보자. 기지촌을 배경으로 양공주와 그녀의 기둥서방 이야기를 다루고 있는 이 영화에서 끊임없이 고향의 가치를 환기시키던 동식은 양공주에게 매혹당하고 오염된 채 시골로 돌아간다. 또는 〈시집가는 날〉로부터 5년 후에 그려진 김기영의 영화 〈하녀〉에서 시골에서 올라온 순박한 처녀는 도시 중산층 가족을 파괴시켜버리는 무시무시한 괴물로 묘사된다. 말하자면

〈시집가는 날〉이 구현해낸 이 행복한 일치는 그것이 재현되는 순간, 이미 끝나버린 것이거나 혹은 처음부터 상상에 불과한 것이다.

재교육의 시간

너무 많이 아는 남자
– 보는 자는 보이지 않는다

〈시집가는 날〉을 이토록 균질적인 텍스트로 만들어주는 것은 응시의 주체가, 더 나아가 이 희극의 구조를 만들어내는 이가 숨어서 모든 것을 관장하고 있기 때문이다. 그의 부재는 부재함으로써 시선의 절대성을 부여받고, 그럼으로써 그 시선의 주체가 놓여 있는 장소, 도라지골이라는 장소를 절대화시킨다. 미언은 오직 부재함으로써 오염되지 않는다. 부재는 또한 아무도 이 시선의 정합성에 대해 질문하지 못하도록 만든다. 그렇다면 숨어 있는 응시의 주체가 있는 장소, 도라지골은 어떻게 '암시'되고 있는가? 이를테면 다음과 같은 장면들을 보자.

첫 번째는 영화에서 도라지골이 처음 언급되는 장면이다. 혼담을 성사시키고 온 맹 진사가 부인과 유모에게 도라지골 김 판서댁이 얼마나 대단

한 집인지를 묘사한다. 곳간, 행랑채 등 김 판서댁을 이루는 부분들이 조
각조각 나뉘어 보인다. 사선 구도가 이 부분들의 크기를 과장한다. 이 일
련의 부분들을 모두 합쳐도 우리는 김 판서댁의 전체 모습을 추측할 수 없
다. 반대로 맹 진사의 집은 빈번하게 전경 숏으로 보여진다. 김 판서댁은
이후에도 단 한 컷의 전경 숏도 부여받지 못한다. 이것이 불러일으키는 효
과는 명백하다. 김 판서댁은 영화가 끝날 때까지 계속 이 조각난 행랑채와
곳간의 인상 안에 놓여 있는 것이다. 부분으로만 이루어진 이 재현의 방식
은 끊임없이 더 큰 것으로서의 전체를 암시한다. 크기의 효과란 그것이 보
여지는 순간, 무효화되는 것이다. 전체는 부분으로 암시될 때 가장 효과적
으로 자신의 위용을 자랑할 수 있다. 그럼으로써 이 집은 부와 절대적 권
위로 기능한다.

두 번째, 입분이가 갑분이가 함부로 딴 어린 도라지를 애처로워하며 씻
고 있다. 그때 프레임 바깥에서 그녀를 부르는 낯선 목소리가 들린다. 고
개를 드는 입분이의 시점 숏으로 강 건너편이 보인다. 미끼 없는 낚싯줄
을 던져놓고 있는 한 노인이 자신을 도라지 영감이라고 소개한다. 어디
사느냐는 입분이의 질문을 받은 그는 도라지가 일년 내내 피어 있는 마
을, 너처럼 예쁘고 착한 아이들만 있는 곳에 산다고 대답한다. 이 장면은
두 숏을 계속해서 평행으로 유지함으로써 입분이와 도라지 영감의 거리
감을 강조한다. 대화 장면인데도 불구하고 두 인물이 한 화면에 등장하는
투 숏이 단 한 번도 쓰이지 않는 이 시퀀스는 두 가지의 역할을 수행한다.
그것은 한편으로 입분이의 시점 숏으로 인해 평행적인 숏으로 이루어진
대화 신이 동일한 장소에서 벌어지고 있다는 것을 전제해준다. 그러면서
동시에 이쪽(입분이의 장소)과 저쪽(도라지 영감의 장소)이 마치 피안처럼
나눠져 있다는 인상을 준다. 영화에서 내내 빈 낚싯대를 드리우고, 등장

제국 일본의 조선영화

인물들에게 선문답을 계속하는 도라지 영감은 이 영화에 신비로운 인상을 부여한다.

세 번째, 그럼으로써 피안의 인상 속에 희미하게 놓인 저곳 도라지골은 이곳 맹 진사의 마을에 몰래 스며들어 염탐하고 빠져나간다. 마을에 와서 새신랑 될 사람이 절름발이라는 소문을 내고 사라지는 선비 김명정, 도라지골이 보낸 이 숨은 사자는 이곳을 탐색하고 가치를 내리고 판단한다. 그럼으로써 보이지 않는 도라지골은 계속해서 맹 진사의 마을에 영향력을 행사한다.

그리고 드디어 미언이 등장한다. 미언이 말에서 내리는 순간, 그가 절름발이가 아니라는 사실을 발견한 참봉은 대경실색해서 안으로 뛰어 들어간다. 그때 미언이 옆에 서 있는 김명정에게 은밀한 눈웃음을 보낸다. 그가 처음 화면의 중앙에 등장하는 순간 보여주는 이 눈웃음이야말로 그가 이 세계의 조종자였음을 알려줌과 동시에 그 스스로 인식하고 있는 절대적 우월성에 대한 징표라고 할 수 있을 것이다. "문장은 소동파, 필체는 왕희지, 풍체는 두목지"를 가지고 있는 것으로 이야기되는 미언은 그가 육체적 불구가 아니라는 사실을 보여주고 (사랑만으로!) 입분이를 택함으로써 도덕적, 정신적, 신체적으로 완전무결함을 과시한다. 그의 완전무결함의 인상은 말할 것도 없이 계속됐던 부재의 효과 덕분에 배가된다.

그렇다면 바로 이 부재와 완전무결함의 쌍이 의미하는 것은 무엇인가? 질문을 바꿔보자. 왜 이 응시의 주체는 마지막까지 제 모습을 드러내지 않아야 했는가? 이 텍스트가 처음 등장한 1943년의 시간에 그것은 무엇을 의미하는가?

《맹 진사댁 경사》를 《국민문학》에 실린 다른 작품들 사이에서도 특이하게 만드는 것은, 온통 총후국민(銃後國民)이 되어야 한다는 당위 혹은 될 수밖에 없는 은밀한 자괴감으로 얼룩진 그 속에서 이 텍스트만이 더없이 화해로운 세상을 그려내고 있기 때문이다. 식민화에 대한 저항과 공모의 갈등에 사로잡힌 남성 주체들이(물론 거기에는 여성주체도 있었다. 이들은 전쟁이 자신들을 가정의 굴레로부터 빼내 사회 속에 위치 지어줄 것이라는 환상에 사로잡혔다) 분열증에 빠져 있을 때 《맹 진사댁 경사》의 미언은 안전하게 피신한다. 그가 그토록 완전무결할 수 있는 것은 그가 이곳이 아닌 저곳, 피안의 세계에 속해 있기 때문이다. 그는 잠시 이곳에 와서 입분이를 불러간다. 그러니까 가상적 민족을 호명해간다. 또는 신체제 건설 앞에 불려나온 아들들이 아버지를 부정하고 있을 때[30] 《맹 진사댁 경사》에서 미언의 아버지인 김 판서는 단 한 번도 등장하지 않음으로써 숨은 신으로 저 너머에 존재한다. 그럼으로써 아들은 아버지를 부정하지 않고 상처입지도 않은 채 절대적 시선의 위치를 획득한다.[31]

해방 이후, 민족이라는 서사로 상처 입은 남성 나르시시즘을 치유하고 재활성화시키고자 한 그때, 거의 유일하게 상처입지 않은 남성, 분열되지

미언, 이 완전무결한 남자는 부재함으로써 절대적인 시선의 주체를 획득한다. 1956년이라는 시간에 기획된 상처 입은 남성 나르시시즘의 회복 전략.

않은 온전한 시선의 주체를 보여주는 이 텍스트가 수많은 매체를 옮겨 다니며 그토록 자주 재현된 것은 우연이 아니다. 최초의 해외영화제 수상작이자 1950년대 한국영화의 고전이라는 평가를 받는 〈시집가는 날〉은 아마도 이 균질성에 많은 부분 빚지고 있을 것이다.

〈시집가는 날〉로 옮겨 온 《맹 진사댁 경사》는 민족 재교육의 시기이자 남성 중심의 탈식민화 기획인 민족주의의 시간에 그렇게 안전하게 착륙하는 동시에 스스로 교육자가 된다. 입분이가 가상적 조선의 기표였다면 여전히 그 기표는 유효하다.

〈시집가는 날〉 혹은 자유부인의 시간

그런데 과연 이 교육은 성공한 것일까? 〈시집가는 날〉의 기묘한 균질성

순정한 여인, 욕망하지 않는 자, 혹은 욕망이 금지된 자.

이 담보되는 조건, 이 숨어 있는 응시의 주체와 그것이 파악하는 대상의 문제는 거의 동일한 시간에 등장한 또 하나의 텍스트를 떠올리게 한다. 바로 개봉과 함께 당시로서는 폭발적인 관객 동원을 기록한 〈자유부인〉이다. 〈자유부인〉이 계속해서 흥미를 끄는 이유는 이 영화가 동시대적 계몽의 기획과 맞물려 있으면서 동시에 모던이라는 치명적인 매혹에 사로잡혀 있기 때문이다. 그리고 이 모두가 여성의 몸을 매개로 이루어지면서 이 영화는 후기 식민의 근대민족국가 만들기라는 내러티브를 그 자체로 폭로해 버린다.

〈자유부인〉에 대한 주창규의 탁월한 분석에 따르면 민족적 가치와 근대화(미국화)라는 두 가지 분열된 욕망에 사로잡혀 있는 남성 민족 주체는 가정주부의 불륜이라는 장치로 이 모순을 해결한다. 그는 '미국화'로부터 한국의 여성들을 지켜야 하지만 이 미국 주도의 근대화 속에서 지체되어서도 안 된다. 따라서 이 모순을 극복하기 위해서는 타락하는 부인과 새로운 어머니가 될 현대여성이라는 두 여성이 필요하다. 거세된 포스트 식민지의 엘리트 남성의 주체화 과정은 현대적이고 서구화된 여성 현미를 통해 가능해진다. 그러기 위해서는 전근대적 부인 오선영은 사라져야 한다. 그러나 이 남성 민족 주체는 전근대라는 이유로 그녀를 처벌해서는 안 된다. 왜냐하면 순결한 민족의 표상으로서 전근대인 입분이는 계속해서 남아 있어야 하기 때문이다. 따라서 그녀는 미국화되었다는 이유로, 타락했다는 이유로 처벌받는다.[32]

이때 〈시집가는 날〉은 〈자유부인〉과 호응하며 서구를 모방함으로써 근대화하려는 욕망을 은폐하는 기능 또한 담당한다. 물론 이는 어디까지나 내러티브 내에서의 유비 관계이며, 각각의 비균질성과 균질성으로 인해 이 두 영화는 서로 대척점에 위치한다고도 볼 수 있다. 하나가 매혹과 욕망으로 꿈틀거린다면, 다른 하나는 욕망의 공간을 완전히 소거해버린다는 점에서. 한편으로 이 두 영화는 식민지라는 이중의식 속에서 어떻게 민족주의가 전통을 재발견했는가를 보여주는 2, 30년대의 신여성 담론을 상기시키며, 다시 한 번 반복한다. 이제 국민국가의 민족 서사가 성립되는 이 순간 입분이로 대표되는 순결한 민족의 표상과 함께 오선영으로 대표되는 타락한 한국성은 질타되어야 한다. 가상적 조선의 기표는 로컬을 벗어나 절대적이고 순수한 한국성을 획득한다. 그러나 이것은 어디까지나 가상적인 것이다. 오선영이 계속 남아서 우리를 매혹하는 동시에 처벌받는 그 시간에 미언은 입분이를 이끌고 도라지골로 향한다. 이곳이 아닌 저곳으로, 피안의 장소로.

조선붐, 한류의 단애(斷崖)

    이 글은 매우 현재적인 관심에서 시작되었다. 현재 한국영화의 활황, 해외 영화제와 시장에서 거둬들이는 성과가 의미하는 바는 무엇인가?[33] 이 것은 그 어느 때보다도 강렬하게 한국영화의 생산 주체들과 연구자들에게 외부라는 문제의식을 설정하도록 만들었다. 어떻게 보일 것인가의 문제가 지금처럼 대두된 적은 없었던 것이다.

    한국영화의 르네상스기라고 불리는 1960년대의 한국영화가 후기 식민 국가의 성립과 맞물리며 그 표상장치로서의 역할을 수행한 결과라면, 현 재의 한국영화 활황은 그것과는 전혀 다른 맥락에 위치한다. 전자가 내부 적 의미였다면, 현재의 한국영화는 드디어 외부를 설정하지 않을 수 없게 되었다. 그것은 거꾸로, 바로 이 외부에서 보이는 한국영화란 무엇인가 하 는, 한국영화라는 카테고리에 대한 문제를 제기한다. 그러니까 외부를 인 식하는 순간에 비로소 한국영화라는 정체성에 대한 관심이 제기되는 것이 다. 이 관심은 새삼스럽게 한국영화 기원 찾기에 대한 욕망으로 우리를 몰

        제국 일본의 조선영화

고 간다. 그런데 과연 기원 찾기란 가능한 것일까? 기원에 대한 욕망은 변하지 않은 보편적인 어떤 것의 연속성을 찾고자 하는 욕망이다. 그렇다면 바로 그것, 즉 변하지 않은 보편적인 어떤 것이란 무엇인가. 이 보편에 대한 욕망 자체가 만들어진 것이라면 그렇게 재현된 보편적인 그 무엇도 만들어진 것일 게다. 기원에 대한 강박 자체가 근대와 함께 왔다는 것을 상기할 때, 이는 불가능한 설정이며 말 그대로 욕망 그 자체일 뿐이다.

《맹 진사댁 경사》가 일본어 독자들을 겨냥한 일본어 텍스트라는 사실은 이 환상을 배반함과 동시에 이미 그 기원이 식민지 담론 내부에서 시작되었음을 알려준다. 그럼에도 불구하고 〈시집가는 날〉이 '한국적인 것의 원형'으로서 받아들여진 것은 탈식민 국가라는 표면과 미국 주도의 새로운 식민화라는 이면 사이에서 모순에 빠진 남성 주체의 해결책이 식민지 말기의 분열증에 빠진 남성 주체의 그것과 거의 동일한 메커니즘하에서 이루어졌다는 것을 말해준다. 동시에 이 가상적 기표가 생겨난 지점이 일본 독자에 의해 요청된, 그러니까 외부에 의해 요청된 것이었다는 사실은 현재 한국영화에 존재하는 기원에 대한 강박증 자체가 이미 외부와의 만남으로써 가능했던 것이라는 사실 또한 말해준다. 《맹 진사댁 경사》와 〈시집가는 날〉 사이에 놓인 13년이라는 시간이 계속해서 주의를 끄는 것은 바로 이러한 이유 때문이다. 그러니까 단속이 아닌 연속이, 단절이 아닌 반복이 식민지와 후기 식민지 사이를 잇고 있는 것이다.

어떤 비율의 문제

1.

원고들을 정리하던 무렵 신상옥의 자서전을 접했다. 나의 관심이 영화사로 이동한 순간부터 그는 줄곧 머릿속에서 떠나지 않는 존재였다. 신상옥의 영화는 김기영의 영화처럼 볼 때마다 매번 놀라움을 안겨주는 경이와 매혹의 대상은 아니다. 그렇다고 유현목의 영화처럼 일목요연하지도 않으며 이만희의 영화처럼 시스템과 작가 사이의 은밀한 비극을 예감케 하지도 않는다. 신상옥이 넘나든 수많은 장르는 일관성이라는 그물망을 빠져 달아난다. 게다가 남한과 홍콩, 북한과 미국을 이동해간 이 격렬한 움직임은 일국영화사적인 담론장을 해체해버릴 지경에 이르는 것이다. 그의 영화들을 개개의 텍스트 내부에서, 혹은 필모그래피 속에서 설명하기란 쉽지 않다. 해명의 순간들마다 텍스트들은 개념의 그물망을 빠져나가거나 넘쳐 흘러버린다.

그런데 그의 다채로운 필모그래피 중에서도 맨 앞으로 불려나오는 것은 소위 '한민족적'인 것의 원형을 완성해낸 것들이다.(《사랑방 손님과 어머니》, 〈성춘향〉 등) 북한에서 그가 다시 한 번 춘향전을 끌어들여 〈사랑 사랑 내 사랑아〉(1984)를 만든 사실은 의미심장해 보인다. 이상한 말이지만 그의 영화는 한편으로 끊임없이 '민족'을 상상하면서 대한민국과 조선민주주의인민공화국이라는 두 나라가 경쟁적으로 정통성을 선언하는 데 공헌하였다. 1960년대 박정희와의 짧지만 행복했던 밀월관계를 형성하는 계기가 되고 또한 이를 지속시켜주었던 일련의 '조국 근대화' 영화들(《상록수》, 〈쌀〉 등)은 1980년대 그가 북한에서 만든 영화들(《돌아오지 않는 밀사》, 〈소금〉 등)과 짝을 이룬다. 이 '북한'영화들이 한결같이 식민지 기억을 끌어안고 있는 것은 우연이 아니다. 조선민주주의인민공화국은 식민 지배에 대한 외부에서의 저항이라는 역사 기술로 스스로의 정통성을 만들어냈다. 북한에서 1910년부터 1945년까지의 기간을 식민이 아닌 '교전상태'로 인식하는 것은 그런 이유 때문이다. 어떤 의미에서 북한이 식민지 기억(북한의 인식으로는 교전의 기억)을 끊임없이 불러오는 것은 그것이야말로 현재 이 조선민주주의인민공화국의 정통성을 기초하는 데 필수불가결하기 때문이다. 신상옥은 말 그대로 두 국가를 하나의 민족으로 돌파해갔다. 영화적, 이념적으로, 또한 그 자신의 육체를 통해. 이 이야기가 의미하는 바는 무엇인가? 더 나아가 홍콩과 미국을 아우르는(이 두 지명은 그 자체로 후기 식민 자본주의 국가 대한민국의 지정학적 사유의 구조를 잘 보여준다) 트랜스내셔널한 움직임은 무엇을 의미하는가?

통과하기(trans)에 대한 오해. 그것은 이곳에서 저곳으로의 '자유'로운 이동을 말하는 것이 아니다. 트랜스에는 이미 '넘는다'라는 뜻이 포함되어 있다. 넘는다는 것은 어떤 결절의 지점, 경계를 지나는 것을 의미한다. 통과란 '경계'를 전제한다. 만약 당신이 지금 인천 공항에서 출발하는 비행기를 타고 어느 다른 도시에 도착했다고 상상해보라. 그곳이 나리타 공항이든 JFK 공항이든 당신을 처음으로 맞이하는 것은 입국관리소 직원들의 사무적이고 무뚝뚝한 얼굴일 것이다. 당신이 그 누구든 그곳에서 당신은 '대한민국인'임을 증명하기를 요구받는다. 당신의 손에 들린 대한민국 여권이야말로 이 성가신(혹은 누군가에게는 두려운) 장소를 빠져나갈 수 있는 유일한 증표이다. 어쩌면 당신의 손에는 약간 힘이 들어가 있는지도 모른다. 트랜스내셔널은 이 일상적 풍경 위에서 구성된다. 다시 말해 국가와 국가의 경계인 국경에 위치하는 순간 거꾸로 국가는 당신의 존재 근거로서 새삼스레 작동한다. 트랜스내셔널이란 역설적으로 국가(nation) 자체와 대면하도록 만드는 것이다.

끊임없이 새로운 테크놀로지를 실험했으며 영화를 산업으로서 시스템화하고자 함으로써 말 그대로 거대한 영화제국을 꿈꿨던 신상옥의 트랜스내셔널한 여정은 그런 의미에서 국가 그 자체와 마주하는 일이기도 했다. 그는 영화라는 '보편적' 양식에 매혹당해 있는 동시에 바로 그 개개의 영화가 귀속되어 있는 장소에 민감하였다. 영화를 위해 '국가'를 선택한 몇 안 되는 인물 가운데 한 사람인 그는 자신의 삶을 통해 국가와 영화의 관계를 시현해 보였다.

책장을 넘기던 나는 문득 한 구절에서 멈춘다. "나는 오직 영화만을 생각하는 영화 한길주의자(?)지만 '개발도상국의 영화 예술가들은 30퍼센트 정도는 현실 기여를 해야 할 의무가 있다'고 생각해왔고 지금도 그 소신에는 변함이 없다."[1]

아마도 이 고백만큼 신상옥이라는 후기 식민국가의 영화작가를 적절히 설명해주는 말은 없을 것이다. 그의 여정은 내가 이 글에서 다루고 있는

'민족'과 '국가'의 착종, 영화라는 테크놀로지 장치의 역할, 그 속에서 배태된 민족영화사(national cinema history)의 곤경을 그 자체로 전시하고 있는 예라고 할 수 있을 것이다. 단도직입적으로 말하자. 이 책이 문제 삼았던 것은 영화 그리고 국가이다. 영화가 국가에 의해서 어떻게 동원되었는가를 묻는 것이 아니다. 영화라는 트랜스내셔널한 장르가 바로 그로 인해 국가와 대면할 수밖에 없는 조건을 묻고 있는 것이다.

식민지 말기는 식민지 영화(colonial cinema)로서 존재해왔던 조선영화가 처음으로 국가(제국 일본)와 마주친 순간이다. 그 이전까지 단 한 번도 국가와 직접적으로 접속된 적이 없었던 조선영화는 국가가 영화의 효용성을 물어왔을 때 바로 그 국가와 극적으로 봉합된다. 물론 이 영화들은 협력영화들이다. 그러나 '무엇'에 협력했는가 하는 물음에서 그 '무엇'이 바뀌는 순간에도 국가와 영화의 직접적 봉합이라는 관계는 여전히 남는다. 이들 협력영화들은 망각과 부정, 혹은 기억의 오류 저편으로 넘어갔지만, 역설적으로 식민지 영화로부터 '국민'영화로의 전이라는 사실은 끈질기게 살아남는다. 당시의 몇 가지 기제들이 대한민국 정부가 수립된 이후 '한국영화사'가 성립된 그 시기에 다시 한 번 반복된 것은 결코 우연이 아니다. 왜냐하면 국가의 이름은 바뀌었지만 국가와 영화의 접속이라는 메커니즘 자체는 남기 때문이다. 《친일문학론》에서 임종국이 말했던 것처럼 국민문학, 국민문화의 경험은 청산의 대상만이 아니라 일종의 요청으로서 작동하였던 것이다.

2.

이 책을 일관하는 가설은 다음과 같다. 식민지의 협력자들은 1940년을 전후로 하여 국가 '일본'을 발견하였다. 식민지의 엘리트들이 일본을 국가＝모국(母國)으로서 발견하는 과정에는 두 가지의 이유가 개입한다. 중일전쟁 이후 제국 일본은 물적, 인적 자원의 필요성 등의 현실적인 이유로 조선이라는 외지(外地)를 일본 내부로 끌어들였다. 이 사실을 불가피한 것, 나아가 가능성으로 본 조선의 지식인들이 적지 않았다. 국민의 이름으로 부여되는 평등이라는 이상, 그 속에서 그들은 그때까지 자신들을 괴롭힌 식민성의 탈피에 대한 가능성마저 찾아낼 수 있으리라 믿었던 것 같다. 다시 말해 일본이라는 식민 종주국으로부터 독립하는 것이 불가능하다면, 그 국가를 전면적으로 받아들임으로써 식민본국과 식민지 사이의 위계질서를 극복할 수 있으리라는 인식의 조작이 한 시기의 언설공간을 지배하였다.

한편, 전쟁을 수행하기 위한 총동원체제는 어떤 의미에서 합목적성에 집중한 '시스템으로서의 국가'라는 상상을 가능하게 하였다. 조선에서 근대는 식민과 중층화되어 도착했다. 그것이 의미하는 바는 이곳에서 근대란 지연의 감각으로만 상상 가능하다는 것이다. 혹은 지연의 감각 그것이야말로 근대 자체였는지 모른다. 그런데 '시스템으로서의 국가'는 바로 이러한 지연의 감각으로부터 벗어날 수 있는 계기, 혹은 근대의 완성을 향한 프로세스와 같은 것으로 인식되었다. 특히 그 자체로 테크놀로지 장치인 영화 쪽에서 이와 같은 시대 인식은 일층 강화될 수 있었으며, 국가의 개입은 '조선에서의 근대의 완성'이라는 이미지를 제공했다고 보인다. 최재서가 주관한 《국민문학》이야말로 이와 같은 기획의 정점이었다고 할 수 있으리라. 이 잡지가 포섭하고 있던 당대의 영화론은 이 시간을 근대의 충격적 완성으로 의미화했다. 물론 1945년을 기점으로 국가의 이름은 바뀌었다. 그러나 이와 같은 시스템에 관한 사고 자체는 연속한다.

제2장과 제3장에서는 각각 '협력의 심정'과 '협력의 제도'라는 제목으로 두 편의 영화를 다루었다. 제2장에서 다룬 영화 〈지원병〉은 1930년대 말 식민지 지식인의 내면풍경과 맞닿아 있다. 무엇을 잃었는지 알 수 없는 상태, 상실의 지시대상을 잃어버린 상태에서 지속되는 우울. 공식적 또는 비공식적인 전향자들이 모여 만들어낸 〈지원병〉의 멜랑콜리는 직접적으로는 전향의 산물일 것이다. 그러나 이 글에서는 멜랑콜리가 보다 광범위하게 피식민자의 정신상태를 지배했다는 것을 해명하기 위해 한 지방 엘리트의 일기와 당시의 소설을 함께 분석했다. 멜랑콜리의 상태는 식민화가 완성돼감에 따라 악화된다. 따라서 그 극복 가능성이 보이는 순간, 멜랑콜리는 의식의 심부로 밀려난다. 그런데 식민지에서 멜랑콜리는 이미 이중적이다. 멜랑콜리는 피식민자가 잃어버린 (혹은 잃어버렸다고 상상되는) 대상으로서의 민족 또는 국가와 관계를 지속시킬 수 있는 유일한 방법이기도 한 것이다. 따라서 멜랑콜리로부터의 탈출은 외부의 충격(이를테면 지원병 제도의 공포[公布])으로 비로소 가능해진다. 멜랑콜리에 사로잡힌 피식민자 남성에게 지원병 제도는 충격인 동시에 가능성이기도 하였다. 병사의 신체라는 표상을 통해 국민화의 가능성을 본 일군의 지식인 남성들은 제국의 주체로서 적극적으로 부상하고자 하였다. 그 결과 균질적 표상공간 속에서 식민지라는 지리는 (적어도 표상의 차원에서는) 사라지게 된다. 멜랑콜리가 사라진 이 무병(無病)한 세상에서 '전체'라는 병원이 창궐한다.

제3장에서는 1930년대 후반 토키 시대로 돌입한 조선영화계의 상황을 개괄함으로써, 기업적 합리화라는 영화계 내부의 요구가 어떻게 시스템으

로서의 국가라는 이미지와 합치되었으며, 응답의 관계를 형성했는가를 밝히려 하였다. 일종의 예술가 영화라고 할 수 있을 1941년 영화 〈반도의 봄〉은 악전고투하던 영화예술가들이 거대 영화회사가 설립됨으로써 일시에 구원되기까지의 과정을 그리고 있다. 이 거대 회사는 그로부터 1년 후 총독부 주도의 조선영화주식회사로 현실화된다. 국가에 의한 영화제작과 배급의 통제 관리는 결과적으로는 내지 영화계의 조선시장 지배를 의미했다. 그럼에도 불구하고 왜 조선의 영화(계)는 조선영화주식회사라는 반도 유일의 대자본 영화회사의 탄생을 일종의 '선물'로 받아들였는가? 이 영화의 결말은 단지 현실과 유리된 협력의 픽션에 불과한 것인가. 이를 밝히기 위해서는 이 순간 식민지 조선에서 국가라는 개념이 어떻게 받아들여졌는지를 살펴보아야 한다. 조선어와 일본어가 교차되는 이 완전한 이중어 영화에서 식민 본국 일본과 식민지 조선이라는 관계항은 사라진다. 아니, 좀더 정확히 말하자면 이 관계는 도쿄와 경성이라는 '중심과 지방'의 관계로 전환된다. '민족'을 상기시키는 '조선'이라는 말이 사라진 자리에 '반도'라는 지리적·공간적 단어가 언설과 표상의 장을 석권한다. 이때 제국의 시선에 대한 응답으로서의 '로컬 컬러'는 역사적·정치적 구성체인 '식민지' 조선이 아닌, 제국의 한 지역인 '반도'의 지방색으로 표상되기에 이르렀다.

제4장에서는 조선군 보도부가 추천한 영화 〈집 없는 천사〉에 대한 내지의 검열을 중심으로 피식민자의 과도한 모방이 어떻게 제국을 불안에 빠뜨렸는지를 살펴보려 하였다. 조선인 목사가 거리의 소년들을 황국신민의 길로 인도한다는 이 모범적 이야기는 내지로 유출되는 순간 호된 검열의 대상이 된다. 이 영화의 무엇이 그토록 제국의 심려를 건드린 것인가. 단적으로 말해, 이 영화의 불온성은 (일본인 또는 국어와 같은) 어떤 매개물도

없이 피식민자가 제국의 언설을 그대로 반복한다는 데 있었다. 식민지의 남성 주체는 제국이 명한 계몽의 과업을 훌륭히 완수해낸다. 그러나 이 수행이 조선이라는 공간을 넘어서는 순간, 피식민지인 계몽가의 존재는 제국 위계질서의 구조를 위협한다. 검열의 그물에 걸려버린 계몽적 남성 주체, 즉 〈집 없는 천사〉에 등장하는 완전무결한 계몽자야말로 해방 이후 한국영화에 나타난 지배적인 남성상과 일치한다.

제5장은 바로 이 계몽적 남성 주체가 가능해진, 민족의 재교육 시간으로 이동한다. 1943년 오영진이 일본어로 쓴 원작 텍스트 《맹 진사댁 경사》와 1956년 이병일이 만든 영화 〈시집가는 날〉을 비교 분석한 이 장에서는 어떻게 동일한 표상이 식민지와 후기 식민지라는 서로 다른 맥락에서 작동할 수 있는지를 밝히려 하였다. 1943년의 시간에 일본어로 상상된 조선이라는 로컬의 이미지는 1956년의 시간에 그대로 민족의 표상으로 옮겨간다. 제국의 로컬에서 후기 식민국가의 민족 표상으로의 자연스러운 전이, 여성을 둘러싼 이 동일한 표상의 극적 전환을 수행하고 있는 것은 다름 아닌 남성 계몽자들이다. 《맹 진사댁 경사》의 자기완결적 세계가 〈집 없는 천사〉의 외부 없는 세계와 유사해 보이는 것은 우연이 아니다. 계몽의 주체로 서기 위해 이 남성들은 외부─제국을 지워야 했다. 그리고 바로 이 점이야말로 이 텍스트들이 1945년 이후의 시간에 그토록 각광받은 이유가 될 것이다.

한편으로 《맹 진사댁 경사》의 외부 없는 세계는 〈시집가는 날〉에서 병든 모더니티로부터 그 어떤 위협도 받지 않은 순전한 민족 표상을 만들어내는 데 기여한다. 그렇게 식민지 근대성(colonial modernity)은 민족이라는 순수표상에 의해 망각의 지대로 보내진다. 역설적인 것은 이 표상이 제국이 구상한 지방문화의 일부였다는 사실이다.

3.

이 책에서 다루고 있는 영화들과 상황들은 1940년대 초와 1950년대 중반에 집중되어 있다. 이 사실은 우리에게 매우 중요한 결절점으로 작용했던 해방 공간과 한국전쟁, 그리고 한국전쟁 직후의 시간이 삭제되어 있음을 뜻한다. 브루스 커밍스의 표현에 의하면 1945년에서 1953년에 이르는 시간은 '식민지의 압력솥'이 폭발해버린 시간이었다고 할 수 있다. 남북의 단독정부들이 성립하였으며 일국적 틀의 문화 구성과 관련된 표상공간의 재편이 시작되면서 다시금 전범이자 유일한 국가의 경험이었던 식민지 말의 경험이 전혀 다른 국가의 이름을 지우고 바꾼 채 (일부 혹은 대거) 반복된다. 이러한 설명의 과정에서 미군 점령기 혹은 소련 점령기의 수많은 잠재성을 괄호 안에 넣게 된 한계가 있었음을 밝혀둔다.

아울러 식민지와 후기 식민지를 남성성 재구축이라는 하나의 연속성 안에서 파악하고 국가 주도의 혹은 메커니즘으로서의 국가를 최대변수로 하는 논의의 틀로 인해 식민지와 (후기가 아닌) 탈식민국가 사이에 존재하는 단절 지점(단절의 욕망이 아니라 실질적 단절)을 문제 삼지 못한 점 역시 부기해두지 않을 수 없다. 그러나 이는 영화를 포함한 식민지 문화 전반에 대한 종래의 단절론과의 의도적인 거리두기의 소산이었음을 또한 밝혀둔다. 왜냐하면 이 책이 시도한 통국가적 영화사 서술은 단절을 통해서 필연적으로 은폐되어온 것, 또 이 단절의 기획과 은폐 속에서 구체적 이익을 취해온 특정한 계급적, 성적 주체들의 전략에 대한 비판을 염두에 두고 있기 때문이다.

4.

　지아장커의 영화 〈세계〉의 배경은 베이징에 있는 ‘세계’라는 이름의 공원이다. 그곳의 캐치프레이즈는 간결하고 명료하다. 단 하루 동안 세계를 체험하세요. 이곳은 3차원으로 이루어진 그림엽서의 세계이다. 세계는 말 그대로 미니어처화된다. 세계의 공원화, 그것은 ‘세계’가 평면화된다는 이야기이다.

　이를테면 실제의 3분의 1 크기의 에펠탑이 당신의 눈앞에 놓여 있다. 안내문은 (혹은 당신이 관광버스를 타고 왔다면 친절한 가이드의 안내를 받을 수도 있으리라) 이 조형물이 실제 에펠탑과 얼마나 비슷한지를 설명하는 데 거의 절반을 소비하고 있다. 당신은 안내문을 읽으며 한번도 본 적 없는 에펠탑(과연 그 크기의 세부를 본다는 게 가능하기나 할까)과의 유사성으로 조형물을 감상한다. 그러니까 그때 당신은 에펠탑의 모조품의 질을 진짜 에펠탑과의 유사성이라는 기준으로 판단할 터인데, 이 기준은 안내문의 문구를 따른다. 즉 당신은 지금 보고 있는 것에 이미 감탄할 것이 예견되어 있는 장소에 서 있으며, 이 장소 자체가 감탄을 요구한다. 그런데 이 일련의 과정은 시각의 절대적 우위하에서 진행된다. 물론 당신은 3분의 1짜리의 에펠탑을 만져볼지도 모른다. 손가락 혹은 손바닥에 전해지는 차갑고 딱딱한 질감은 당신에게 별 감흥을 불러일으키지 못하리라. 그것은 너무나 별 게 아니어서, 당신은 어쩌면 옆의 개선문 앞에 도착할 즈음에는 이미 그것을 만져보았다는 사실마저 잊을지도 모른다. 만져봄, 촉각이 이토록 중요하지 않게 취급당하는 것은, 그것이 촉각인 한 모조품과 원전과의 유사성(혹은 차이)을 판단할 기준이 되지 않기 때문이다. 더 정확히 말하면 당신 혹은 우리의 감각은 안내문을 ‘이미’ 따라야 하고, 그것이 제시하고 있는 기준은 시각적 유사성에 집중되어 있다. 그럼으로써 우리는 '본다'. 작은 피라미드 앞으로 늙은 낙타 한 마리가 지나간다.

현재 인간의 상황이 이처럼 간명하고 정확하게 그려진 영화는 별로 없을 것이다. 영화는 그것이 처음 등장했을 때부터 그림엽서의 욕망을 충족시켜주었다. 나는 여기에 있으면서 저기를 본다. 그렇게 영화는 언제나 세계를 욕망해왔지만, 이 세계에의 욕망은 '국적'을 전제로 해야만 비로소 가능해지는 것이다. 미니어처화된 세계−영화는 또한 국가−영화이다. 비자를 발급받기 위해서는 무엇보다도 나의 국적을 가지고 있어야 한다. 그렇지 않으면 목숨을 건 난민이 되어야 한다.

남자는 '세계' 공원의 경비원이고, 여자는 남편이 있는 프랑스로 가기 위해 비자를 기다리고 있는 중이다. 경비원이 여자에게 말한다. 만약 비자가 안 나오면 우리 공원으로 와. 여자가 대답한다. 남편이 있는 곳은 여기에 없을 거야. 남자가 다시 묻는다. 그게 어딘데? 여자가 대답한다. 벨빌(Belle ville), 아름다운 마을, 차이나타운.

제국 일본의 조선영화

| 프롤로그 | **1941년의 경성, 어떤 일기, 어떤 영화**

1. 이 일기를 소개하고 기꺼이 보여준 이타가키 류타에게 이 자리를 빌려 감사의 뜻을 전한다. 이 일기를 분석한 이타가키에 따르면 당시 20세였던 A는 서울 출신으로 추정되며 보통학교 졸업의 학력을 가지고 있었다. A의 일기에 대한 자세한 분석은 이타가키의 다음 논문에 밝혀져 있다. "'Seoul' Viewed from a Distance: Colonial Experiences Inscribed in Diaries", Urban Culture in Colonial Korea, University of british Columbia 2006. 218–19(unpublished)

2. 이마이 타다시의 〈망루의 결사대〉에서 같은 발음이 문제되는 장면을 발견하는 것은 새삼스러운 놀라움이다. 국경지대의 조선인 소년 소녀들에게 조선인 선생이 열과 성을 다해 일본어를 가르치고 있다. 한 소년이 책을 읽는다. "그래서 가난뱅이가 되었습니다(ビンボウになりました)." 소년은 계속 가난뱅이를 가리키는 빈보(びんぼう)를 빈뽀(びんぽう)라고 발음한다. 잘못된 발음은 거듭 교정된다. "빈뽀가 아니라 빈보라니까. 자, 다시 한 번. 빈보." 소년이 대답한다. "빈뽀."

3. 1930년대 중반을 배경으로 전향자들의 마음의 상태를 그리고 있는 이 소설에서 주인공은 자신의 사상적 스승이었으나 자살로 생을 닫은 친구를 통해 절망하지만, 그의 아들인 이 소년에게서 새로운 미래의 희망을 본다. 그에게 희망을 보여주는 소년의 가장 큰 특징은 수학과 자연과학에 대한 흥미이다. 백철, 〈전망〉, 《인문평론》, 인문사, 1939. 12.

4. 이를테면 일본인 상사의 손을 거쳐 아내의 편지를 받은 조선인 병사는 편지를 숨길 수밖에 없었던 상사의 배려에 감사하며 더 훌륭한 일본 군인으로 거듭날 것을 다짐한다. 이에 대해 아내는 남편의 군인으로서의 굳은 의지를 믿지 못했던 스스로에 대한 반성과 함께 '총후부인'으로서 자각을 담은 답장을 보낸다. 이 편지는

사람들 앞에서 '낭독'된다.

5. 고백이라는 뜻의 라틴어의 conféssio에는 승인, 인정, 증거 등의 뜻이 있으며 conféssus는 '명백한, 의심의 여지가 없는' 등의 뜻을 포함한다. confess에는 충성을 맹세한다는 뜻이 포함되어 있다. 가톨릭대학교 고전라틴어연구소 편찬, 《라틴−한글 사전》, 가톨릭대학교출판부, 1995.

6. 1930년대 말 조선에서 씌어진 소설들이 그토록 비밀에 집착했던 것은 우연이 아닌 것처럼 보인다. 이를테면 안회남이 시도했던 '사소설'적 소설들, 혹은 정비석의 〈비밀〉 등을 떠올려보라. 시대의 가장 예민한 환부 속에서 살아갔던 이상이 죽기 직전 "비밀이 없다는 것은 재산 없는 것처럼 가난하고 허전한 일이다"라고 쓰고 있는 것은 상징적이다. 그때 그는 거의 본능적으로 위협을 감지하고 있었는지도 모른다. 비밀 없는 시간의 도래라는. 〈失花〉, 《문장》, 문장사, 1939. 3, p. 53.

7. フリードリヒ・キットラ, 《グラマフォン フィルム タイプライター》, 石光泰夫・石光輝子 譯, 筑摩書房, 1999, p. 61. 영화와 기차 이미지의 상관성, 그리고 영화 이미지가 본질적으로 가지고 있는 폭력성에 대한 고찰로 위의 키틀러의 작업과 함께 비릴리오의 논의를 참고할 수 있다. Paul Virilio, *Strategy of Deception*, Verso, 2007.

| 제1장 | **한국영화사의 곤경**

1. 정확히 말하면 1945년 이전 영화가 처음 발견된 것은 1998년의 일이다. 러시아의 국립영상아카이브에서 〈심청〉(1937), 〈어화〉(1939)의 일부분이 발견되었다. 전 한국영상자료원장 이효인이 밝히고 있는 1945년 이전 영화들의 발견 경위와 시기는 다음과 같다. 2004년 11월 중국 전영자료관으로부터 〈군용열차〉(1938), 〈어화〉의 전편 〈집 없는 천사〉(1941), 〈지원병〉(1941)이 발견되었으며, 같은 해 12월 일본의 사설 시네마테크의 도움으로 기록영화 〈조선〉(1938)을 입수, 2005년 12월 마찬가지로 중국 전영자료관에서 〈반도의 봄〉(1941)과 〈조선해협〉(1943), 그리고 현재

발굴 자료 중 최고(最古)의 영화인 〈미몽〉(1936)을 발견, 입수하였다. 이효인, 《필름2.0》, 2006. 3. 17.

2. 〈식민지 시대 한국영화를 해부한다〉(자료집), 전주국제영화제 심포지엄, 한국영화학회 주최, 2005. 4.

3. 〈변화와 선택의 시간: 일제시기 영화 발굴전〉(자료집), 부산국제영화제 심포지엄, 한국영상자료원 · 부산국제영화제 주최, 2006. 10.

4. 최근 이 시기를 다루고 있는 연구서들이 계속 나오고 있는 중이다. 이화진, 《조선영화 – 소리의 도입에서 친일영화까지》, 책세상, 2005. 김려실, 《투사하는 제국 투영하는 식민지》, 삼인, 2006. 강성률, 《친일영화》, 로크미디어, 2006.

5. 따라서 이 논문이 대상으로 삼고 있는 영화는 조선인이 '주도적으로' 창작의 주체를 점했던 작품들에 한정한다. 사실 이것은 꽤 까다로운 문제다. 왜냐하면 조선영화가 완전히 일본영화의 카테고리 안에 귀속되어 있었던 시점에서 어디까지를 '조선영화'로 볼 것인가 하는 문제가 걸리기 때문이다. 이를테면 국경경비대의 활약을 그린 〈망루의 결사대(望楼の決死隊)〉(1941, 今井正)나 징병제 선전영화 〈젊은 모습(若き姿)〉(1943, 豊田四郎)과 같은 영화를 조선영화로 볼 것인가, 일본영화로 볼 것인가? 무수한 합작영화, 혹은 공동감독의 영화(〈사랑의 맹서(愛の誓い)〉, 〈너와 나(君と僕)〉)를 어떻게 볼 것인가? 혹은 '내용'에 영향을 미치는 시나리오 작가의 존재는? 그런데 이 성가신 문제들에도 불구하고 조선인 감독과 일본인 감독의 영화는 '명백'한 차이를 보여준다. 이 차이에 기초하여, 이 책에서는 일본인 감독의 영화들을 단지 비교항으로서만 불러올 것이다.

6. post-colonial state를 이 책에서는 후기 식민국가로 번역한다. '탈-'로도 번역될 수 있는 post라는 접두어를 '후기'로 번역하고 있는 것은 다음과 같은 두 가지 이유 때문이다. 첫 번째로 식민지 경험과 이후 대한민국의 정체를 연속성 위에서 파악하고자 하는 이 책의 관점상 '후기'라는 말이 더 적합했다. 두 번째는 한국전쟁 이후 환태평양을 둘러싼 미국, 일본, 대한민국의 지정학적 체계를 염두에 둘 때 후기 식민지로서 대한민국을 파악하는 것이 더 유용해 보인다. 물론 그럼에도 불구하고 post-colonial을 '탈식민지'로 번역해내는 순간의 효과를 무시해서는 안 된다는 점을 부기해둔다.

7. 북한의 견해로는 최창호, 홍강성, 《라운규와 수난기 영화》, 평양출판사, 1999를 참조.

8. 이 질문을 래디컬하게 밀고 나아간다면 한국에서 불리는 '민족영화'를 부정해야 하는 것인가, 라는 데까지 이를 것이다. 문제는 '민족영화'를 부정하는 순간에 어떻게 실체로서 존재하는 'national cinema'를 구축해낼 것인가 라는 문제이다. 크리스 베리는 '집단적 실행체(collective agency)'로서의 민족이라는 개념을 제안하면서 이 문제를 해결하려 한다. 그의 이 수행적 개념은 어떤 공동체의 축적이자 현재진행형으로서의 영화(사)를 설명하는 데 생산적인 역할을 할 수 있으리라 생각된다. 그러나 내가 여기에서 관심을 갖는 것은 그 이전에 영화를 둘러싼 국가와 민족이라는 두 낱말의 관계를 해명하는 일이다. 그것은 어떤 우려 때문이기도 한데, 이를 염두에 두지 않는다면 '집단적 실행체'로서의 민족과 관계하는 '민족영화' 란 자칫 낭만화될 수 있기 때문이다. Chris Berry, "If China Can Say No, Can China Make Movies? Or, Do Movies Make China? Rethinking National Cinema and National Agency", *Boundary 2*, Fall, 1998.

9. 유현목, 《韓國映畵發達史》, 한진출판사, 1980, p. 246. 한국의 대표적인 영화감독이기도 한 그는 그때 '한국영화사는 중단'되었고 또한 '절명'되었다고 쓰고 있다. 이 말은 반은 맞고 반은 틀리다. 왜냐하면 조선영화가 일본영화로 산업적으로 완전히 편입되었다는 점에서, 즉 '한국영화사'라는 카테고리 안에서는 맞는 말이지만, 조선이라는 공간, 조선인이라는 창작의 주체, 조선인이라는 관객을 계속 염두에 둔다면 틀린 말이다. 왜냐하면 당시는 영화의 시대였고, 그런 점에서 '조선영화'는 그 어느 때보다도 활황이었다.

10. 이효인, 《한국영화역사강의 1》, 이론과 실천, 1992/강성률, 〈친일영화의 재고와 자발성〉, 《재일본 및 재만주 친일문학의 논리》, 역락, 2004. 이 시간은 영화사라는 아카이브적인 열정에 지배받는 담론 영역 내에서 기억의 미세한 오차, 의도적 오인에 의한 최종적인 취사선택으로만 기억되었던 시간이기도 하다. 그것은 한국영화라는 카테고리를 확립하려는 의지, 즉 1950년 이후 '대한민국'이라는 후기 식민주의 민족국가 만들기라는 테제와 불가결하게 얽혀 있다. 나는 또한 이 의도적인 기억의 오인이 동일한 주체에 의해서 행해질 수 있었다는 점을 밝혀두고 싶다.

1950년대 이후 한국영화라는 단위를 형성한 창작주체들이 어떻게 식민지 시기와 연관되어 있는지를 밝히는 것은 한국사회에서 여전히 문제가 되고 있는 친일청산의 문제와 연결되는 것이 아니다. 오히려 이 연속성의 문제를, 민족영화 만들기를 수행해야 했던 그 메커니즘 자체를 물으려 하는 것이다.

11. 이를테면 위대한 영화사가 이영일은 최인규의 이중어 영화 〈집 없는 천사〉에 대해서 한국 리얼리즘 영화의 승리라고 말한다. 이에 대해서는 이 책의 4장을 참조.

12. 박지연, 〈영화법 제정에서 제4차 개정기까지의 영화정책〉, 김동호 외, 《한국영화정책사》, 나남출판, 2005, pp. 191~227.

13. 여기서 국가와 영화가 말 그대로 접속된 한 사건을 떠올려볼 수 있을 것이다. 그것은 신상옥의 1961년 영화 〈상록수〉를 둘러싸고 벌어진다. 박정희는 이 영화를 보고 눈물을 흘렸으며, 이 눈물은 이후 '새마을 운동'을 시작하는 데 하나의 계기가 되었다. 16밀리로 대량 카피되어 전국 방방곡곡에서 무료 상영된 영화의 관람 형태는 이미 새마을운동을 선취한 것이었다고 할 수도 있을 것이다. 김정일이 〈상록수〉를 당 간부들의 교육용 영화로 권장하기도 했다는 말을 전하고 있는 것은 다름 아닌 신상옥 본인이다. 신상옥은 이 영화야말로 자신의 최대 걸작 중 하나라고 생각하였다. 《씨네21》(2003. 3. 18), 《키노》(1997. 10), 신상옥, 《난, 영화였다》, 랜덤하우스코리아, 2007, p. 78.

14. 신상옥의 존재는 그 자체로 국가와 영화의 관계를 극적으로 보여준다. 1960년대 박정희와의 돈독한 관계 속에서 성장한 그의 영화사 신필름은 대한민국 최고의 대형 영화회사로서 무소불위의 권력을 휘둘렀다. 그러나 1975년 홍콩과의 합작영화 《장미와 들개》를 당국의 검열을 무시하고 공개함으로써 영화사 등록이 취소된다. 1970년대 말 신상옥-최은희의 북한 납치사건이 어떤 경위로 이루어졌는지는 여전히 알 수 없다. 그러나 신상옥이 북한에 간 이후, 최고 지도자 김정일 또한 신상옥-최은희 영화의 팬이었음을 고백하고 열렬한 후원자가 되어준 것은 명백한 사실이다. 1980년대 그는 북한에서 다시 한 번 그의 대표작들을 만들어낸다. 그러나 이 밀월관계는 1986년 그의 탈출로 끝이 난다.

15. 임종국, 《친일문학론》, 민족문제연구소, 2003(초판 1966), p. 459.

16. 임종국의 이 저서가 출판된 해는 박정희 정권에 의한 한일협정이 맺어진 다음해였

다. 이 사실이 의미하는 바는 임종국의 작업이 박정희의 국가주도 민족주의 이데올로기가 역사에 대한 망각과 선택적 회수로 이루어진 데 대한 '저항'으로서 읽혀야 한다는 점이다. 박정희의 유산에 대해서는 다음과 같은 말을 상기해둘 필요가 있다. "발전지상주의, 즉 발전 이데올로기는 공식적 식민주의보다 더 오래 지속되는, 아마도 가장 끈질긴 식민주의의 유산일 것이다." Arif Dirlik, *Postmodernity's Histories: The past as Legacy and Project*, Rowman & Littlefield Publishers, 2000, p. 223.

17. 제국이 수행한 황민화 정책과 징병제도에 대해서는 다음 책들을 참조. 宮田節子, 《朝鮮民衆と〈皇民化〉政策》, 未來社, 1985. 樋口雄一, 《戰時下朝鮮の民衆と徵兵》, 総和社, 2001.

18. 酒井直樹, 〈多民族国家における国民的主体の製作と少数者の統合〉, 《総力戦下の知と制度》, 岩波書店, 2002.

19. 石田耕造(崔載瑞), 〈一億の決意〉, 《国民文学》, 1945. 5, pp. 2〜3.

20. T. 후지타니는 에티엔 발리바르의 용어를 빌려 이를 '포섭적 인종주의(inclusionary racism)'라고 정의하고 있다. '포섭적 인종주의'는 배제 혹은 절멸에 이르는 '배제적 인종주의(exclusionary racism)'와 달리 말 그대로 위계질서로의 포섭을 의미한다. T. フジタニ, 〈殺す権利, 生かす権利〉, 倉沢愛子・杉原達・成田龍一・テッサ・モーリス・スズキ・油井大三郎・吉田裕 編, 《岩波講座アジア・太平洋戦争3 動員・抵抗・翼賛》, 岩波書店, 2006, p. 194.

21. 임헌영, 〈《친일문학론》 보론〉, 임종국, 《친일문학론》, 민족문제연구소, 2003(초판 1966).

22. 劉傑, 《漢奸裁判—対日協力者を襲った運命》, 中央公論新社, 2000, p. 5.

23. Ashis Nandy, *The Intimate Enemy: Loss and Recovery of Self under Colonialism*, Delhi: Oxford University press, 1993, xⅱ.

24. 이것은 한편으로 1910〜45년까지의 기간에 대한 현재 대한민국에서의 공식명칭이 '일제강점기'로 명명되고 있다는 사실과 연결된다.(《한국민족문화대백과사전》) 1910년부터 1945년 사이를 지칭하는 말들이 어떤 과정을 거쳐 변화해왔는가에 대해서는 김정인, 〈왜정시대, 일제식민지시대, 일제강점기〉, 《역사용어 바로쓰기》,

역사비평 편집위원회 편, 역사비평사, 2006, pp. 95~100를 참조.

25. 국민국가의 성립을 대한제국으로부터 확인하고, 한일병합의 불법성을 지적함으로써 '식민지'의 성립 자체를 역사적, 국제법적으로 부정하는 최근 한국사학계의 논의로는 이태진, 《고종시대의 재조명》, 태학사, 2000를 참조.

26. 그런 점에서 이것은 조선에 대한 일본의 식민지 지배를 특수화시키려는 욕망과 맞닿아 있는데, 이 욕망은 일본–조선–만주라는 위계를 구축했던 1930년대부터 45년에 이르기까지의 식민 의식의 내면화와 연동되어 있는 것이라 할 수 있다. 피식민자 자신에 의한 제국 내부의 위계 만들기에 대해서는 김철, 〈몰락하는 신생–'만주'의 꿈과 〈농군〉의 오독〉, 《탈식민주의를 넘어서》, 소명출판사, 2006를 참조. 만주라는 공간을 통해 노골화되는 조선인들의 '대리 지배욕'에 주목하는 이 글에서 김철은 피식민자에게 나타나는 식민주의의 내면화를 문제 삼는다. 그러나 이 탁월한 논의는 식민자의 욕망과 피식민자에 의한 모방을 등가적인 것으로 놓으면서 '역사적 민족주의'를 '식민주의'라는 추상적 상태와 무매개적으로 접속시키고 있다는 점에서 '민족주의'에 대한 과잉 의식 속에서 씌어진 것은 아닌가 생각된다.

27. Jean-Paul Sartre, *Lendemains de guerre: Situations 3*, Gallimard, 1949 (1982). J. P. サルトル, 〈協力とは何か〉, 《シチュアシオン3》, 佐藤朔 外 譯, 人文書院, 1964, p. 31.

28. 藤田省三, 〈天皇制のファシズム化とその理論構造〉, 《近代思想史講座 第1券》, 筑摩書房, 1957. 7.

29. 伊藤公雄, 〈夫, 父, 兵士ではない男は男ではない〉, 小岸昭・池田浩史・鵜飼哲・和田忠彦 編, 《ファシズムの想像力》, 1997, 人文書院, pp. 395~412.

30. Kim Kyung Hyun, *The Remasculinization of Korean Cinema*, Duke University Press, 2004, p. 9.

31. Susan Jeffords, *The Remasculinization of American Culture:Gender and the Vietnam War*, Indina University Press, 1989.

32. 姜尚中, 《オリエンタリズムの彼方へ－近代文化批判》, 岩波書店, 1996, p. 96.

33. Arif Dirlik, *Postmodernity's Histories: The past as Legacy and Project*, Rowman & Littlefield Publishers, 2000, p. 201.

34. 총력전 체제에 의한 사회적 재편성을 문제 삼으며 야마노우치 야스시는 "근대사회가 걸어가야 할 본래적 성숙 과정으로부터 이탈한 비정상적 코스"라는 일본 현대사의 지배적 견해를 비판하면서, 총력전 체제 속에서 오히려 사회 전반이 전쟁 수행을 위한 기능성을 향해 합리화되어 갔다는 점을 지적한다. 그는 총력전 체제에 의해 수행된 재편성의 성격을 "계급사회로부터 시스템 사회로의 이행"이라고 정의 내린다. 山之內靖, 〈方法的序論—総力戰とシステム統治〉, 山之內靖・ヴィクタ・コシュマン・成田龍一 編, 《総力戰と現代化》, 拍書房, 1995, pp. 9~12.

| 제2장 | 협력의 심정—〈지원병〉 전야(前夜) 또는 멜랑콜리의 나날들

1. フロイト, 〈悲哀とメランコリー〉, 懸田克躬・高橋義孝他 譯, 《フロイト 著作集6》, 人文書院, 1970, p. 139.

2. 〈第三次朝鮮教育令諭告〉(1938. 3), 朝鮮総督府, 《施政三十年史》, 朝鮮総督府, 1940, p. 780.

3. 앞의 책, p. 779.

4. 물론 우리는 여기서 기득권을 가진 피식민자의 대표인 박춘금, 이광수와 같은 식민지 엘리트들의 언설을 전장으로 나아가는 조선인 청년들의 심정, 논리와 엄밀하게 구별하지 않으면 안 된다. 그러나 죽음을 건 도약(혹은 삶을 내던지는 추락)을 앞에 둔 식민지의 청년으로서는 이러한 피식민자 엘리트들의 언설을 빌리지 않으면 어떤 식으로든 이야기할 수조차 없었다. 식민자—피식민자, 식민지 엘리트—식민지 청년들로 이어지는 어떤 반복 혹은 복화술이야말로 식민 공간의 언설의 표면, 표상의 흔적을 거듭 읽을 수밖에 없는 근거가 된다.

5. 〈참정권의 요망〉(대담), 《삼천리》, 1938. 8. p. 34.

6. 조선에 있어서의 병역의 문제 전반에 대해서는 樋口雄一, 《皇軍にされた朝鮮人》, 社会評論社, 1991을 참조. 특히 지원병 제도 실시 과정의 강제성('강요된 지원')에 대해서는 이 책의 pp. 28~39를 참조.

7. 최재서, 〈징병제실시의 문화적 의의〉, 《국민문학》, 1942. 5, 6(합병호), pp. 4~7.

8. "병참이란 본국 외에서 작전을 수행하는 군대가 본국에 있어서의 군수물자와 긴밀히 연결됨으로써 작전의 목적을 수행하고, 군의 생존을 유지하기 위한 만반의 시설 및 그 운용을 총칭하는 말로 이해된다. 여기서 병참근무의 연결선인 '병참선'은 당연히 내지 주둔 부대로부터 야전군의 소재지에 이르는 것이 될 터이다. 이 내지 주둔 부대에 있어 병참근무의 중심이 되는 것이 '병참기지'이다." 鈴木武雄, 〈大陸前進兵站基地論〉, 1939. 《朝鮮経済の新構想》, 東洋経済新報社京城支局, 1942 재수록, p. 73.

9. 앞의 책, p. 74.

10. 내지연장주의 및 동화주의, 헌법역과 통치역을 둘러싸고 일본의 식민정치 입안자들이 빠져든 딜레마에 관해서는 Chulwoo Lee, "Modernity, Legality, and Power in Korea Under Japanese Rule", *Colonial Modernity in Korea*, Harvard University Asia Center, 1999, pp. 27~31. 水野直樹, 〈植民地独立運動に対する治安維持法の適用―朝鮮・日本〈内地〉における法運用の落差〉, 浅野豊美・松田利彦 編, 《植民地帝国日本の法的構造》, 信山社, 2004, pp. 417~459 참조.

11. 酒井直樹, 〈多民族国家における国民的主体の製作と少数者の統合〉, 《総力戦下の知と制度》, 岩波書店, 2002, pp. 9~11.

12. 이와 같은 극한의 논리와 개별적 현실 간의 괴리야말로 이들에게 있어 "고민의 종자"였다. 〈조선문학의 현단계〉(《국민문학》, 1942. 8)를 통해 최재서는 일본의 지방문학으로서의 조선문학, 일본문학의 외연과 내포를 확장시킬 수 있는 계기로서의 조선문학의 가능성을 제기한다. 그러나 민족어=조선어라는 관념 혹은 국어 해득률의 실상은 그의 이러한 논리를 강하게 제약한다. 국어 해득률의 문제로 인해 조선영화주식회사가 빠져든 딜레마에 관해서는 이 책 3장을 참조.

13. 전향 이전의 안석영의 면모와 만문작가로서의 작품활동에 대해서는 신명직, 《모던뽀이 京城을 거닐다》, 현실문화연구, 2003을 참조.

14. 清水晶, 《映画評論》, 1940. 8, p. 123.

15. 앞의 책, p. 123.

16. 최승일(崔承一, 1901~?), 서울 출생. 배재고보를 거쳐 니혼대학 미학과에서 수학.

당시 도쿄 유학생들과 함께 조선 최초의 본격적인 근대극연극 단체 '극예술협회'를 창립, 활동하였으며 1922년에는 프로문학 단체 염군사의 창립 멤버가 되었다. 1925년 카프 결성에 참여, 1926년부터 경성방송국(JODK)에서 근무하였다. 이 무렵부터 영화운동에 관여하였으며, 당시 이시이 바쿠(石井漠)의 경성 공연에 여동생 최승희를 데리고 가 그녀를 무용계에 입문시킨 것은 유명한 일화다. 1930년대 중반 이후 공연, 영화계의 대표적인 기획자로 종사하였으며 해방 이후인 1948년 월북하였다. 한국전쟁 중 행방불명.

17. 우리는 곧 여기서 이후 한국근대문학사 안에서 전향론의 첫머리를 장식하게 될 유명한 박영희의 명제를 떠올릴 수 있을 것이다. "얻은 것은 이데올로기요, 잃은 것은 예술이다." 박영희, 〈最近文藝理論의 新展開와 그 傾向〉, 《동아일보》, 1934. 1. 4.

18. 초창기 한국영화의 개척자 중 한 사람이자 카프에 대립했던 민족주의 진영의 대표적인 영화인으로 알려져 있는 안종화는 식민지기 영화계 이야기를 모은 그의 책 《한국영화측면비사》에서 총독부가 영화인 등록 정책을 실행하자 안석영이 그의 전력 때문에 등록을 거부당할지도 모른다는 두려움에 떨었다는 에피소드를 전하고 있다. 그에 의하면 안석영은 요시찰인 명단에서 자신의 이름을 빼내기 위해 〈지원병〉과 또 한 편의 협력 문화영화 〈흙에 산다〉를 만들 수밖에 없었다고 한다. 안종화, 《한국영화측면비사》, 현재미학사, 1988, pp. 285~286 참조.

19. 1930년대 말 식민지 지식인의 정신적 공황상태를 내선연애 이야기 속에서 그리고 있는 채만식의 〈냉동어〉에서 남녀 주인공들이 빠져들었던 과거의 사회주의 사상은 일관되게 '아편'으로 표현된다. (이 소설에는 단 한 번도 사회주의라는 표현이 등장하지 않는다.) 물론 이는 검열을 의식한 결과였을 것이다. 그럼에도 '아편'이라는 표현을 선택한 작가의 의도는 남는다. 일종의 '후일담' 소설로 읽혀지는 이 소설에서 '아편'은 과거의 중독-열광과 그 결과 현재 생체(生體)가 처한 기능장애까지를 의미한다. 그런 점에서 이 표현은 과거에 대한 회의와 현재의 전망 없음 사이에 처한 지식인의 곤궁을 적나라하게 보여주고 있다. 채만식, 〈냉동어〉, 《인문평론》, 1940. 4~5.

20. 板垣竜太, 《朝鮮の地域社会における植民地経験: 慶北尚州の歴史民族誌》, 東京大

学大学院総合文化研究科博士論文, 2005. 지역사를 통하여 식민지 경험을 재구하고 있는 이타가키의 박사논문 중 S의 일기와 관련된 부분은 다음 책에도 실려 있다. 이타가키 류타, 〈식민지의 우울〉, 윤해동 외 엮음, 《근대를 다시 읽는다》, 역사비평사, 2006. 일기의 인용은 박사논문 중.

21. 이타가키의 논문에 의하면 S는 사흘에서 닷새에 한 번 정도 《심천리》, 《신동아》, 《동광》, 《별건곤》 등의 잡지를 보았으며, 《동아일보》, 《조선일보》 등의 신문을 구독하였다. 또한 그는 마을에서 유일하게 축음기를 가지고 있었다. 1935년 조선어 신문을 구독하고 있던 조선인 구독자 수는 조선인 세대 수의 3.7퍼센트에 지나지 않았으며, 1937년 시점에서 라디오를 보유한 부락이 1.8퍼센트에 불과했다는 점을 상기할 때 S의 미디어 노출의 빈도수는 특기할 만한 사실이다. 板垣竜太, 앞의 책, pp. 204~207.

22. 여기서 《국민문학》에 실린 약 광고를 떠올릴 수 있을 것이다. 《국민문학》에 실린 광고의 종류는 영화 광고와 약 광고, 그리고 국책 광고 세 가지로 요약된다. 영화를 제외하면 약 광고가 가장 빈번히 등장한다. 그 중에서도 특히 청년기 신경쇠약에 대한 도쿄발 광고는 흥미로운 표상을 보여주고 있다. 마르고 허약해 보이는 남자의 이마에 신경쇠약이라고 씌어진 붕대가 감겨 있다. 신경쇠약증이 남성의 특질인 용기, 담력, 강건, 진취의 특질을 잃게 함을 강조하는 이 광고는 새로운 물리치료를 선전하며, 청년의 무기력증에 대한 강한 경계를 보여주고 있다. 이 광고는 당시 지배적 표상이 수신(受信)의 대상으로 삼고 있었던 것이 누구였는지를 보여줌과 동시에 이 수신자들이 어떻게 이 지배적 표상으로부터 또한 도망쳐나가고 있었는지를 보여준다. 그러니까 왜 청년들에게 그토록 신경쇠약이 많았으며, 이 사실이 그토록 '신경 쓰이는' 것이었는가?

23. フロイト, 〈悲哀とメランコリー〉, 懸田克躬, 高橋義孝他 譯, 《フロイト著作集6》, 人文書院, 1970, p. 139.

24. 板垣竜太, 앞의 책, p. 215에서 재인용.

25. 이타가키는 베네딕트 앤더슨의 '상상의 공동체'를 받치고 있는 미디어 논의를 끌어오며 S의 도시 미디어 향유와 민족 개념과의 연관성을 파악하고 있다. 나는 이 일련의 과정을 '제유의 작용'이라고 설명하고 싶은데, '사물의 한 부분으로 전체

를' 표현하는 제유야말로 상상의 공동체를 구축하는 적절한 수사—의식인 것으로 보인다.

26. 대한민국 정부는 정부 수립 이듬해인 1949년 10월 1일 민족의식과 민족정기를 고취하기 위하여 "국경일에 관한 법률"(법률 제53호)을 제정·공포하였다. 1949년 5월 24일 행정부가 3·1절, 헌법공포일, 독립기념일, 개천절을 4대 국경일로 하는 정부안을 국무회의 의결로 확정, 같은 해 6월 2일 제헌국회로 이송, 국회 법제사법위원회에서 헌법 공포일을 제헌절로, 독립기념일은 광복절로 명칭을 수정하여 합의한 후, 같은 해 9월 21일 제5회 임시국회에서 법률안을 확정하였다. 한편 북한에서는 이날을 '인민봉기 기념일'로서 기념하고 있다.

27. 독립선언서의 일문 번역과 함께 3·1운동의 구체적인 과정에 대해서는 朴慶植, 《朝鮮三·一独立運動》, 平凡社, 1976를 참조.

28. 단군에 대한 인식은 근대국가로서의 조선을 기획했던 유길준의 《서유견문》에서 이미 그 모습을 드러내고 있다. 따라서 5천 년 역사를 짊어진 '역사적 주체'는 근대국가로서의 '대한제국'의 기획 안에 등장한 것이지만, 5천 년 역사를 가진 역사적 주체를 의미하는 이 표기는 또한 왕조로서의 조선과의 단절을 욕망했던 근대 주체의 성립과 관계되어 있다고 볼 수 있다.

29. 1990년대 중반에 제기된 한일합방의 합법/불법 논쟁 속에서 이태진은 원자료 검토를 통해 1910년의 한국병합조약이 무효임을 입증하고자 했다. 이태진 외, 《한국병합의 불법성연구》, 서울대학교출판부, 2003를 참조. 이 논문에서 이태진은 일본제국의 대한제국 '합병'의 과정에서 통감부에 의한 황제의 서명 위조를 문제 삼으며 합병의 법적 근거를 묻고 있다. 한편 운노 후쿠주는 당시의 국제법 자체가 식민지 지배를 정당하다고 보는 제국주의 국가들의 논리에 의한 것인 한 합법/불법 문제라는 설정 자체가 한계를 지니고 있음을 지적하고 있다. 海野福寿, 《韓国併合》, 岩波新書, 1995. 한일병합 문제의 합법/불법 문제와 관련한 식민지 개념을 둘러싼 현재의 논의에 대한 간단한 요약으로 강만길 외, 앞의 책, pp. 13~19를 참조.

30. 《한국병합의 불법성연구》, pp. 239~240.

31. 물론 이는 실제적으로는 3·1운동의 초기 주도층이 설정한 대중동원의 수단이었던 측면이 강하다. 류청하, 〈3·1운동의 역사적 성격〉, 안병직·박성수 편, 《한국

근대민족운동사》, 돌베개, 1979. 그럼에도 불구하고 여기에서 문제 삼고 싶은 것은 고종의 인산이 바로 그 대중동원의 수단으로 사용될 만큼의 효과를 가지고 있었다는 점이다.

32. 김낙년, 〈일본제국주의 식민지 지배의 특질〉, 《한국사 13, 식민지 시기의 사회 경제 1》, 한길사, 1994, pp. 71~72. 또한 '대일본제국'의 공법체계 속에서 조선과 조선인이 차지하는 위치에 대하여 이철우, 〈일제시대 법제의 구조와 성격〉, 《한국 정치외교사논총》 제22집 1호를 참조.

33. 지배의 모든 영역에 관계해 있는 헌병경찰의 업무규정에 관한 규정으로는 朝鮮総督府, 《施政三十年史》, 朝鮮総督府, 1940, p. 17를 참조. 조선 사회 전반에 관여했던 헌병경찰의 업무는 도로경찰사항, 교통경찰사항, 영업경찰사항, 삼림경찰사항, 식음료경찰사항, 위생경찰사항, 잡무(호구조사, 채성 감시, 토사 채굴 감시) 등으로 분류된다. 《朝鮮総督府月報》 号外, 朝鮮総督府, 1911, pp. 96~97.

34. 김낙년, 앞의 책, p. 73. 내지 연장주의로 한걸음 더 나아간 이 변화에도 불구하고 본국에서의 식민통치의 중앙기관의 위상은 1940년대 전시하에서의 중앙정부의 통일적인 통제요구가 높아진 당시까지 애매한 상태였다. 내지와 조선의 행정일원화를 위한 제도개혁은 1942년에 이르러서야 이루어졌으며, 이때 처음으로 막강한 권력을 행사했던 조선총독에 대해 내무대신이 사무총리상 필요한 지시권을 행사할 것이 명시되었다.

35. 조선인들의 만세운동은 철저한 무저항을 표방했지만 그렇다고 해서 단순한 언설상의 행위는 아니었다. 진압 과정의 폭력 자체가 조선인의 대항 폭력에 한층 정당성을 부여했다. 조선민주주의인민공화국의 역사가 이 사건의 공식명칭으로 '3 · 1인민봉기'를 채택하고 있는 것은 김일성 무장투쟁으로 이어지는 '점령 상태로서의 1945년 이전'이라는 인식의 연속성을 보여주고 있다. 이에 따르면 이 운동은 윌슨의 민족자결주의의 영향을 받아 무저항을 표방, 실패할 수밖에 없었으며 이는 김일성의 무장투쟁을 요청하는 계기가 되었다. '3 · 1인민봉기', 《조선대백과사전》, 백과사전출판사, 2000 참조.

36. 3 · 1운동 후 취임한 사이토 미노루(齋藤實) 총독은 시정 방침의 첫머리에 무관 총독제와 헌병경찰제의 폐지를 명기했으며, 문화정치를 통한 반도의 "天業恢弘의

樂土"화를 지향할 것임을 약속했다. 조선총독부, 앞의 책, p. 134.

37. J. デリダ, 《法の力》, 堅田研一 譯, 法政大学出版局, 1999.(上野成利, 《暴力》, 岩波書店, 2006, p. 67에서 재인용)

38. 대표적 사례로 다음의 경우를 보자. "국무회의에서, 백범은 여러 해 감옥생활을 하여 왜놈 사정을 잘 알고 혁명 시기에는 인재의 정신을 보아서 등용한다며 이미 임명된 것이니 사양하지 말고 공무를 집행하라고 강권하였다. 결국 나는 경무국장에 취임하였다. 나는 5년 동안 경무국장으로서 신문관·검사·판사, 뿐만 아니라 행집행까지도 담당하였다. 범죄자를 처결하는 것을 요약하면, 말로 타이르는 것(說諭放送) 아니면 사형이었다. 예를 들면 김도순(金道淳)이라는 17세 소년은 본국에 파견되었던 정부 특파원의 뒤를 따라 상해에 와서 왜영사관과 협조하여 그 특파원을 체포코자 하였다. 그 소년은 왜영사관으로부터 여비 10원을 받았는데, 그가 미성년자임에도 불구하고 부득이 극형에 처한 일이 있었다. 이러한 것은 기성 국가에서는 보지 못할 특종 사건이라 할 수 있다." 김구, 《백범일지》, 도진순 주해, 돌베개, 1997, p. 302.

39. 1960~70년대에 만들어진 이 대륙 활극영화에 대해서는 김소영의 분석을 참조. 그녀에 따르면 일종의 상상적 지오그래피로서 이 영화들은 박정희 독재정권하에서 그 어느 때보다도 '남한'이 폐쇄적 언설공간으로 닫혀 있던 당시, 표상의 차원에서 수행된 일종의 상상적 확장이자 도시 하층 노동자로 대거 편입된 하층계급 남성들의 '판타지적 해방구'로서의 역할을 수행하였다. Kim Soyoung, "Geo-Political Fantasy Versus Imagined Community: Continental (Manchurian) Action Movies during the Cold War Era"(presentation paper), 2006 Trans: Asia Screen Culture Conference, Trans: Asia Screen Culture Institute(Seoul), 2006. 이 논의는 매우 풍부한 시사를 던져주는데, 왜냐하면 이 영화들은 대한민국이라는 후기식민지 국가가 식민 경험을 어떻게 끌어안는가에 대한 적절한 사례를 보여주는 한편 이 사례 자체가 민족국가(혹은 내셔널 시네마)를 내파하고 있기 때문이다. 그것은 두 가지 이유에서 그러한데, 첫 번째 이들 영화들이 배경으로 하는 식민지 시대 만주라는 귀속 불가능한 시공간과 두 번째 인적 물질적 차원에서 이미 이들이 대한민국을 넘어선 동아시아 액션영화의 계보 속으로 넘어가고 있기

때문이다. 이를테면 이 영화들을 후기 식민국가의 통사 속에서, 동시에 1960~70 년대 동아시아를 횡단하는 통−국가적 문맥 위에서 분석하는 것은 매우 흥미로운 작업이 될 것이다.

40. 국가 · 질서 혹은 법의 기원으로서의 폭력(Gewalt)에 대하여, ヴァルター·ベンヤミン, 《暴力批判論》, 野村修 編譯, 岩波文庫, 1994.

41. "군인이 될 수 있다"라는 가능태는 이광수의 소설 제목이기도 하다. 소설 〈병사가 될 수 있다〉에서 병사가 될 수 없다는 사실에 절망하여 죽은 어린 아들의 아버지 는, 지원병령 공포와 함께 아들의 추억에 휩싸여 외친다. "병사가 될 수 있다, 병사 가 될 수 있다!" 이 죽은 아들과 산 아들을 향해 동시에 외치는 아버지의 목소리는 결정적으로 반도의 미래를 향해 퍼져나간다. 이광수, 〈군인이 될 수 있다(兵になれ る)〉, 《신태양》, 1943. 11. 이 소설의 한글 번역본은 다음을 참조. 《식민주의와 협 력》, 김재용 · 김미란 편역, 역락, 2003.

42. ヴァルター·ベンヤミン, 《暴力批判論》, 野村修 編譯, 岩波文庫, 1994, p. 40.

43. 사카이 나오키에 따르면 일본 내에서 태평양 전쟁이 수행한 이중의 과제는 계급 과 민족과 식민지를 둘러싼 대립과 투쟁의 전선을 해소하고, 일본 국민 서로 간에 무기를 들지 않도록 보증하는 것이자, 하나가 되어야 하는 일본 국민을 위해 적의 존재를 만들고 그들을 살해할 것을 욕망하도록 하는 것이었다. "이 논리는 제국 내의 차별 철폐를 목표로 하는 보편주의적 소수자 통합운동을 추진하는 동시에 자기 희생에 의한 개인의 죽음을 국민 공동체에의 참가 형태로서 제도화함으로써 소수자의 국민통합에의 길을 열어젖혔다." 酒井直樹, 〈多民族国家における国民 的主体の制作と少数者マイノリティの統合〉, 《近代日本の文化史8 感情 · 記憶 · 戦争 1935 − 55年》, 岩波書店, 2002, pp. 10~11.

44. 제국 내 계몽 주체를 둘러싼 경합의 문제, 또 재남성화된 반도남성의 극한으로서 의 현해탄에 대해서는 이 책 4장을 참조.

45. 水井れい子, 〈朝鮮映画製作界をかへりみて〉, 《新映画》, 1942. 11, p. 91. 그 외 당 시 일본 내에서의 문예봉의 이미지론, 연기평에 대해서는 來島雪夫, 〈旅路〉, 《映画 評論》, 1937. 6 등을 참조.

46. 내지, 조선, 남양 그리고 독립기의 인도네시아로 이어지는 '히나츠 에이타로=허

영=닥터 휸'의 인간적, 영화적 여정에 대한 상세한 평전으로 内海愛子·村井吉敬, 《シネアスト許泳の〈昭和〉》, 凱旋社, 1987를 참조.

47. 그러나 이 과정이 실제로 그렇게 무난하게 진행되었던 것 같지는 않다. 일단 허영은 조선군 보도부로부터 지원을 얻어내는 데 성공한다. 이어 총독부 학무국장의 '지원사격'하에 총독부, 조선군 사령부, 국민총력 조선연맹의 후원이 결정된다. 그러나 제작을 맡기로 한 신코 키네마는 곧 난색을 표명하게 되고, 결국 허영은 조선군 보도부 제작만으로 촬영에 들어간다. 한편 처음 감독으로 이름이 거론되었던 다사카 도모타가는 촬영 개시 전에 내지로 돌아가고, 공동각본에 이름을 올린 이지마 타다시도 뺑소니를 쳐버렸다. 실제로 이 영화는 허영 혼자서 기획, 각본, 감독을 도맡아 만든 작품이 되었다. 앞의 책, pp. 92~94.

48. 飯島正·日夏英太郎, 《〈シナリオ〉君と僕》, 《映画評論》, 1941. 7, p. 132. 이 시나리오의 한국어 역이 《해방전(1940-1945) 상영 시나리오집》에 실려 있다. 심영섭 역, 평민사, 2004, pp. 176~218.

49. 앞의 책, p. 133.

50. 정확히 말하자면 문부성 추천의 변은 다음과 같았다. "극적 구성과 유리되어 저명한 배우를 나열하는 등 영화적 정비에서 난점이 있음을 인정하나 본 영화에 넘쳐나는 열의와 주제의 의의를 높이 산다.", 〈朝鮮〉, 《映画年鑑昭和十七年》, pp. 7~9에서 재인용.

51. 이를테면 유현목은 그의 한국영화사에서 허영을 "기회주의적 편승파"라는 한마디로 일축한다. 유현목, 《한국영화발달사》, 한진출판사, 1980, p. 209.

52. 실제로 조선으로부터 밀항해 히나츠 에이타로라는 가명으로 내지에서 활동하며, 일본여성과 결혼까지 한 허영에게 이 영화는 그의 판타지와 죄의식을 보상하는 계기로서도 중요했을지 모른다. 허영의 내지인 행세와 그 발각의 경위에 대해서는 《シネアスト許泳の〈昭和〉》, pp. 34~46.

53. 당시의 어떤 평자는 조선인 배우들로만 이루어진 이 '국어' 영화에서, 조선인 배우들의 과도한 국어 모방에 거북함을 토로하고 있다. "용어를 전부 국어(國語)로 한 것은 당연한 일이었으나 국어 지도에 있어 좀 더 신중한 고려가 필요치 않았을까. 발음의 무리라든지 회화의 어색함은 일조(一朝)에 어쩔 수 없고 도로혀 조선색(朝

鮮色)을 내는 데 있어 효과적일 것도 같으나 어색한 속에서 내지(內地) 여자의 흉내를 빌려 'ねえあなた' 등의 교성(嬌聲)을 발하는 건 어떨까 같기만은 대단 거북해, 차라리 내지에서 내지 배우들의 녹음을 빌린 것이 효과론 현명치 않았을까." 이춘인, 〈영화시평－조선해협을 보고〉, 《조광》, 1943. 9, p. 82. 이 서술은 식민지의 모방의 메커니즘에 대한 흥미로운 시사를 던져준다. 즉 그것은 언제나 '과잉' 모방으로 인하여 거리를 만들어낸다는 사실이다.

54. 박기채(朴基采, 1906~?). 전라남도 광주 출생. 도시샤대학에서 수학하였으며 교토 동아키네마에서 감독 수업을 받았다. 귀국 후 안석영 각본의 〈춘풍〉(1935)을 시작으로 이광수 원작의 〈무정〉을 영화화하면서 문예영화의 기틀을 세운 것으로 알려져 있다. 징병제 선전영화 〈나는 간다(今ど我は行く)〉(1942), 〈조선해협〉을 연출, 해방 이후에는 밀수 근절을 위한 계몽영화 〈밤의 태양〉(1948)을 완성하였다. 한국전쟁 중 납북된 후 행방불명.

55. 〈조선해협〉은 경성, 평양, 부산 3대 도시에서 138,750명 동원, 80만 원이 넘는 수익을 거둬들이는데, 1943년 당시 상상을 초월하는 초거대 자본이 투입된 조선영화제작주식회사의 자본금이 5백만 원이었던 사실을 염두에 둔다면 이것은 실로 대성공이라고 할 만한 수치다. 수치는 櫻本富雄, 〈十五年戰爭下の朝鮮映画〉, 《三千里》34, 1983, p. 190 참조.

56. 그녀는 문예봉인데, 김종한이 '고전적 타이프의 조선여성'을 발견할 수 있다고 극찬해마지 않았던 그녀는 현재로 환골탈태한 춘향이었으며, '삼천만의 연인'이었고, 내지가 사랑한 스타였다. 그리고 알다시피 해방 이후에는 북한 최초의 공훈배우가 되었다. 내지가 사랑했던 두 조선 여인이 최승희와 문예봉이었다는 점은 자못 흥미롭다. 제국의 이국취미적 열정의 대상이 되었던 이 두 여인은 서로 전혀 다른 방식으로 제국의 시선을 반사한다. 당시 내지의 부인잡지 《부인화보》에 실린 문예봉의 사진과 캡션은 그녀가 일본에서 어떻게 받아들였는지를 잘 보여주고 있다. 참고로 이 잡지는 시인이자 국민문학의 편집진으로 합류하는 김종한이 편집인이었다. 《婦人画報》, 1939. 12.(藤石貴代·大村益夫·沈元燮·布袋敏博 編, 《金鍾漢全集》, 綠蔭書房, 2005에서 재인용)

57. 이 이미지는 극히 낯익은 것인데 기다리는 여인, 고통을 감내하는 그녀의 이미지

는 1950년대 한국영화에서 반복해서 마주치게 될 모습이다. 이 이야기가 1950년
대 이후 한국영화의 내러티브를 예감케 한다는 것은 이때 가능해진 멜랑콜리로부
터의 탈피와 재남성화라는 기제가 동일한 방식으로 1950, 60년대의 민족국가 만
들기라는 명제하에 작동한다는 것을 의미하는 것은 아닐까.

58. 1930년대 후반부터 등장한 내선연애 소설을 분석한 심진경은 이들 소설들을 대략
두 가지로 나누어 설명하고 있다. 대략 이 구분은 내선일체 이데올로기를 적극적
으로 선전, 선동하기 위해 씌어진 이광수, 정인택, 최재서의 소설과 보다 심리적이
고 내면적인 연애 소설로 읽혀질 수 있는 한설야, 채만식, 이효석의 소설군으로 나
누어진다. 그녀는 후자의 소설들에서 일본 여성의 섹슈얼리티는 "식민지 남성 주
체의 욕망을 불가능한 대상에 대한 욕망으로 만든다"고 지적하고 있다. 심진경,
〈식민/탈식민의 상상력과 연애소설의 성정치〉, 《민족문학사연구》 28집, 민족문학
사연구소, 2005.

59. 한설야, 〈影〉, 《国民文学》, 1942. 12, p. 120. 이 소설의 한국어역은 다음 책에 실
려 있다. 《식민주의와 비협력의 저항》, 김재용 · 김미란 · 노혜경 편역, 도서출판
역락, 2003.

60. 앞의 책, p. 122.

61. スラヴォイ · ジジェク, 《全体主義観念の(誤)使用について》, 中山徹 · 清水知子
譯, 青土社, 2002, pp. 176〜177.

62. 멜랑콜리와 사랑에 대해서는 13세기의 궁정풍 연애시에 대한 아감벤의 분석을 참
조. Giorgio Agamben, *Stanzas: Word and Phantasm in Western Culture*,
translated by Ronal L. Martinez, University of Minnesota Press, 1993, pp.
63〜124.

63. 여기서 기원에의 환상에 대한 논의는 레이 초우를 참조하였다. 레이 초우는 근대
중국영화를 논하는 자리에서, 원시적 열정이란 문화적 위기의 순간에 등장하며,
전통문화의 기호가 의미작용을 독점하지 못하게 되면서 기원에 대한 환상이 생겨
난다고 말한다. 레이 초우, 《원시적 열정》, 정재서 옮김, 이산, 2004. 원시적 열정
과 로컬리티의 문제에 대해서는 이 책의 4장을 참조.

64. 정인택, 〈蠢動〉, 《문장》, 1939. 4, p. 68.

65. 앞의 책, p. 77.

66. 실제로 미나미 총독은 피식민자 측으로부터의 권리의 언설에 강한 경고를 가했다. 朝鮮総督府, 〈国民精神総動員朝鮮聯盟役員総会議上総〉, 《朝鮮における国民精神総動員》, 1940, p. 101. 이에 답하듯 이광수는 이렇게 쓰고 있다. "내선일체란 조선인의 황민화를 말하는 것이지 쌍방이 서로 접근함을 의미하는 것은 아니다." 이광수, 〈내선일체수상록〉, 중앙협회회, 1941. 5. 10, p. 16. 식민자의 의도를 뛰어넘는 일체성과 협력의 강조도, 그에 미달하는 사고도 모두 피해야 할 것이었다. 따라서 이 시기의 피식민자의 언설은 공포된 제국의 명령을 반복하는 듯 전유하고, 여기에 대한 통제가 가해지거나 예상되는 순간 명령 그 자체로 돌아가는 일종의 경합과 복종을 거듭했다. 이러한 문제를 조선어 해소론을 둘러싼 식민권력과 피식민 협력자들 간의 경합과 파열을 통해 조명한 연구로 황호덕, 〈제국과 픽션, 일제말 조선어 문단해소론의 과정〉, 《동아시아 근대어문질서의 형성과 재편》(발표집), 성균관대학교 대동문화연구원, 2006을 참조.

67. 《京城日報》, 1941. 11. 5.

| 제3장 | **협력의 제도 – 〈반도의 봄〉과 토키 시대의 조선영화**

1. 장 미셸 프루동이 지적한 바와 같이 시스템으로서의 영화가 '국가 규모'로 이루어지는 것이라면 그렇다고 할 수 있을 것이다. ジャン＝ミシェル-フルドン, 《映画と国民国家》, 野﨑歓 譯, 岩波書店, 2002, p. 14. 프루동이 말하는 국가와 영화의 결합은 그 자체로 옳은 말이지만, 나는 이와 함께 식민지 영화를 분석하는 데 있어서 미리엄 한센이 제안하고 있는 'Vernacular Modernism'을 염두에 두어야 한다고 생각한다. 헐리우드의 고전적 영화 스타일을 분석하면서 한센은 이 스타일이 모더니즘과 고전성 쌍방에 유통되는, '크레올화'된 관용어로서 모더니티의 체험(과 실패)에 대한 일상적 레벨에 있어서의 대응장치로서 기능하였음을 밝히고 있다. 그에 따르면 할리우드 영화의 세계적 매혹은 할리우드의 이데올로기적 권력성

보다도 다른 형태의 모더니티를 체험하는 사람들에게 그 체험에 대응할 수 있게 해주는 번역성에 기초해 있는 것이다. 한편 아론 젤러는 이 개념이 일본영화의 근대성을 둘러싼 논쟁에 개입함으로써 유의미한 문제 제기를 해줄 수 있을 것이라고 본다.

"미국영화로부터 큰 영향을 받은 다이쇼 시대의 순영화극운동 등을 생각할 때, 이를 일본영화의 표층적인 서양화/근대화가 아닌 일본영화에 있어서의 모더니즘의 일상어화의 일부로 생각함으로써 서양 대 일본, 근대 대 전근대라는 도식이 아닌 어떤 식으로 모더니즘의 방언을 만들어내었는가(그리고 어떤 것을 배제했는가, 어떤 것을 표준어로 꾸며내었는가)라는 번역을 둘러싼 권력전으로서 전전의 영화사를 구상해낼 수 있다."アーロン・ジェロー、〈日本映画と日常語としてのモダニズム〉、《近代日本の文化史 7》(月報) 2002年 9月, p. 5. Vernacular Modernism의 적용 가능성에 대한 아론 젤러의 예감은 이 개념이 가지고 있는 유연성(flexibility)–번역성에 기인하는데, 할리우드/유럽 영화를 제외한 3세계 영화에 있어서 이 개념은 충분히 매혹적이다. 왜냐하면 번역성에 기초함으로써 이것은 서양/동양, 근대/전근대 등의 이항대립적 사유를 뒤흔들고 그 사이로 파고들 수 있게 해주기 때문이다. 한편 아론 젤러는 vernacular를 '일상어'로 번역하고 있는데, 이것은 한 지역 공동체의 나날의 삶 속의 모더니티라는 의미를 끌어내는 데 적합하다고 생각된다. 그러나 이 글에서는 기왕에 한국에 소개된 번역 개념(특히 내가 염두에 두고 있는 것은 주창규가 제안하고 있는 번역어이다)과 임화가 사용했던 '고유한 열정'이라는 단어의 의미를 활성화시킬 수 있다는 점에서 '고유성'으로 표기하고자 한다. Miriam Hansen, "The mass Production of the Senses: Calssical Cinema as Vernacular Modernism", *Reinventing Film Studies*, Christine Gledhill and Linda Williams eds., London, Arnold, 2000.

2. 林和, 〈朝鮮映画の諸傾向について〉, 《新興映画》 1930. 3, p. 116.

3. Philip Rosen, "History, Textuality, Nation", *Theorizing National Cinema*, British Flm Institute, 2006, p. 26.

4. 임화, 〈조선영화론〉, 《춘추》, 1941. 11.

5. 林和, 〈朝鮮映画の諸傾向について〉, 《新興映画》 1930. 3, pp. 116~117.

6. 원문에서 날짜는 〈一九一九年の三月XX〉로 표기되어 있다. p. 119.

7. '이식문학론'으로 불리는 임화의 문학사 서술은 1939년부터 1941년까지 《조선일보》에 연재되다 중단되고 다시 《인문평론》에 재연재되었지만 결국 미완으로 끝난 〈개설조선신문학사〉와 1940년 1월 《동아일보》에 연재된 〈조선문학 연구의 일과제〉를 지칭한다. 임화의 이 '신문학사 방법론'을 '이식문학론'으로 정리한 이는 김윤식이다. "식민지 사관이란 일본학자들이 제시한 한국사의 발전과정에 대한 논의에서 말미암은 것이다. (중략) 이러한 이론들이 얼마나 허위적이고 부당한가를 반증하는 일은 의외로 간단한 과제일 수 없다. 왜냐하면 일제 강점기에서 일본학자들에 의해 정책적으로 제시된 부분만은 쉽사리 격파해버릴 수 있겠지만 보편성 문제에까지 나아간다면 결코 단순한 과제일 수 없다. 보편성이라는 명제는 합리적 사고에 그치지 않는다. 제도적 장치로서의 근대가 거기에 가로놓여 있기 때문이다. (중략) 이러한 문제점을 잘 보여주는 것이 임화의 저 악명 높은 '이식문학사'의 개념이다. 우리 근대문학사를 처음 쓰고자 마음먹었던 그는 신문학사란 이식문화의 역사라는 관점을 표나게 내세웠다. 이 명제는 일면으로는 식민지적 문학사관이라 부를 수도 있지만 다른 한편으로 보면 '근대성'을 중심과제로 삼았음에서 나온 필연적 결과라 할 수 있다." 김윤식, 《한국문학의 근대성과 이데올로기 비판》, 서울대학교출판부, 1987, pp. 75~76.

8. 나운규, 〈아리랑을 만들 때 – 조선영화감독 고심담〉, 《조선영화》, 1936. 11.

9. 〈아리랑〉은 잘 알려져 있다시피 남북한 양쪽에서 모두 '민족영화'의 기원으로 공인된 작품이다. 경성 한복판에 폭탄을 던진 듯한 충격과 기록적인 흥행 성공, 그리고 식민지 조선의 거의 모든 영화를 둘러싼 언설들에서 원체험으로 이야기되고 있는 이 영화 〈아리랑〉은 한국영화사 서술 안에서 너무 많이 말해졌지만 그러나 여전히 거의 말해지지 못했다. 왜냐하면 이 모든 한국영화사의 넘쳐나는 언설들은 '민족영화'의 기원이라는 신화의 자장만을 끊임없이 맴돌고 있기 때문이다. 그 안에서 정작 사라진 것은 저 '폭발적 영화경험'으로서의 〈아리랑〉 그 자체였다. '식민지 시기에 폭발적인 인기를 누렸던 대중영화'로서 〈아리랑〉을 구출할 것을 제안하는 주창규는 이 영화를 민족이라는 기표 대신에 서벌턴적 상상력의 응축으로서, '고유한 열정'으로서 볼 것을 주장한다. 주창규, 《역사의 프리즘으로서 '映畵란 何

오' : 충무로 영화의 문화적 근대성 연구〉, 중앙대학교 첨단영상대학원 박사학위 논문, 2004.

한편 임화가 위의 텍스트에서 언급하고 있는 부분. 나운규의 〈아리랑〉과 심훈의 〈먼동이 틀 때〉가 피폐해가는 농민이라는 현실과 3 · 1운동의 자장이라는 영향하에서 만들어진 것이라는 진술은, 〈아리랑〉의 폭발적인 힘이 무엇이었는지, 그 힘을 낳게 한 1920년대 식민지 조선이란 과연 어떤 것이었는지에 관한 단서를 던져준다. 이 암시는 3 · 1운동이라는 상징 속에서 하나의 실체를 얻는다. 1919년의 만세운동, 통칭 3 · 1운동은 해방 이후 〈아리랑〉과 거의 같은 처지에 놓여진 것처럼 보인다. 그것은 동어반복이라는 점에서 너무 많이 말해졌지만 또한 거의 말해지지 않은 대상이다. 즉 이 운동은 남한의 '민족주의' 이데올로기와 북한의 '계급' 이데올로기로 포섭되는 한에서, 끊임없는 신화화를 겪는 한편 계급의 이름으로 폄하되기도 하였다. 해방 이후 역사 서술에 있어서 〈아리랑〉과 3 · 1 운동에 대한 이 유사한 '전유'는 무엇을 의미하는가? 그것은 오히려 이 두 텍스트가 가지고 있는, 민족으로서도 계급으로서도 해결되지 않는 어떤 잔유물 때문이 아닐까? 나는 〈아리랑〉에 대한 해명이야말로 식민지 영화의 가능성에 대한 해명이며, 이를 위한 하나의 입구로서 3 · 1운동이 존재한다고 주장하고 싶다. 1930년대 말, 어떤 의미에서 식민지 영화의 가능성을 접어야 했던 바로 그 시간을 문제 삼고 있는 이 논문에서 이를 해명하는 것은 힘든 일이다. 그러나 해방 이후 남북한이 3 · 1운동을 해석해 온 과정에 대한 메타 분석을 요구하는 이 작업이야말로 '식민지 영화' 연구가 끌어안을 수 있는 가능성이라고 생각된다.

10. 조선영화에 대한 관객의 충성도는 매우 높았던 것으로 보인다. 특히 후대의 한국영화사가 '한국영화의 첫 번째 황금시기'라고 지칭하는 1926년부터 1931년까지, 나운규가 가장 활발하게 활동했던 이 시기는 '한국영화'의 황금시기라는 명칭 자체에 동의하는가 동의하지 않는가를 별도로 하더라도 조선인 관객들의 열렬한 호응을 이끌어냈다. 이 시기의 극장은 일본인용과 조선인용으로 나뉘어 있었으며 1936년 '관객의 내선일체'를 표명하고 나선 명치좌가 등장하기 전까지 이 상황은 계속되었다. 한편 1926년 관람료의 대폭 인하로 영화 관람의 (물론 제한적이라는 단서를 단) '일반화'가 이루어졌으며, 극장은 종종 민족적, 계급적 울분이 분출되

는 장소가 되기도 하였다. 여선정의 논문은 '식민화를 경험하면서 민족이라는 공동체를 상상하게 되는 시기, 봉건적 신분사회가 무너지고 자본주의적 계급사회가 형성되는 시기'에 도착한 경성의 영화적 공공영역을 추적하며 이 공간이 일종의 '대항적 공공영역'이 될 수 있었음을 논증하고 있다. 여선정, 《무성영화 시대 식민도시 서울의 영화관람성 연구》, 중앙대학교 영화연극과 석사학위논문, 1999.

11. 김유영, 〈黎明期의 조선영화〉 좌담회, 《동아일보》, 1939. 1. 31.

12. 菊池盛夫, 〈朝鮮映画の全貌を語る〉, 《映画評論》, 1941. 7, p. 59.

13. 당시 《에이가준보(映畫旬報)》, 《니혼에이가(日本映畫)》, 《에이가효론(映畫評論)》 등 일본 영화잡지에 실린 조선영화는 방화에 속해 있었다. 한편 《일본영화연감》은 1942년부터 '조선'을 대만과 함께 일본영화의 한 카테고리로서 다루며 독립지면을 할애하고 있다. 일본영화계(안의 조선과 대만영화계), 동아공영권영화계, 구미영화계로 이루어진 1942년과 일본영화계(안의 조선과 대만영화계), 동아공영권영화계, 세계영화계 연표로 이루어진 1943년 영화연감의 구성은 대동아공영권의 영화가 어떻게 카테고리화되었는지를 명징하게 보여준다. 대동아공영권 안에서 일본의 식민지인 조선과 대만이 일본 안으로 괄호 쳐진 존재였던 것처럼 영화 또한 그러했다.

14. 이 부분은 사실상 일본영화와의 완전한 유착에도 불구하고 조선영화가 존재했어야 하는 유일한 이유였다. 그러나 '희망적' 언설의 차원에서는 종종 지워지기도 했다. "조선영화는 조선만의 영화가 아니라, 내지영화, 만주, 중화민국, 몽고의 친구들에게까지 반드시 깊이 파고들리라는 사실을 믿어 의심치 않습니다." 高島金次, 〈大東亜文学者大会一行を迎えて〉, 1942.(高島金次, 《朝鮮映画統制史》, 《日本映画言説大系 戦時下の映画統制期9》, 2003, p. 353으로부터 재인용)

15. 倉茂周蔵, 〈朝鮮映画への希望〉, 《映画旬報》, 1943. 7. 11, p. 8.

16. 물론 그럼에도 불구하고 '조선영화의 특수성'은 효과의 차원에서 계속 질문되어야 했다. 왜냐하면 특수한 영역으로서의 지배단위인 "조선의 인물, 조선의 의상"은 여전히 존재했기 때문이다. "조선영화주식회사가 태어났습니다만, 이것은 결국 조선의 특수사정으로 생겨난 것이라고 생각합니다. 한편으로 내선일체가 힘차게 외쳐지는 지금 조선의 특수사정 운운 하는 것은 모순이 있는 듯 생각될지 모르겠

습니다만, 잘 생각해보면 그와 같은 행방이 극히 자연스럽다는 것을 알게 됩니다." 淸水正藏, 〈朝鮮映畵の特殊性〉, 《映畵評論》, 1943. 7, p. 10. 후술하겠지만 이 특수사정이란 일본어 해득 능력과 관계 있는 관객의 문제와 관련 있다.

17. 오영진, 〈朝鮮映畵の一般的課題〉, 《新時代》, 1942. 6, p. 96.

18. '저속한 일반대중'의 취미와 그에 영합하는 영화를 질타하며, 개인주의와 상업주의의 오염으로부터 벗어나 동양의 아름다운 심정의 세계를 그리는 영화, 그리하여 '국민문화'에 기여할 수 있는 영화를 논하고 있는 오영진의 일련의 국가-영화론은 일종의 '정신주의'에 대한 경도라는 점에서 당시 일본의 가장 대표적인 영화논객 츠무라 히데오(津村秀夫)의 영화론과 유사하다. 츠무라 히데오의 정신주의에 관해서는 ピーター B. ハーイ, 《帝国の銀幕》, 名古屋大学出版部, 1995, pp. 193~234.

19. "조선영화는 조선의 문학이나 기타예술에 의존한 것 이상으로 외국영화에 의존하고 있었다고 말할 수 있다. (중략) 그러나 여기서 거듭 주의할 것은 조선영화의 이러한 내부적 동향이란 것이 전혀 자본의 원조를 받지 못한 대신 그의 폐해(弊害)도 입지 아니했다는 사실이다. 이러한 자유는 조선영화의 성격을 어느 정도로 독자화하여 가까운 예만 하더라도 일본영화보다 훨씬 이질적인 물건을 만든 것이다. (중략) 내지 영화를 통하여 조선영화가 배운 것은 물론 막대한 것이나, 그것의 집적의 이미데잇은 아직 현저하지 아니한 것이다. 그것은 마치 문학이 일본문학을 통하여 서구문학을 배운 것처럼 그것을 통하여 서구영화를 배웠기 때문이다." 임화, 〈조선영화론〉, pp. 91~92.

20. 오영진, 앞의 글, pp. 98~99.

21. 이후 시나리오/희곡 작가로 활약하는 오영진은 자신의 말에 대한 응답처럼 '건전한' 코미디를 주력으로 삼았다. 그리고 해방 후에는 한국의 대표적인 풍자작가로 인정받았다.

22. '내지'와 '외지'라는 구분은 제국 일본의 식민정책이 처음부터 가지고 있을 수밖에 없었던 이중성에 기인한다. 근대 일본은 동양으로서 서양에 대립하는 동시에 동양 안에서 일본의 위치를 특권화시켜야 했다. 이러한 일본 식민주의의 딜레마는 일본 제국주의 시기 내내 '식민'이라는 말을 쓰는 것을 제한하도록 만들었다. 대신 선택

된 것이 바로 내지와 외지라는 구분이었다. 이 구분은 한편으로 같으면서 달라야 하는 본국과 식민지라는 딜레마를 드러내는 것이라고 볼 수 있다. 치안유지법의 적용상의 차이를 통해 이 문제를 논한 연구로 水野直樹, 〈植民地独立運動に対する治安維持法の適用—朝鮮·日本〈内地〉における法運用の落差〉, 《植民地帝·日本の法的構造》, 浅野豊美·松田利彦 編, 信山社, 2004, pp. 417〜459. 한편 고마고메 다케시는 식민지에 있어서의 헌법의 형식적 적용과 실질적 비적용에 의해 일본이 어떻게 단일민족국가라는 원칙을 유지할 수 있었는가를 분석하며 단일민족국가로서의 원칙과 식민지 통치 사이에 처해졌던 일본 제국주의의 딜레마를 고찰하고 있다. 駒込武, 《植民地帝国日本の文化統治》, 岩波書店, 1996.

23. 이병일(李炳逸, 1910〜1978). 함경남도 함흥 출생, 도쿄 미사키영어학교 졸업후 닛카츠에 입사, 아베 유타카(阿部豊)의 문하에서 연출을 공부했다. 1941년 조선으로 돌아와 〈반도의 봄〉으로 감독 데뷔하였다. 해방 후 도미, 남캘리포니아대학 영화과에서 수학, 이후 〈시집가는 날〉(1956), 〈자유결혼〉(1958), 〈청춘일기〉(1959) 등을 발표하며 1950년대 한국영화를 대표하는 감독으로 알려졌다. 1958년 한국감독협회회장으로 선출, 감독/제작자로서 초창기 한국영화 제도 형성에 중요한 역할을 담당하였다.

24. 이병일은 해방 이후인 1956년 그의 대표작 중 하나가 될 〈시집가는 날〉을 오영진이 1943년 국책 문화잡지 《국민문학》에 실은 일본어 시나리오 《맹 진사댁 경사》를 원작으로 하여 완성한다. 오영진의 일어 시나리오와 〈시집가는 날〉을 둘러싼 제국과 로컬 컬러의 문제, 로컬 표상으로부터 민족(국가)표상으로의 전이에 대해서는 이 책의 5장을 참조.

25. 《昭和17年映画年鑑》, 日本映画雑誌協会, 1942, p. 7–4.

26. 이병일, 〈정열의 묘사〉, 《조광》, 1941. 5, p. 243.

27. 이영일, 《한국영화전사》, 도서출판 소도, 2004(초판 1969), p. 206.

28. 金聖珉, 《半島の芸術家たち》(연재), 《サンデー毎日》, 1936.

29. 김정혁이 쓴 1940년 상반기 영화를 총결산하는 글을 참고로 하자면 고려영화사는 최인규, 박기채, 서광제, 방한준, 전창근 등을 전속으로 하고 있었으며, 배급사로부터 시작한 이 영화사는 과거 조선 토키의 대부분을 매수, 총 112작품의 재고를 가

지고 있었다. 또한 만주영화협회와의 긴밀한 제휴, 뉴스 자료 제공, 조선영화 각사 작품의 만영(滿映) 이출을 전담하는 등 신체제 속에서 유연하게 적응해가면서 덩치를 키웠다. 참고로 김정혁은 1940년 당시 이창용의 오른팔이라고 불렸던 인물이다. 김정혁, 〈영화령의 실시와 조선영화계의 장래〉, 《조광》, 1940. 9, p. 254.

30. 토키 시대로 돌입한 조선영화계가 당면한 문제의식으로부터 '친일영화'로의 접속을 논하고 있는 연구로는 다음을 참조. 이화진, 《조선영화─소리의 도입에서 친일영화까지》, 책세상, 2005. 식민지 말 연구에 있어서, 영화를 개입시키는 순간 1930년대 말에 일어났던 대규모의 전향=‘친일’이 해명되는 부분이 있다. 물론 영화라는 특수한 부분에서 일어난 일을 그대로 전체로 확대시키는 것은 무리일지 모르나, 그 자체로 테크놀로지 장치인 영화를 둘러싼 상황을 살펴보는 것은 테크놀로지라는 항이 전향=‘친일’ 논리에서 어떻게 작용했는지를 극적으로 보여준다.

31. 〈아리랑〉은 1940년대 초 배급권이 통폐합되고 조선의 전 극장이 통제하에 놓이기 전까지 계속 상영되었던 것으로 보인다. 1938년 12월호 《삼천리》의 기사에 따르면 〈아리랑〉은 당시에도 조선 전역에서 상영되고 있었으며 약 7만 원의 이익금을 거둬들였다. 참고로 이 영화의 제작비는 3천 원가량이었다. “이 영화 소유권이 나씨(나운규)의 손으로 떠나서 다른 사람에게 간 것은 벌서 옛날 일이지만 모름직이 그동안 巨利를 얻은 配給業 某씨는 찬란한 立碑라도 하여 세워 지하의 나씨靈을 弔하야도 좋으리라.” 편집자, 〈機密室, 우리 사회의 제내막〉, 《삼천리》 1938. 12. p. 22.

32. 이영일, 《한국영화전사》, p. 144.

33. 조선이 일본영화의 시장으로서 고려되기 시작한 것은 1934년 활동사진영화취체규칙이 공포되기 시작한 때부터로 보인다. 일본영화에 대한 산업보호적 관점이 포함된 이 법은 국내 개봉영화의 3분의 1을 국산영화로 채울 것을 명시하고 있다. 이 법의 여파로 인해 조선 내에서 공개된 일본영화의 편수는 급격히 늘어났다. 여기에는 또 한편으로 1930년대 이후 식민의식의 심화라는 요소 또한 작용하기 시작한 것으로 보인다. 경성을 예로 들자면 1932, 33년부터 일본인 거주지 혼마치와 조선인 거주지 종로라는 분리된 공간을 넘나드는 자들의 기록이 등장하기 시작한다. 이들은 “일본영화는 반드시 일어로 일본상설관에서 영사를 하여야 멋이 있고

조선관에서 조선말 해설은 이를 도리어 빈정거린다." 이들은 '진짜' 일본영화를 즐기기 위하여 일본인 극장을 찾았다. 《동아일보》, 1933. 8. 3.

34. 1934년의 기록에 의하면 조선 내 전체 상영관의 62퍼센트가 미국영화로 채워져 있었으며, 상영편수 또한 여타 나라들보다 다섯 배나 많았다.("조선", *Film Daily Year Book of Motion Pictures 1938*(New York: Film Daily, 1938) 1191–93) 이 자료를 인용하고 있는 브라이언 이시즈는 1926년부터 1936년까지 식민지 조선에서 할리우드 영화가 차지했던 위치를 규명하며 할리우드의 글로벌한 확장이라는 MPPDAA(Motion Picture Producers and Distributors Association of America)의 목표가 조선 총독부의 경제적인 요구와 어떻게 맞아떨어졌는지를 밝히고 있다. 그에 따르면 1926년부터 1936년 사이에 총 7,376편의 외국산 장편영화에 대한 검열이 신청되었는데, 그 중 6,737편이 할리우드영화였다. 한편 이 기간 동안의 조선총독부의 검열 수수료 수입은 262,080엔이 넘는 막대한 것이었다. 브라이언 이시즈, 〈식민지 조선에서 좋은 사업이었던 영화검열: 할리우드 제1차 황금기(1926–1936)의 부당이득 취하기〉, 《한국문학연구》 No. 30, 동국대학교 한국문학연구소, 2006, pp. 203~237.

35. 상영영화 총 미터에 따르는 외국영화의 분량은 1930년 말까지 4분의 3이내, 1936년 중반에는 3분의 2이내, 1939년 이후에는 2분의 1로 제한되었다. 加藤厚子, 《総動員体制と映画》, 新曜社, 2003, p. 215.

36. 1935년 《삼천리》에 실린 기사에 따르면 단성사에서 개봉한 이 영화는 연일 만원 사례를 기록하며 하루에 천오백 원씩의 이익을 남겼다. 한편 이 영화의 제작비는 만이천 원으로 알려져 있다. 〈長安豪傑 찾는 좌담회〉, 《삼천리》, 1935. 11, p. 95.

37. 안석영, 〈조선영화계의 일년〉, 《조광》, 1936. 12.

38. 安碩柱(安夕影), 〈朝鮮映畵樽話〉, 《朝鮮及滿洲》 No. 338(1936), p. 75.

39. 이 영화는 이규환의 영화적 스승이기도 한 스즈키 주키치(鈴木重吉)가 제작을, 오쿠보 다츠이치가 촬영을 담당하였다.

40. 〈나그네〉는 특히 일본에서 조선영화로는 보기 드문 평가를 얻어냈으며, 이는 이후 조선영화의 내지 진출이라는 과제에 시금석과 같은 것으로 받아들여졌다. 太田恒彌, 〈朝鮮映画の展望〉, 《キネマ旬報》, 1938. 5. 1, p. 12.

41. 이 영화는 개봉 당시 명치좌 개관 이래 최대의 초만원 사태를 기록했으며, 문예봉이라는 조선영화 최고의 스타 여배우를 배출하였다. 이 영화가 불러일으킨 센세이셔널한 성공은 다음과 같은 말에서 짐작 가능하다. "〈나그네〉는 45만원 이익을 내었다고, 〈나그네〉를 상영한 明治座는 개관 이래 처음 보는 초만원, 그 만원의 8할까지는 조선사람, 文藝峰의 인기는 하늘에 뜬 별 같다고.", 《삼천리》, 1937. 5, p. 16. 한편 임화는 그의 〈조선영화발달소사〉에서 이 영화를 무성영화 시대의 〈아리랑〉과 같은 의의를 갖는 작품이라고 평가하고 있다. "이 작품이 어느 정도까지 內地人의 원조를 얻었는지는 별문제로 하고라도 〈토-키〉 시대에 들어온 朝鮮映畵를 비로소 반석의 토대 우에 올려놓은 작품임은 사실이다. 사람들은 〈아리랑〉을 볼 때와 가치 기뻐하였다. 이 사실은 기술에서만 아니라 내용에 있어서도 관중의 要求의 한 부분을 만족시켜준 것을 의미하는 것이다. 또한 女優 文藝峯 씨가 비로소 자기의 진심한 가치를 발휘해본 것도 〈나그네〉요, 當代의 女優 文藝峯을 세상에 내보낸 것도 〈나그네〉다. 이것은 〈나그네〉가 실로 여러 가지 의미에서 朝鮮映畵史上에서 〈아리랑〉과 유사한 의의를 갖는 작품임을 의미한다." 임화, 〈조선영화발달소사〉, 《삼천리》, 1941. 6, p. 205.

42. 임화, 앞의 글, p. 204.

43. 1942년 7월 《에이가효론》의 조선영화 특집에 실린 좌담회 〈조선영화의 전모를 말하다〉에 참석한 히로카와 소요(이창용)은 사일런트 시대 조선영화의 제작비에 대한 구체적인 데이터를 기억해내고 있다. 그에 따르면 '소위 거리 프로덕션'의 전성시대 편당 제작비가 2천 원부터 3천 원에 이르렀다. 〈풍운아〉가 출연료를 모두 합쳐서 1,760원, 〈아리랑〉이 3,300원, 〈잘 있거라〉가 2,300원이었으며, 프린트는 한 벌이 기본이었다. 〈잘 있거라〉는 조선영화계 과거의 성적 전부를 합해 최고를 기록하였으며 경성에서 약 7일에서 9일 상영, 이후 평양에서 5일 상영, 대구에서 3일 상영이라는 당시 일반적 순서를 따라 개봉한 지 21일 만에 2,300원을 모두 회수하는 기록을 세운다. 이와 같은 제작비는 1942년 현재 이창용 본인이 제작한 영화들을 예로 들자면 보통 작품 한 편당 3만 원에서 4만 원 이내가 되었으며, 총수입은 최저 2만 원에서 최고 6만 원까지를 기록하고 있다.

44. 나운규, 〈영화시감〉, 《삼천리》, 1937. 1, pp. 183~184.

45. 이규환, 〈藝苑動議: 映画構成과 企業家 技能發揮에는 企業家의 協力이 必要〉, 《동아일보》, 1937. 8. 19.

46. 조선영화의 이 기형적인 산업구조를 고스란히 몸으로 체감해야 했던 이는 역설적이게도(혹은 당연하게도) 조선영화를 대표했던 나운규였다. 〈아리랑〉의 대성공 이후 〈금붕어〉를 끝으로 요도 토라조가 운영하던 조선키네마를 탈퇴, 자신의 제작소 나운규프로덕션을 차려 〈잘 있거라〉를 만든 그는 이 첫 개인 프로덕션 작품의 성공으로 다섯 편의 작품을 연출하나, 이 시도는 〈벙어리 삼룡〉을 끝으로 결국 실패로 돌아간다. 1930년 〈아리랑 후편〉을 완성한 그는 일본인 도야마가 제작한 영화 〈금강한〉, 〈남편은 경비대로〉에서 도야마가 분한 주인공에게 패하는 악역을 맡아 그의 경력에 심각한 후유증을 남기는 한편 일본인 흥행사에 의한 이전 흥행작들의 지방 순회공연으로 1930년대 전반기를 보내야 했다. 위의 글이 씌어진 것은 그가 폐결핵과 싸우며 유작이 될 〈오몽녀〉를 촬영할 당시였다. 이창용의 말에 의하면 그의 영화는 거의 수지타산이 안 맞은 작품이 없었으나 나운규 스스로는 새로운 영화를 만들 때마다 악전고투를 거듭해야 했다. 그 자신 영화감독으로서의 정체성을 끝까지 포기하지 않았던 심훈이 비통에 잠겨 다음과 쓰고 있는 것은 무리가 아니다. "막설하고 연래로 전 조선의 수십만 민중이 어쨌든 이 나군(나운규)의 작품을 보고 웃고 울고 손뼉을 치고 하였다. 그런데 그 중에 한 사람도 그의 손을 잡고 앞길을 열어주려는 유지가 없다는 것은 적어도 우리 전체의 수치라 아니할 수 없다. 나군을 예로 들어서 말하는 것이니 도대체 조선의 돈 있는 사람들은 모조리 신경이 마비되었는가? 그의 고혈을 짜내인 작품은 또다시 남의 손을 거쳐서 나오게 되는 모양이니 우리들이 제 눈으로 보고 웃고 울고 한 값까지 알뜰이 긁어모아 그 주머니 속에 진상을 해야 옳단 말인가?" 심훈, 〈영화독어〉, 《그날이 오면》, 범우사, 2005, pp. 268~269.

47. "지금까지의 경과를 보자면, 배급업은 내지의 자본력이 주가 되어 조선 내에서 행해졌으며, 제작은 조선 내의 기술자가 조선내의 자본가와 협력하여 이루어졌습니다. 배급과 제작 사이가 전혀 유리되어 있었던 것입니다." 広川創用(李創用), 〈朝鮮映画の特殊性〉(座談会), 《映画旬報》, 1943. 7, p. 11. 한편 여기에 대해 같은 지면에 실려 있는 다음과 같은 일본 측의 언급은 이 상황이 어떻게 '달리' 받아들여

졌는지를 보여주고 있다. "일찍이 조선의 영화시장은 내지 시장의 연장으로서 발달해왔다. (중략) 그 현저한 예로 조선의 영화관 거의 전부가 예외 없이 내지인의 경영으로 시작되었다는 것을 들 수 있다."〈朝鮮の映画館〉, 《映画旬報》, 1943. 7, p. 51.

48. 토키는 실제로 영화산업을 노동집약적인 고비용 산업으로 만들었으며 테크놀로지상의 카르텔을 초래하였고 그 결과 제작 과정의 표준화를 이끌어낸 장본인이기도 하였다. 토키가 영화산업에 미친 영향에 대해서는 Konigsberg, I., *The Complete Film Dictionary*, London: Bloomsbury, 1993, p. 331. Bordwell, Staiger &Thompson, *The Classical Hollywood Cinema: Film Style and Production to 1960*, London: Routledge&Kegan Paul, 1985, p. 298을 참조.

49. 서광제, 〈발성으로 전환 외국작품 수입금지가 大癌〉, 《동아일보》, 1937. 12. 16〜17.

50. 〈군용열차〉는 이후 한국영화사에 첫 번째 '협력영화'라는 오명으로만 기억될 것이다. 한편 이 모색에 대해 당시 일본의 한 평론가는 "지금까지 현저히 수공업적이었던 조선영화에 메커니즘을 집어넣고, 스케일을 가져온 최초의 작품"이라고 이 영화를 평가하고 있다. 太田恒彌, 〈朝鮮映画の展望〉, 《キネマ旬報》, 1938. 5. 1, p. 12.

51. 실제로 이 표현은 전전의 일본영화를 회고하는 와중에 등장한다. 영화평론가 요도가와 나가하루, 작가 야스오카 쇼타로, 영화감독 야마다 요지 등이 참석한 좌담회에서 야스오카는 다음과 같이 말하고 있다. "저는 일본영화가 일본사회에서 시민권을 획득한 것은 역시 전쟁 중이라고 생각합니다." 전전의 일본영화를 논하는 이 좌담회에서 나치의 정책과 비교할 때 얼마나 일본의 정책 담당자들의 영화에 대한 인식이 낮았는지를 성토하는 장면을 보는 것은 기묘한 느낌이 든다. 왜 우리에게는 〈의지의 승리〉 같은 영화가 없었는가, 라는 한마디로 요약될 수 있는 이 불평은 단지 패전국 일본의 전전 세대가 사로잡혀 있는 애증에 찬 향수의 발로만이 아니다. 오히려 이러한 불평이 '감히' 가능한 것은 근대 테크놀로지의 산물이자 산업이며 그럼에도 불구하고 또한 전통적 의미에서의 예술이기를 욕망하는 영화가 가지고 있는 본질적인 이중성 때문이다. NHK "ドキュメント昭和" 取材班, 《ドキュメント昭和4 トーキーは世界をめざす》, 角河書店, 1986, pp. 185〜215.

52. 김정혁, 〈기업의 합리화를 수립하라〉, 《조광》, 1940. 8, p. 172. 김정혁의 이와 같
은 논리는 '고도 국방국가'가 불러일으킨 근대적 시스템으로서의 국가 이미지를
논했던 후지타 쇼조의 논의와 이어질 수 있다. 후지타 쇼조의 논의는 왜 이들 조선
의 영화인들에게 국가가 하나의 가능성으로 떠오를 수 있었는가에 대해 매우 큰
시사를 던져준다. 藤田省三, 〈天皇制のファシズム化とその理論構造〉, 《近代思想
史講座 第1巻》, 筑摩書房, 1957.

53. 조선영화령은 일본 영화법 제19조를 제외하고는 기본적으로 똑같이 적용되었다.
19조의 조항은 다음과 같다. "본법 시행에 있어 중요사항에 기하여서는 주무대신
의 자문에 응하기 위해 영화위원회를 설치하며, 영화위원회에 관한 규정은 칙령으
로 정한다." 《昭和16年度版日本映画年鑑》, 東京大同社 編纂, p. 2. 그 외 조선영화
령에는 영화법 시행규칙 제216조, 217조의 검열금지 항목에 "조선 통치상에 지장
이 있는 것"이 추가되어 있다.

54. 《映画旬報》, 1943. 7, p. 22. 국가총동원법 공포 다음해인 1939년 내무성경보국과
문부성교육국의 공동작업으로 이루어진 영화법안은 내무성과 문부성, 그리고 후
생성의 공동제출 형식으로 제74회 의회의 중의원에 상정, 양원 함께 원안 통과를
승인받았다. 여기서 짚고 넘어가야 할 것은 영화법이 단지 '통제'만이 아닌 '조성'
에도 관여했다는 점이다. 영화법의 개요는 각각 통제와 조성이라는 차원에서 두
가지로 나누어 정리할 수 있다. 제한, 검열 등의 항목으로는 ① 영화기업 허가제
② 영화제작자 등록제 ③ 각본 사전검열 ④ 외국영화 제한(대장성에서 외국영화의
세관 검열을, 내무성이 국내 상영 필름의 영화 검열을 실시) ⑤ 내무총리대신/내
무대신/문부대신에게 영화사업에의 명령권 부여, 제작영화의 종류 및 수량 제한,
배급 조정, 설비 개량 및 부정 경쟁 방지 등. 장려, 조성의 항목으로 ⑥ 우량 영화
선정제도 ⑦ 문화영화, 시사영화 및 개발 선전영화의 강제 상영 창설 ⑧ 영화 상영
에 관한 제한에 포함되어 있는 청소년 영화 관람의 제한 및 아동영화의 보호육성
⑨ 덧붙여 필름 라이브러리의 보호육성 제창. 이 구분은 가토 아츠코의 구분을 따
른 것이다. 加藤厚子, 《総動員体制と映画》, 新曜社, 2003.

55. 〈朝鮮映画の全貌を語る〉(座談会), 《映画評論》, 1943. 7, pp. 56~57.

56. 안종화, 《한국영화측면비사》, 현대미학사, 1998, p. 279.

57. 이를테면 김사량의 소설 〈빛 속으로〉에서 일본인/조선인 사이에서 태어난 아버지와 조선인 어머니를 둔 '일본인' 소년은 남(南) 선생의 일본어 발음으로부터 그가 '일본인' 미나미(ミナミ) 선생이 아니라 '조선인' 남(ナン) 선생이라는 것을 집요하게 찾아낸다. 南의 일본어 발음은 훈독으로 미나미가 되며, 음독으로는 남으로 읽힌다. 南이라는 성은 일본인 성씨 미나미로도, 조선인 성씨 남으로도 모두 가능하다.

58. 정비석의 소설 〈삼대〉에서 이 드문 경우를 목격할 수 있다. "호호호 물론, 亨世 씨도 가십시다. 이번에 새로 직원을 많이 모집한다는데." "북지로의 사랑의 도피인가(北支にかけおちか)." (일본어) "그러네! 사랑의 도피도 좋군요! 어때요? 올래요?(そうね! かけおちでもいいぢゃないの! どうして? こない)." (일본어) "가면 언제 가누?" 정비석, 〈삼대〉, 《인문평론》, 1940. 2, p. 154.

59. 1940년 당시 일본어 해득자는 전체 조선인구의 16퍼센트에 못 미쳤다. 자료는 近藤釼一 編, 《太平洋戰下終末期朝鮮の治政》, 朝鮮史料編纂会, 1961, pp. 199~200을 참조. 그렇다면 조선어 자막이 있었는가? 현재 과거의 대동아공영권 내에서 발견된 필름으로는 조선어 대사 부분에 일본어 자막이 있는 것만을 확인할 수 있을 뿐이다. 다만 조선어 자막이라는 가정은 당시의 정황상 불가능한 것으로 추정된다. 1955년의 시점에 김성민은 "8 · 15 이후 비로소 외국영화 화면에 우리나라 자막이 나타나게 된 것은 일반이 다 아는 바이다"라고 쓰고 있다. 김성민, 〈外國映畵와 字幕 그 時代的인 變遷을 따라〉, 《동아일보》, 1955. 1. 20. 1930년대 초반 외국산 토키영화가 조선에 들어온 이후 1930년대 말까지 이 영화들의 외국어 문제를 소화해냈던 것은 변사들의 역할이었던 것으로 보인다. 1930년대 말 변사들이 사라지면서 등장한 자막 문제는 총독부의 '국어' 정책과 맞물린다. 따라서 1940년대 이후 외국산 영화의 자막은 공식적으로 일본어였다. 1946년 4월의 한 신문기사는 현재까지의 외국영화는 모두 일본어 자막이 부기된 것밖에 없으나 2개월 후부터 '조선말 자막' 영화가 수입될 것이라고 쓰고 있다. 《조선일보》, 1946. 4. 1.

60. 물론 이 수치는 당시 일본의 유료영화 관람자 수와는 매우 큰 차이를 보여주는 것이다. 그리고 이 불균등이야말로 '내지' 시장을 의식하게 된 이유이기도 하다. 1940년을 기준으로, 일인당 연간 관람 횟수는 도쿄의 경우 13.83회였으며, 교토는

14.31회였다. 《昭和16年映画年鑑》, 日本映画雑誌協会, 1941, pp. 6〜17.

61. 森浩, 〈朝鮮に於ける映画に就いて〉, 《映画旬報》, 1943. 7, p. 4.

62. 1941년 《에이가효론》의 좌담회에서 이창용은 반쯤 농담으로 최초의 테크니컬러 영화도 〈춘향전〉이 될지도 모르겠다고 말하고 있다. 〈朝鮮映画の全貌を語る〉, 《映画評論》, 1941. 7, p. 55. 이 말은 실제로 맞아떨어졌는데, 1961년 당시 최고의 스타 감독이었던 신상옥과 홍성기는 각각 최은희와 김지미를 주연으로 한국 최초의 컬러 시네마스코프 〈춘향전〉 대결을 벌였다. 결과는 신상옥의 승리였으며 이 영화는 당시의 흥행 기록을 갱신하였다.

63. 1930년 후반 조선의 전통론은 일본에서 일었던 동양론과 일본 낭만파와의 연결선상에서도 생각할 수 있다. 특히 동양론과의 관련에 대해 차승기, 《1930년대 후반 전통론 연구 : 시간−공간 의식을 중심으로》, 연세대 박사학위 논문, 2003을 참조. 고전 부흥과 일본 낭만파에 대해서는 橋川文三, 〈日本浪漫派批判序説〉, 《橋川文三 著作集 1》, 筑摩書房, 1985. 중일전쟁기 조선에서의 고전부흥을 식민지에 대한 지(知)와 관련해서 검토한 연구로 趙寬子, 〈日中戦争期の〈朝鮮学〉と〈古典復興〉−植民地の〈知〉を問う〉, 《思想》, 2003. 3.

64. 소설가 이태준은 영화감독 박기채와의 대담에서 조선의 정서를 전혀 이해하지 못하고 만들어진 무라야마 도모요시의 〈춘향전〉이 단지 '백화점 오미야게' 같은 것에 지나지 않는다고 평가하고 있다. 이태준의 이 말은 그로부터 한 달 후 같은 동아일보에서 열린 영화인 좌담회(위의 인용 좌담회)에서 다시 한 번 인용되는데, 그것은 어떻게 '진짜' 조선의 정서를 담아낼 것인가라는 로컬리티의 테마 안에서 등장하고 있다. 〈문학과 영화의 교류〉 좌담회, 《동아일보》, 1938. 12. 24.

65. 이병일은 〈춘향전〉을 영화화한 적이 없지만, 〈반도의 봄〉에서 시도되었고, 또한 좌절되었던 조선의 로컬 컬러에 대한 탐구는 그의 1956년 영화 〈시집가는 날〉에서 드디어 결실을 맺는다. 그런 의미에서 〈시집가는 날〉은 〈춘향전〉에 대한 이병일식의 버전이었다고 해도 좋으리라. 여기에 대해서는 이 책의 5장을 참조.

66. 그 전형적인 수사는 다음과 같다. "조선예술로서 자랑해도 좋을 아름다운 정경이 이르는 곳마다 보인다." 來島雪夫, 《映画評論》, 1937. 6, p. 114.

67. 《삼천리》에서 1938년 8월에 개최한 영화 좌담회를 보자. 이창용에 따르면 일본

내지, 만주 등지에 배급망을 넓히지 않고는 수지를 맞추기 힘든 상황에 와 있었다. "우리 배급소에서 인수한 것으로는 수지가 맞는 영화라고는 한 개도 없었습니다. 일본 내지, 만주 등지에 배급망을 넓히기 전에 당분간 수지 맞추긴 어려우리라고 생각됩니다." 당시 영화 한 편을 만드는 데는 대략 만 원에서 만오천 원이 들었으며, 이는 예전에 비해 4, 5배 이상의 비용이었다. 특히 이구영의 보조 설명에 의하면 도쿄처럼 설비가 완전하지 않은 이상 '신접살이 격'인 조선영화계의 상황에서는 더 많은 제작비가 소요될 수밖에 없는 상황이었다. 〈었더케 하면 半島 藝術을 發興케 할까〉, 《삼천리》, 1938. 8, p. 86.

68. 이것이 장밋빛 환상이라는 것은 1938년 내지와의 합작으로 〈군용열차〉를 만든 서광제의 증언으로 바로 확인된다. 이미 조선영화계는 내지 영화계와의 유착이라는 과정 안에 놓여 있었다. 이는 조선영화의 확대보다는 내지영화의 조선 진출을 의미했다. 한편 이와 같은 상황 인식이 가능했던 이유 중 하나로 1930년대 중반 이루어진 당시 영화계 주요 인력들의 세대교체라는 문제를 또한 지적할 수 있을 것이다. 이규환을 시작으로 대거 등장하기 시작한 이 신세대들은 많은 수가 일본 영화유학이라는 공통점으로 묶인다. 도시샤 대학을 졸업한 박기채는 교토의 동아 키네마에서 촬영기사 양세웅과 함께 일했으며, 이규환은 신코키네마에 입사, 이후 그의 영화 〈나그네〉를 도와준 스즈키 주키치 밑에서 연출수업을 받았다. 신경균은 교토 영화연극학원 출신이며 역시 교토의 영화계에서 발성영화의 촬영 과정을 습득하였으며, 방한준은 쇼치쿠 우라타촬영소에서 연출을 배웠다. 〈반도의 봄〉을 촬영한 양세웅, 조명의 김성춘, 주연의 김일해 모두 일본 유학파 출신이다.

69. 《모던니혼》 임시증간호 조선판의 편집후기는 당시의 조선붐이 어디에서 기인하고 있는지를 정확히 지적해주고 있다. "《모던니혼》 10주년 기념 증간 '조선판'은 오늘날 조선반도가 군사적, 경제적, 문화적으로 대륙과 연결되는 바탕으로서 그 중요성이 외쳐지면서 조선의 인식이 절대적인 것이 되었으며, 식자는 말할 것도 없이 전 국민의 애국적 관심이 팽배한 때에 간행되었다. 이는 시국에 걸맞는 절호의 것으로서, 조선총독부를 비롯하여 조선명사가 찬동, 전국적인 지지성원은 그야말로 국민운동의 하나로서 나타난 바이다. 그 요망에 답하여 본사는 전원이 하나가 되어 결사적인 노력을 해나갔으며, 드디어 예상한 것 이상으로 훌륭한 성과를 거

두어내었다. 이는 독자 여러분의 성원에 힘입은 것으로 마음으로부터 감사드린 다."〈編集後記〉,《モダン日本》(朝鮮版), 1939. 11.

70. 1940년 전후의 조선붐에 대해서는 渡辺一民,《他者として朝鮮》, 岩波書店, 2003 을 참조.

71. 물론 조선영화는 〈아리랑〉을 기점으로 이후에도 꾸준히 일본의 재일조선인들을 상대로 공개되었다. 그러나 1930년대 중반 이후의 상황이 전혀 새로운 것은 일본 의 주류 영화시장에서 조선영화가 공개되기 시작했다는 것이다. 당시 공개된 영화 로는 〈나그네〉, 〈한강〉, 〈군용열차〉, 〈국경〉, 〈수업료〉, 〈지원병〉, 〈집 없는 천사〉, 〈성황당〉 등이 있으며, 이들 영화들의 많은 수가 일본영화사와의 합작을 모색한 결과물들이었다.

72. 이창용, 〈고려영화의 今後〉,《조광》, 1939. 11, p. 225.

73. Mary Louise Pratt, *Imperial Eyes: Travel Writing and Transculturation*, New York: Routedge, 1992, pp. 7~9.

74. 첫 번째 토키 버전 〈춘향전〉에 대해 안석영은 '폭압에 항거하는 민중의 이야기'가 삭제되고 '달콤한 연애 이야기'로 변질되어버렸다고 불평하고 있다. 安碩柱(安夕 影), 〈朝鮮映畵樽話〉,《朝鮮及滿洲》 No. 338(1936), p. 76.

75.《昭和17年映画年鑑》, 日本映画雑誌協会, 1942, p. 7~4.

76. 辛島暁,《映画評論》(座談会), 1943. 7, p. 14.

77. 鈴木武雄, 〈大陸前進兵站基地論〉, 1939.《朝鮮経済の新構想》, 1942년 재수록, p. 73.

| 제4장 | 제국과 조선, 계몽 주체를 둘러싼 경합 - 〈집 없는 천사〉를 중심으로

1. 대표적 사례로서 黒田省三, 〈朝鮮映画雑感 -〈授業料〉〈家なき天使〉の姿に來るも の〉,《映画評論》, 1941. 7, pp. 47~48. 飯田心美, 〈家なき天使〉,《映画評論》, 1941. 3, pp. 86~87. 〈집 없는 천사〉에 관해 당시 일본에서 발표된 평론과 단평

목록은 다음과 같다. 野口久光, 〈半島映画とその近況〉, 《スタア》, 1940. 11. 15, 飯田心美, 〈家なき天使〉, 《映画評論》, 1941. 3, 鈴木勇吉, 〈家なき天使〉, 《映画旬報》, 1941. 11, 中岡孝正, 〈家なき天使〉, 《日本芸術》, 1941. 12 등.

2. 조선군보도부 추천에 관해서는 《昭和17年映画年鑑》, 日本映画雑誌協会, p. 7-1 를 참조.

3. 당시 일본어는 제국의 모든 언설에서 '국어(國語)'로 불렸다. 이 글에서 일본어는 '국어'를 가리킨다. 문맥에 따라 일본어와 '국어'를 혼용하였다.

4. 筈見恒夫, 〈朝鮮映画新体制樹立のために〉(座談会), 《映画旬報》, 1941. 11. 1. 한편 조선영화령 제18조는 조선총독부의 필요에 의해 추천이 취소될 수 있다고 명기하고 있다. 그럼에도 총독부에서의 추천은 취소되지 않았다. 이것은 이 영화의 조선 내에서 상영을 허가한다는 총독부의 입장에서 보자면 여전히 추천을 취소할 이유가 없었다는 것을 말해준다.

5. 조선영화로서 최초의 문부성 추천을 받은 〈집 없는 천사〉는 일본에서 세 번(조선판 2회, 일본어판 1회)에 걸쳐 검열을 받았다. 이 영화에 대한 내지에서의 재검열은 그야말로 갑작스러운 것이었다. 문부성추천 조선영화 1호로 1941년 7월 17일 첫 번째 검열을 통과하고 9월 20일 시사회를 개최했으며, 수입사 도와(東和)상사는 조선영화로서는 극히 드문 대대적인 선전을 벌였다. 내무성의 재검열 신청이 일어난 것은 바로 이 순간이다. 9월 22일 재검열이 행해진 결과, 라스트신을 포함하여 총 218미터가 삭제되며, '비일반용 영화'라는 판정을 받은 오리지널판은 사실상 공개 금지된다. 대신 일본어 더빙판인 개정판이 10월 1일 검열을 통과, 10월 2일부터 6일까지 상영허가를 받는다. 여기에 대해서 내무성과 문부성은 어떠한 공식적 견해도 밝히지 않았다. 〈집 없는 천사〉를 둘러싼 내지에서의 검열 과정은 다음 논문을 참조. 金麗實, 《映画と国家 - 韓国映画史(1897 - 1945) 再考》, 京都大学大学院, 2005, p. 89.

6. 이 좌담회는 이지마 타다시, 하즈미 츠네오, 히로카와 소요(이창용)가 참석하고 있으며, 조선영화의 현재와 과거, 〈집 없는 천사〉의 검열 문제, 조선영화의 시장 문제, 조선영화인의 대전향, 내지와의 제휴 등등이 논의되고 있다.

7. 1950년대 초 나루세 미키오와 작업하기도 했던 시나리오 작가 니시가메 모토사다

가 영화계에 입문한 것은 조선총독부 근무 시절부터였던 것으로 보인다. 〈집 없는 천사〉는 그가 시나리오 작가로 이름을 올린 첫 번째 영화이다.

8. 広川創用(李創用), 〈朝鮮映画新体制樹立のために〉(座談会), 《映画旬報》, 1941. 11. 1, p. 16.

9. 鈴木勇吉, 《映画旬報》, 1941. 11, p. 30.

10. 〈우리영화의 향상은 어떻게 도모해야 할까〉, 《동아일보》, 1939. 1. 조선영화의 토키 시대로의 전환과 더불어 일어난 시장의 확대, 기업화에 대한 요구에 대해서는 이 책의 3장을 참조.

11. 토키 이후 조선영화계의 요구와 일본의 영화정책이 어떻게 호응했는가에 관해서는 다음의 논문을 참조할 수 있다. 이준식, 〈일제 파시즘기 영화정책과 영화계의 동향〉, 《한국민족운동사연구》 33집, 2003.

12. 서광제, 〈朝鮮映画界의 一年間〉, 《비판》, 1938. 12, p. 84.

13. 《삼천리》 1940년 12월호에는 이창용과 중추원 참의 한상룡, 도쿄 도와상사의 가와기타 나가마사, 만주영화협회(만영)의 네기시 간이치 등과 방송국, 금융조합연합회 등 정재계와 영화관계자들이 모여 200만 원 규모의 영화회사를 설립할 계획이라는 기사가 실려 있다. 물론 이창용의 이 기획은 1942년 총독부 주도의 통합회사 '사단법인 조선영화주식회사'가 설립되면서 좌절된다. 한편 이에 대해 이영일은 다음과 같이 기술하고 있다. "회사 통합에 있어 조선영화주식회사(최남주)와 고려영화협회(이창용) 등이 의연하게 그들과의 통합에 반대하고 탈퇴해버린 것은 통쾌한 일이었다." 이영일, 《한국영화전사》, 도서출판 소도, 2004(초판 1969), p. 198.

그러나 당시의 상황을 염두에 둔다면 통합 이전까지 조선 내에서 가장 큰 규모를 자랑했던 조선영화주식회사와 고려영화협회의 탈퇴는 조선에서 만들어지는 영화를 둘러싸고 벌어진 주도권 싸움에서 조선 측을 대표한 이 두 영화사가 결국 밀려났음을 의미한다고 보는 것이 타당할 것이다.

14. 물론 이는 매우 조심스러운 사안이다. 이창용은 자문의 방식을 취하여 다음과 같이 두 일본인 평론가에게 묻고 있다. "과연 내지의 연출자가 조선에 와서 조선영화를 만들어야 하는가, 라는 문제가 있습니다만, 이건 어떤가요? (중략) 조선영화

의 특수성을 생각할 때, 무조건적으로 내지의 시나리오 라이터에게 의뢰하는 것이 좋을까요?" 〈朝鮮映画新体制樹立のために〉(座談会),《映画旬報》, 1941. 11. 1, p. 20.

15. 清水正蔵, 〈朝鮮映画の特殊性〉(座談会),《映画旬報》, 1943. 7. 11, p. 10.

16. 대표적 사례로 이영일,《한국영화전사》, 도서출판 소도, 2004(초판 1969), p. 202. 유현목,《한국영화발달사》, 한진출판사, 1980, p. 213을 참조.

17. 織田作之助, 〈《家なき天使》の描写〉. 村上忠久, 〈《家なき天使》を見る〉, 東和商事大阪支社宣伝部, 1941, p. 90. 金麗實, 〈映画と国家−韓国映画史(1897−1945)の再考〉, 2005, p. 90에서 재인용. 물론 이 비평집이 선전을 위해 만들어진 것이라는 점을 감안하더라도 이 영화가 다른 일본 영화잡지에서도 반도영화의 대표작으로 불려 나오는 사정으로 미루어 볼 때 일본 내에서의 평가는 매우 호의적이었다.

18. 한국영화감독협회에서 기획하고 국학자료원에서 펴낸《한국영화감독사전》은 1919년부터 2000년까지 활동했던 모든 영화감독의 프로필, 작품목록, 작품세계 등을 수록한 방대한 기록물이다. 이 책이 출판될 당시 문화관광부 장관이었던 이창동은 발간 축사에서 이 책의 출판이 "한국영화사에서 새로운 장을 여는 획기적인 사건"이라고 쓰고 있다. 이 책은 한국영화사, 특히 데이터화 작업이 거의 이루어지지 않은 1950년대 이전의 영화들을 살피는 데 있어서 중요한 기초자료이다. 이 책의 위치를 생각한다면, 최인규에 대한 이 책의 평가가 한국영화사의 공식적인 입장이라고 볼 수도 있을 것이다.

19. 실제로 문부성 추천이 취소되는 사건이 발생했을 때조차 일본 정부의 관련자들은 '조선 안에서는 상관 없다'고 말했다고 전한다. 〈朝鮮映画新体制樹立のために〉(座談会),《映画旬報》, 1941. 11. 1.

20. 해방 전 그가 만든 마지막 협력영화는 이마이 타다시와의 공동연출로 만들어진 가미가제 특공대로 출정하는 소년의 이야기 〈사랑의 맹서(愛の誓い)〉였다. 이 영화는 종전 3주일 전인 7월 26일에 공개되었다.

21. 전창근이 각본을 쓴 〈자유만세〉는 〈죄 없는 죄인〉, 〈독립전야〉로 이어지는 최인규의 통칭 '광복영화 삼부작'의 첫 번째 작품이었다. 일본이 패전하기 직전의 경성을 중심으로 독립운동가들의 활약을 그린 〈자유만세〉의 금욕적 민족주의 색채는 이

후 한국영화가 식민지 시대를 재현하는 방식에 지대한 영향을 끼친 것으로 보인
다. 전창근 스스로가 연기하고 있는 비타협적 민족주의자인 주인공은 해방 직전인
8월 14일 새벽 일본군의 총탄에 맞아 죽어간다. 이 인물은 이후 한국영화가 그려
내고 있는 독립운동가의 원형을 보여주는 것이며, 1940년대부터 60년대 초까지
전창근이 만든 일련의 영화들 〈해방된 내 고향〉(1947), 〈민족의 성벽〉(1947), 〈고
종황제와 의사 안중근〉(1959), 〈삼일독립운동〉(1959), 〈아아 백범 김구선생〉
(1960)은 이를 확립하는 데 결정적인 역할을 하였다.

22. 이 부분은 조선군보도부 추천과 문부성 추천에 대한 최인규식의 어휘인 것으로
보인다.

23. 김종원 외, 《한국영화감독사전》, 국학자료원, 2004, p. 626에서 재인용. 한국영화
사에서 최인규에게 내리는 평가를 전형적으로 보여주고 있는 이 책에서 1948년이
라는 시간에 최인규가 쓴 글이 고스란히 인용되어 있는 것을 보는 것은 꽤 흥미로
운 일이다. 같은 지면에서 최인규는 소년들의 공군병 지원을 장려하기 만들어진
영화 〈태양의 아이들〉, 〈사랑의 맹서〉의 제작이 일본 군대의 '강제적 징용'에 의해
어쩔 수 없이 이루어진 일이며 '일본의 선진기술을 배워 우리 영화인의 내일을 조
성'하기 위한 일이었다고 밝히고 있다. 자칫 뻔뻔스러워 보일지도 모르는 이 해명
은 1940년대에 가장 활발하게 작품활동을 했으며, 그 누구보다도 영화 테크놀로
지에 민감했던 그로서는 결코 틀린 말은 아니었을 것이다. 오히려 이 말은 선진 기
술의 주박에 사로잡혀 있었던 식민지말 조선영화계의 무의식을 보여주는 것이라
는 점에서 정직한 진술이다.

24. 14세용 미만 관람가와 관람불가 영화는 일반용, 비일반용 영화라는 표현으로 나
뉘었다. 그러니까 영화에서 '일반'이란 14세 미만을 의미하는 것이었으며, 일반이
보통, 정상을 의미하는 단어라면 비일반용 영화는 보통도 정상도 아닌 영화를 의
미하는 것에 다름 아니었다. 비일반용 영화는 1943년 이후 자취를 감추게 된다.
일본에서의 영화법 이후 '일반'과 '비일반'의 구분에 대해서는 ピーター B. ハーイ,
《帝国の銀幕—十五年戦争と日本映画》, 名古屋大学出版会, 1995를 참조.

25. 《昭和17年映画年鑑》, 日本映画雑誌協会, 1942, p. 3〜26.

26. 앞의 책, p. 7〜9.

27. 참고로 조선영화법 제28조와 29조가 정하고 있는 검열 기준은 다음과 같다.

제28조 1. 황실의 존엄을 모독하거나 제국의 위신을 손상시키는 것 2. 정치상, 교육상, 군사상, 외교상, 경제상 그 외 제국의 이익을 손상시키는 것 3. 국민문화에 대해 오해를 불러일으키는 것 4. 조선통치상 지장을 초래하는 것 5. 제작 기술자가 졸렬한 것 6. 그 외 수출에 적합치 않은 것. 제29조 1. 황실의 존엄을 모독하거나 제국의 위신을 손상시키는 것 2. 조헌문란(朝憲紊乱)의 사상을 고취하는 것 3. 정치상, 교육상, 군사상, 외교상, 경제상 그 외 공익상 지장을 초래하는 것 4. 선량한 풍속을 어지럽히고 국민도덕을 퇴폐케 하는 것 5. 조선통치상 지장을 초래하는 것 6. 제작 기술자가 졸렬한 것 7.그 외 국민문화의 진전을 저해하는 것.
〈집 없는 천사〉가 총독부 검열을 통과하고 조선군보도부의 추천을 받았다는 사실은 이 모든 검열 기준을 충족시킨 동시에 장려의 대상이 될 만큼 총독부의 요구에 충실했다는 것을 의미한다.

28. 樺山愛輔,〈宣伝の根本問題〉,《文芸春愁》, 1938. 1.

29. 〈집 없는 천사〉가 공개된 1941년은 '소학교'에서 '국민학교'로 학제개편이 이루어진 해이기도 하다. 전시기 '국민학교'에 대한 연구로는 長浜功,《国民学校の研究》, 明石書店, 1985. 총력전하에서의 교육 전반에 대해서는 寺崎昌男,《総力戦体制と教育》, 東京大学出版会, 1987을 참조. 식민지 권력이 강제된 학교라는 근대규율체계 전반에 대해서는 김진균·정근식·강이수,〈보통학교체제와 학교 규율〉, 김진균·정근식 편,《근대주체와 식민지 규율권력》, 문화과학사, 1997를 참조. 전시기 조선에서의 황민화 교육에 대해서는 정태준,〈국민학교 탄생에 나타난 천황제 사상교육〉,《일어교육》 Vol. 23, 2003. 김경미,〈일제 파시즘기 조선지배 정책과 이데올로기; "황민화" 교육정책과 학교교육−1940년대 초등교육 "국사"교과를 중심으로〉,《동방학지》 Vol. 124, 2004를 참조.

30. 필름이 발견된 이후 이 영화는 한국 영상자료원의 〈발굴영화제〉에서 공개되고 2006년 부산영화제에서 다시 한 번 공개되었다. 한편 일본에서는 2005년 야마가타 영화제에서 '일본에서 살아간다는 것'이라는 제목의 재일교포 영화 특집 섹션에서 공개되었다. 실제로 이 영화를 접하고 기존의 영화사 서술과의 차이를 감지하는 데서 오는 당혹감은 가와사키 겐코의 다음과 같은 글에 잘 나타나 있다. 〈〈外

地〉の映画ネットワーク—1930−40年における朝鮮満州国・中国占領地域を中心に〉, 山本武利 編,《帝国日本の座談会学知 第4巻 メディアのなかの〈帝国〉》, 岩波書店, 2006. 그녀는 이 글에서 〈집 없는 천사〉를 둘러싼 내지에서의 해프닝은 '영화정책이 품고 있었던 '제국' 내의 이문화에 대한 한계'를 보여주는 것이라고 지적하고 있다. p. 252.

31. 〈朝鮮映画新体制樹立のために〉(座談会),《映画旬報》, 1941. 11. 1, p. 15〜16.

32. 같은 호의 편집후기에서 "조선어가 조선의 문화인에게는 문화의 유산이기보다 차라리 고민의 종자"라고 적고 있는 최재서는 그로부터 2개월 후 같은《국민문학》에 게재한 논문 〈조선문학의 현단계〉에서 조선문학의 개념적 확대, 일본문학의 일환으로서의 조선문학이라는 문제를 제기함으로써 조선어가 사라진 순간의 조선문학 멸망론, 혹은 국민문학 공명론(空名論)에 대한 논리적 돌파구를 찾으려 한다. "조선문학은 규슈문학이나 도호쿠문학, 내지는 타이완문학 등이 가지고 있는 지방적 특이성 이상의 것을 갖는다. 그것은 풍토적, 기질적으로 사고 형식상 내지와 다를 뿐 아니라 오랜 기간 독자적인 문학전통을 짊어지고 있기 때문이며 또 현실에서도 내지와는 다른 문제와 요구를 갖고 있기 때문이다." 그러면서 각광받던 영문학자 출신의 이 일류 비평가는 스코틀랜드 문학의 예에서 조선문학의 미래형을 찾아낸다. 그런데 이 논리의 문제는 여기에 이르기까지 몇 가지 개념의 비약들을 거쳐야 한다는 데 있다. 먼저 규슈문학, 도호쿠문학, 타이완문학과 조선문학의 차이는 어떻게 규명될 수 있는 것인가? 최재서가 그 차이를 말해주는 것으로 지적한 '지방적 특이성 이상의 것'이라고 한 것은 과연 무엇을 의미하는가? 만약 그것이 내지와 외지라는 공간적 차이, 혹은 헌법역과 통치역이라는 제국과 식민지의 차이에서 비롯되는 것이라면 타이완 또한 (조선과 마찬가지로) 외지이자 통치역이 아닌가? 이 글에서 '타이완문학'은 마치 잘못 표기된 글자 같다. 이 차이를 해명할 수 있는 것은 단 하나. 그것은 문학어, 문어로서의 조선어의 존재이다. 문어로서의 조선어란 근대의 에크리튀르로서 성립된 것이다. 그리고 '식민지'가 된 조선에서 이 과정은 '문학어'라는 제한된 범위 내에서 그 역할을 수행해왔다. 그러니까 최재서는 조선어가 없어도 조선문학은 가능하다는 것을 역설하는 순간에 이미 딜레마에 빠져들어 있는 것이다. 어쩌면 그는 미처 의식하지 못했을 수도 있다. 만약

그렇다면 그것은 더더욱 이 논리의 근본적 모순을 불러오는 일이 될 것이다. 그가 의식하지 못했다면, 이 무의식이야말로 민족어로서의 조선어-문어라는 쌍이 1942년을 살고 있는 그의 머릿속에서는 이미 자연화된 개념이었다는 것을 의미하는 것이 아닐까?

33. 식민지기 조선에서의 일본어 해득률은 다음과 같다. 이 통계에서 보자면 1938년 이후 '국어' 해득자는 두 배 가까이 늘어난다. 이 통계를 그대로 믿는다고 하더라도 여전히 80퍼센트에 가까운 조선인들은 1943년의 시점에도 일본어를 해득하지 못하고 있었다.

일본어 해득도	인구 수	비율
1923	712,267	4.08
1928	1,290,241	6.91
1938	2,717,807	12.38
1940	3,573,338	15.57
1943	5,722,448	22.15

近藤釰一 編, 《太平洋戰下終末期朝鮮の治政》, 朝鮮史料編纂会, 1961, pp. 199~200.

34. 《에이가준보》 1943년 7월호의 조선영화특집 좌담회에서 조선총독부 영화검열실의 이케다 구니오는 이 딜레마를 다음과 같이 실토하고 있다. "징병제도와 같은 특수한 사항은, 극히 민도가 낮은 말단까지 매우 신속하고도 철저하게 (전달)하지 않으면 안 됩니다. 이를테면 징병제란 어떤 것인가, 어떤 수속을 밟아야 하는가 등을 국어를 모르는 이들에게 알리기 위해서는 조선어를 사용할 수밖에 없습니다. 그런 경우 조선어가 효과적이라는 점에서 국어 사진(영화-인용자 주)을 만드는 한편, 특별히 조선어판도 제작하는 것을 실제적인 방법이라 생각하여 현재 행하고 있는 것입니다."《映画旬報》, 1943.7, p. 13.

이 언급은 두 가지 점에서 흥미롭다. 첫 번째, 이케다가 '극히 민도가 낮은' 이들에게 보여줘야 하는 영화의 예로 '징병제' 관련 영화를 들고 있다는 것은 결국 이들

국책영화가 가닿아야 했던 지점이 어디였는가를 보여준다. 두 번째, 병사의 언어로서 '국어'를 강조했음에도 불구하고 '국어'를 해득하지 못하는 이들까지를 징병의 대상으로 해야 했다는 것은 조선에 대한 제국의 교육이 성공에 이르지 못한 지점을 보여주는 것에 다름 아니다.

35. 〈朝鮮映画新体制樹立のために〉(座談会), 《映画旬報》, 1941. 11. 1, p. 15~16.

36. 또한 이것은 질서와 규율의 언어이기도 한데, 향린원의 자급자족을 위해 들여놓은 우동 기계 뒤편에는 "1. 우동 만들기를 기억할 것, 2. 깨끗이"라고 '국어'로 씌어 있다.

37. 식민지 시대 남성 엘리트들의 신여성에 대한 증오는 유별난 것이었다. 남성 작가들이 묘사하고 있는 신여성이란 사회의 풍기를 문란케 하고 배은망덕하고 뻔뻔하고 무엇보다도 모성성이 결여되어 있는 존재였다. 이 유별난 증오야말로 신여성이라는 교육받은 새로운 여성들에 대한 그들의 이중적인 애증의 표출일 것이다. 그들은 대개 '구여성'과의 조혼으로 묶여 있었고, 거의 모두가 신여성과의 연애, 이중결혼의 문제에 시달렸으며, 구여성을 '버리고' 그녀들과 재혼하는 길을 택했다. 따라서 신여성에 대한 이 맹렬한 증오는 어떤 의미에서 구여성을 버린 스스로에 대한 죄책감의 전가라고도 볼 수 있을 것이다.

38. '황국신민의 서사'는 1937년 조선 총독부의 조선인 관리가 만든 것으로 알려져 있다. 이시다 다케시는 '황국신민의 서사'가 일본으로 역수입되는 과정을 추적함으로써 어떻게 '일본'이라는 실질이 만들어지는가를 밝히고 있다. 石田雄, 《記憶と忘却の政治学: 同化政策・戦争責任・集合的記憶》, 明石書店, 2000, p. 156.

39. 이것은 다음과 같은 당시의 기독교 잡지에 실린 글을 연상시킨다. "기독교 신자는 국가나 사회나 조직이나 제도와 관계가 없는 별세계인이 아니다. 一視同仁하에 있는 황국신민으로서 국법으로 인정되고 허락된 자유 내에서 그리스도를 신앙하는 자이다. (중략) 종교도 국가가 있고 종교이지 국가 없이는 종교도 없을 것이다." 이명식, 〈황국신민으로서의 기독신자〉, 《활천》 Vol. 226. 1941.

40. 가야마 미츠로(이광수), 〈가가와 교장(加川校長)〉, 《국민문학》, 1943. 10, pp. 2~21.

41. 〈수업료〉에 대해 내지 평론가 미즈이 레이코는 영화의 의의를 다음과 같이 기술하

고 있다. "이 작품부터 (조선-인용자) 아동들이 말하는 국어의 발음이 매우 정확한 것이 되었다." 水井れい子, 〈朝鮮映画製作作界をかへりみて〉, 《新映画》, 1942. 11, p. 94.

42. 가야마 미츠로(이광수), 〈사변3주년기념〉, 《삼천리》, 1940. 7, p. 87.

43. 이광수는 실제로 동학농민전쟁에서 부모를 잃은 고아이기도 했다. 이광수를 비롯한 한국 근대문인의 문학적 원체험으로서 고아의식을 지적한 대표적인 사례로 김윤식, 《이광수와 그의 시대》, 솔 출판사, 1999 외 참조.

44. 이광수, 〈일본문화와 조선〉, 《매일신보》, 1941. 4. 23.

45. 이광수에게 있어서 정(情)의 의미와 그것이 어떻게 천황과 연결되는가에 관해서는 이경훈의 논의를 참조. 이경훈, 《이광수의 친일문학연구》, 태학사, 1998, p. 48. 이경훈에 따르면 춘원에게 정이란 유교적 인간관계와 다른 근대적인 것으로서의 성격을 가지는 것이다. 그때 이 정은 천황과의 부자유친적, 봉건적인 정과 착종되면서, 춘원에게 제국주의의 무정함을 벗어날 수 있는 계기로 다가왔다.

46. 이광수, 〈신시대의 윤리〉, 《신시대》, 1941. 1.

47. 이광수의 일련의 친일소설들에서 이전까지 보이지 않았던 아버지의 형상을 그토록 자주 만날 수 있는 것은 우연이 아닐 것이다. 이 형상들 뒤편에는 거의 대부분 춘원 자신의 모습이 겹쳐진다. 이 아버지는 아들과 딸의 이름으로 호명되는 민족에게 적극적인 자세로 대동아성전에 임할 것을 명한다.

48. 이노우에 테츠지로에 의해 씌어진 '교육칙어연의'(1899)를 참조. 이에(家)의 확장으로서의 천황제 국가의 원리에 대해서는 후지타 쇼조의 탁월한 분석이 있다. 藤田省三, 《天皇制国家の支配原理》(藤田省三著作集 1), みすず書房, 1998.

49. 한국의 지배적인 문화담론을 남성 민족주의 마르크시즘으로 보고 있는 주창규는 충무로 영화의 서벌턴적 가능성을 모색하고 있는 그의 논문에서 한국영화의 담론을 지배해온 기존의 시각을 민족, 리얼리즘, 작가중심성으로 요약하고 있다. 주창규, 《역사의 프리즘으로서 '映畫란 何오' : 충무로 영화의 문화적 근대성 연구》, 중앙대학교 첨단영상대학원 박사학위 논문, 2004. 한편 기존의 한국영화사의 가치체계를 벗어난 연구성과로 1990년대 이후 김소영의 작업들을 꼽을 수 있다. 한국영화사의 캐논들로부터 탈피해 멜로, 호러, 액션 등 하위 장르의 영화들을 새롭게

재구성해내면서 한국영화사에 대한 탈구축적 작업을 수행하였다. 김소영, 《시네마, 테크노문화의 푸른 꽃》, 열화당, 1995. 김소영, 《근대성의 유령들》, 씨앗을 뿌리는 사람들, 2000.

50. 이영일, 《한국영화전사》, 도서출판 소도, 2004(초판 1969), p. 202.

51. 알랭 바디우는 악에 의해 구축되는 우리 시대의 도덕의 문제를 언급하며, 제2차 세계대전과 그 후를 일관하는 도덕의 기초로서 '악'에 근거한 윤리의 구축을 문제 삼는다. 나치의 도덕의식과 반나치의 도덕의식은 공히 그 근원에 있어 악과 그 악의 재현에 의존해 있다는 점에서 같은 원리에 의존해 있음을 비판하고 있는 것이다. Alain Badiou, *Ethics: An Essay on the Understanding of Evil (Wo Es War)*, translated by Peter Hallward, Verso Books, 2002. 악의 재현에 의한 선의 기초라는 문제는 어떤 의미에서 재현의 윤리, 즉 리얼리즘에 의한 윤리적 기초 지음으로도 이해될 수 있을 것이다.

52. 물론 여기서 우리는 이러한 인식을 좀더 근원적인 수준에까지 밀고 나갈 수도 있을 것이다. 역설적인 말이 되겠지만 근대주의라는 악을 또렷이 드러냄으로써 '최소한의 저항선'을 구축하려 했던 리얼리즘 역시 '악에 의해 구축되는 상대적 윤리'에 기초해 있다는 점에서, 또 일종의 현재의 부정성만을 정치적 기획의 기초로 삼는다는 점에서 한국 근대사의 일반이념으로부터 그리 멀리 떨어져 있지 않은 것인지도 모른다.

53. 김수남, 《한국영화작가 연구》, 예니, 1995, p. 155.

54. 이와 같은 평가를 내리고 있는 주체는 1960년대 한국영화를 이끈 대표적 감독으로 꼽히는 유현목이다. 리얼리즘에 기반한 작가주의적 성향의 감독으로 평가받는 그의 1961년 영화 〈오발탄〉은 현재까지도 〈아리랑〉 이후 한국 리얼리즘 영화의 걸작으로 손꼽힌다. 민족주의, 계몽주의, 반공, 기독교 사상으로 요약될 수 있는 그의 작품이야말로 한국의 엘리트 영화담론과 가장 잘 결합할 수 있었던 예가 될 것이다. 유현목, 《한국영화발달사》, 한진출판사, 1980, p. 213.

55. 이 순간 식민지 조선영화 최대의 남성스타를 잃었다는 것은 역사의 잔인한 우연이다. 그의 이름은 나운규인데, 나는 이 표상이 식민지 '영화'의 가능성과 어떻게 맺어지는지에 대한 흥미로운 단서를 의외의 장소에서 얻었다. 1930년 일본 나프

의 영화 기관지 《신코에이가》에서는 조선영화에 대한 체계적인 소개를 처음으로 시도한다. 프롤레타리아 시인 고리야마는 '민족영화'로서의 조선영화의 특수성을 논하며 그의 논지의 대부분을 나운규라는 스타 이미지에 기대고 있다. 그는 나운규의 '불가해한 스타성'에 매혹당한다. 전형적인 조선인의 용모를 가지고 있는 나운규는 '활극배우에 흔히 있는 호남자도, 악당의 얼굴'도 아니다. 그는 너무 어둡고 거기에서는 '지하실의 냄새가 풍겨온다.' 고리야마는 바로 광인이자 부랑자인 나운규의 '배타적' 이미지야말로 '식민지 영화'로서의 조선영화가 요구하는 것이라고 말하고 있다. 郡山弘史, 〈朝鮮映画に就て〉, 《新興映画》, 1930. 3.

그러나 이 이미지는 1930년대 말 대륙병참기지로서의 역할이 요구되는 조선에 더 이상 통용되지 않는다. 조선영화는 특유의 니힐리즘적인 경향을 벗어던지고 밝고 '명랑'해질 것을 요구받았다. 여기에 대해서는 이 책 3장을 참조.

56. 물론 이 위계는 적어도 언설의 차원에서는 가려졌다. 일국만민(一國萬民), 일시동인(一視同人)인 제국의 국민이 천황이라는 절대적 주체에 대하여 절대적 객체로 존재하는 한 그들 사이의 차별은 더 이상 존재하지 않을 것이다. 그들은 종교에서의 신 앞의 평등처럼, 민주주의에서의 법 앞의 평등처럼 천황 앞에서 평등하다. 久野收, 鶴見俊輔 共著, 《現代日本の思想: その五つの渦》, 岩波新書, 1991(1956), pp. 128~129. 이는 내선일체가 어떻게 식민지인에게 일본인과 조선인의 무차별을 보증하는 평등의 이념이 될 수 있었는가에 대한 단초를 제공해준다.

57. "자유롭게 이성을 사용할 수 있는 능력"으로서의 계몽, 또 계몽이 정지되는 상태로서의 사적 사용, 병사, 수세 공무원, 성직자에 대해 I. カント, 〈啓蒙とは何か〉, 福田喜一郎 譯, 《カント全集14》, 岩波書店, 2000, pp. 25~27 참조. 물론 칸트의 질문을 극한까지 밀고 나아갈 때 우리는 하나의 아포리아에 대면한다. 병영국가 혹은 국민국가 안에서의 계몽이라는 요청은 언설적인 차원(학술)에 국한되며, 그 언설 역시 검열이라는 기구에 의해 다시 한 번 제한될 수밖에 없다. 이성의 자유로운 사용, 이성을 공적으로 사용하는 능력으로서의 계몽은, 제국 일본 나아가 국가 안에서 요청될 수는 있어도 완전히 실현될 수는 없는 것이었는지 모른다.

제국과 로컬, 변전하는 서사 - 〈맹 진사댁 경사〉를 둘러싼 민족표상

1. 오영진(吳泳鎭, 1916~1974). 평안남도 평양 출생. 일반적으로 해방 이후 한국 연극사를 이끈 극작가이자 시나리오 작가로 평가받는 오영진은 1938년 경성제국대학 조선어문학부를 졸업한 후 도일, 영화를 공부했으며 귀국 후 경성제대 출신들이 주축이 되어 이루어진 《국민문학》에 그의 첫 번째 시나리오 《배뱅이》를 게재하면서 활동을 시작한다. 해방 이후 고향으로 돌아간 그는 평양 반공 민족주의 기독교 세력의 유지였던 아버지 오윤선, 조만식 등과 함께 조선민주당을 창당하였으나 실패, 월남한다. 이때의 경험은 《하나의 증언》이라는 책으로 씌어졌으며, 이 책은 이후 남한 사회에서 광범위한 지지를 얻었던 김일성 조작설의 유력한 증거로 쓰이기도 한다. 이후 《살아 있는 이중생 각하》, 《한네의 승천》 등을 발표한 그는 민족주의에 입각한 풍자작가로 1950~60년대 남한 문화계의 원로로 자리 잡는다.

2. 서연호, 〈오영진의 극작품 세계〉, 《오영진 전집 3》, 범한서적주식회사, 1989, p. 345.

3. 1956년 도쿄에서 열린 아시아 영화제에서 희극상을 받은 《맹 진사댁 경사》의 첫 번째 영화 버전 〈시집가는 날〉은 해외에 소개된 최초의 한국영화이기도 하다. 이 사실은 이 글의 주요한 논지 중 하나인 제3세계 영화가 어떻게 민족지로서 자신의 역할을 수행하는가에 대한 풍부한 함의를 보여준다.

4. 1967년 극단 신협의 일본 공연을 위해 이 작품은 다시 뮤지컬 드라마 〈시집가는 날〉로 개작되었으나 실연을 보지 못하다가 1974년 국립가무단에 의해 초연되었다. 앞의 책, p. 345.

5. 닛카츠의 도쿄 촬영소 감독부에 근무하며 영화 경력을 시작한 이병일이 조선에 돌아와 데뷔작 〈반도의 봄〉을 완성한 것은 1941년이었다. 1941년이라는 시간에 사라져야 하는 기호로서의 로컬리티라는 문제와 〈반도의 봄〉에 대해서는 이 책의 3장을 참조.

6. 정기적으로 영화시평을 실었으며 오영진, 임용균 등의 시나리오에 지면을 할애해 왔던 《국민문학》에서 이루어진 영화 좌담회는 다음과 같다. 〈내일의 조선영화를 그리다(明日への朝鮮映畵を描く)〉(1942. 10), 〈내일의 조선영화(明日への朝鮮映

畵〉〉(1942. 12), 〈농촌문화를 위하여＝이동극단, 이동영사대의 활동을 중심으로 (農村文化のために－移動劇団, 移動映寫隊の活動を中心に)〉(1943. 5), 〈영화 〈젊은 모습〉을 말하다(映畵〈若き姿〉を語る)〉(1943. 7), 〈군과 영화(軍と映畵)〉(1944. 6).

7. 식민지 조선의 영화 담론에는 두 번의 전기가 있었던 것으로 보인다. 물론 그에 대해서는 이 지면에서 해결할 수 없는 수많은 증거들과 재구성 작업이 필요하지만 간략히 요약하자면 다음과 같다. 1920년대 중후반 대중사회의 등장과 함께 영화는 신기한 볼거리에서 근대 대중 사회를 이루는 불가결한 요소로 인식되기 시작했으며, 영화 매체에 대한 본격적인 탐구가 시작된다. 나운규의 〈아리랑〉은 지식계층으로 하여금 조선영화라는 대상에 처음으로 눈을 돌리게 했으며, 신문과 잡지 등에서는 영화에 대한 기사가 급증하기 시작했다. 그 중에서도 영화에 대한 가장 명료하고 발 빠른 인식을 보여주었던 것은 물론 프로 진영이다. 영화를 담론화시킬 수 있었던 것은 영화를 대중 계몽의 무기로서 강조했던 프로 진영에 의해 촉발된 것이라고도 할 수 있다. 이는 한편으로 영화라는 새로운 매체의 독자성에 대한 자각으로 이어졌으며, 文에 대한 영화의 지난한 싸움의 시작을 알리는 것이기도 했다. 임화는 영화에 대한 주요 논객이었으며(임화 〈최근 세계영화의 동향〉, 《조선지광》, 1929. 2. 〈영화적 시평〉, 《조선지광》, 1929. 6. 〈《화륜》에 대한 비판〉, 《조선일보》, 1931. 3. 25〜4. 3 등을 참조), 한설야와 심훈 사이에 영화의 계몽성과 예술로서의 독자성에 대한 논쟁이 벌어졌다.(만년설(한설야), 〈영화예술에 대한 관견〉, 《중외일보》, 1928. 7. 5. 심훈, 〈우리 民衆은 어떠한 映畵를 要求하는가?－를 論하야 '萬年雪' 君에게〉, 《중외일보》, 1928. 7. 11〜27) 두 번째 전기는 이 글에서 줄곧 시사하고 있는 1930년대 말기로 내선일체가 그 어느 때보다도 강조된 그곳에서 영화의 프로파간다성은 조선에서의 영화의 지위를 급상승시켰다. 흥미로운 사실은 이 두 시기 모두 일본이 식민지 조선의 영화를 가장 강렬하게 의식한 시기와 겹쳐져 있다는 점이다. 1920년대 말, 반제국주의의 기치하에서 일본 프롤레타리아 운동 진영은 계속해서 조선영화를 불러냈으며, 일본 프로 키노의 기관지였던 잡지 《신코에이가》에 실린 글에서 임화는 최초로 조선영화라는 아이덴티티의 규정을 시도하고 있기도 하다.(林和, 〈朝鮮映画の傾向について〉, 《新興映画》, 1930.

3, p. 116. 여기에 대해서는 이 책의 3장을 참조) 한편 1930년대 말 이후 영화잡지를 포함한 일본의 주류 잡지들은 조선에서 만들어지는 영화에 관한 정기적인 기사를 싣기 시작하였다.

8. 《맹 진사댁 경사》는 각각 '맹 진사댁 경사'와 '시집가는 날'이라는 제목으로 중학교 국어 3-1과 고등학교 국어(상)에 실려 있다.

9. 절름발이에서 '완전하고 늠름한 성인 남성'으로 거듭나는 《맹 진사댁 경사》의 서사적 얼개는 장애, 바보, 정신병자 등등의 불구화된 식민지 남성 표상이 황군의 부름을 기다리는 건장한 청년으로 전이되는 당대의 재남성화 기획과 유비관계에 놓여 있는 것처럼 보이기도 한다.

10. 일어 원문은 다음과 같다. "ブニが塑像のやうに座って, 微動だにしない. 舍廊の方から, かすかに人々の聲." 《국민문학》, 1943. 4, p. 133.

11. 1940년 6월 《분게이순쥬(文藝春秋)》에 발표된 김사량의 일본어 소설 〈천마(天馬)〉는 본격적인 내선일체가 시작된 1930년대 말기의 경성을 배경으로 한다. 도쿄유학생 출신의 주인공은 오무라라는 부임한 지 얼마 안 된 총독부 관리에게 접근하여, 그를 통해 경성 문단 내에서 자신의 존재를 인정받으려고 한다. 그러나 문단으로 대표되는 경성 지식인들의 '시국인식 운동의 열기가' 높아짐에 따라 문단 내에서 좋지 않은 평가를 받는 그는 오무라에게마저 쓸모없는 존재가 되어간다. 내선일체와 함께 국어(國語)로서의 일본어 교육이 전면화된 그때, 김사량은 이 소설을 통해 식민지 말기 조선인 지식인의 초상을 인정투쟁의 욕망과, 대상을 잃어버린 구도라는 두 가지 맥락에서 그려내고 있다. 딸을 잃은 농민은 죽을 만큼 술을 마실 돈을 구하기 위해 자신의 집 복숭아 가지를 꺾어 온다. 그에게서 복숭아 가지를 산 겐류는 이를 짊어지고 걸어가며 스스로를 '이렇다 할 맥락도 없이 십자가를 짊어진 그리스도'라고 느낀다. 그리스도와의 형태적 유사성을 읊조리는 이 장면은 구제 고등학교와 도쿄제국대학 출신이었던 이 식민지 이중어 작가가 그려내고 있는 가장 자기모멸적인 순간일 것이다. 〈天馬〉, 《金史良全集 1》, 河出書房新社, 1973, pp. 69~103. 같은 시기에 김사량은 마찬가지로 도쿄 문단에서 인정받은 대만의 이중어 작가 류잉쭝(龍瑛宗)에게 "당신 역시 흔들리는 손으로 쓰고 있군요"라고 쓰고 있다. 이 말이야말로 종주국의 언어로 써야 했던 이 이중어 작가들의 존재의

비극을 극적으로 드러내고 있는 것이리라. 김사량이 류잉쭝에게 보낸 편지 전문은 시모무라 사쿠지로의 책에 실려 있다. 下村作次郎, 《文学で読む台湾—支配者 · 言語 · 作家たち》, 田畑書店, 1994.

12. 《국민문학》이 위기의 기획이라는 것은 이 잡지의 주체들 스스로도 계속 인식할 수밖에 없던 문제로 보인다. 이를테면 최재서가 쓴 《국민문학》의 창간호 권두언은 다음과 같이 시작한다. "본지 국민문학은 조선문단의 혁신을 꾀하는 새로운 의도와 구상하에 태어났다. 새로운 구상이란 무엇인가? 첫 번째, 중대한 기로에 놓인 조선문학에 국민적 정열을 불러 넣음으로써 재출발을 꾀하는 것. 두 번째, 매몰되어버릴 듯한 예술적 가치를 국민적 양심에 의해 수호하는 것. 그리고 마지막으로 광란노도의 시대에도 변하지 않는 진보에 가세하는 것이 바로 그것이다." 물론 여기서 국민은, 황국신민으로서의 국민이다. 문제는 그가 조선문학이라는 틀 안에서 이것을 용해시킬 수 있을 것이라고 본다는 데 있다. 또한 최재서를 도와 편집실무를 담당했던 김종한의 다음과 같은 말은 그들이 생각했던 기획이 어디로 향하고 있었는지를 명확하게 보여준다. "조선의 옷을 입고, 조선의 온돌에서 자더라도 훌륭한 황민이 될 수 있다."(《국민문학》 1943년 8월호 좌담회) 당시 총독부에 의해 한복이 비활동적이라는 이유로 몸뻬가 권장되고, 게으름을 불러일으킨다는 이유로 온돌이 금지되는 상황이었음을 감안할 때 그들의 로컬리티 전략이 어디로 향하고 있었는지는 분명하다.

13. 김사량의 텍스트는 욕망이라는 층위가 개입되는 순간 매우 복잡하게 얽혀든다. 〈천마〉에서 주인공 겐류가 욕망을 느끼는 대상은 둘이다. 현재 일본 문단에서 신진 문학가로 유명세를 달리고 있는 대학 동창 다나카의 여동생 아키코와 경성의 여류 시인 문소옥이 그들이다. 겐류는 식민지 본국을 욕망하는 한편 경성이라는 모던 도시의 표상으로서 작용했던 모던 걸, 즉 근대적 표상을 욕망한다.

14. 姜尚中, 《オリエンタリズムの彼方へ—近代文化批判》, 岩波書店, 1996, p. 96.

15. 김윤식, 《이광수와 그의 시대》, 솔 출판사, 1999.

16. 오영진, 〈若い竜の故郷〉, 《국민문학》, 1944. 11, p. 76.

17. 식민지 남성 지식인들에게 부과된 이 마조히즘적 욕망은 물론 식민자들에 의해 탈남성화된 식민지 상황으로부터 기인할 것이다. 따라서 해방 이후의 민족 교육의

시간이란 다름 아닌 이 탈남성화된 상황으로부터의 탈출, 즉 반대급부로 과도해진 남성성의 획득 시간으로 볼 수 있다. 5, 60년대의 한국영화에 있어서 남성 스타 이미지가 그토록 과잉된 남성성을 보여주고 있는 것은 우연이 아니다. 혹은 이 논의를 문학 쪽으로 돌려보자면, 식민지 문학에서 이광수와 한용운의 심리적 여정을 따라가볼 수도 있다. 말하자면 이광수의 계몽의 주체로서의 주인공과 한용운의 마조히즘적 욕망의 주체 사이의 거리는 생각보다 그리 멀지 않다. 물론 이 마조히즘은 어떤 절대적 주체─한용운의 경우 그것이 민족과 부처로 등장하듯이─로 향한다. 이상은 어떤가. 그의 특이점은 혹시 이 마조히즘적 운동이 절대적 주체로 향하지 않는다는 데 있는 것은 아닐까? 그리고 바로 이 점이야말로 이상에게 있어 1930년대 모더니즘이 내면화되어 있다는 것을 의미하는 것이라고 할 수도 있으리라. 물론 이 내면화는 두 가지를 염두에 두지 않으면 안 된다. 하나는 식민지 근대화가 그 순간 비로소 내면화되었음을 의미하며 또 하나는 바로 그럼으로써, 혹은 이 내면화를 가능하게 한 것이야말로 식민지 상황의 영구화라는 점이다.

18. 현재 한국영화 연구에서 진행되고 있는 기원 찾기는 이와 같은 관점에서 다시 한 번 재고해볼 필요가 있다. 또한 이것이 소위 한국영화의 황금기라고 불리는 1960년대에 집중되어 있다는 것은 두 갈래로 파악 가능하다. 하나는 정치적, 사회적 맥락하에서 1960년대를 현재 한국사회의 기원으로 본다는 것을 의미하며 또 다른 하나는 바로 그렇다면 왜 1960년대에 이토록 과도한 의미를 두고 있는가를 살펴보는 것이 중요하다. 그러니까 여기에는 이 글에서 계속 이야기되는 식민지 근대에 대한 단절에의 욕망이 작용하는 것이다

19. 레이 초우는 서양의 의미체계가 타자를 원시화함으로써 스스로를 근대화되고 고도로 테크놀로지화된 위치에 올려놓았다는 사실을 지적하며 이 형식의 혁신과 원시주의 사이의 변증법이 제3세계 문화생산에 있어서 위계적인 관계를 특징짓고 있다고 지적한다. 즉 근대 중국의 지식인 또한 원시적인 것, 서벌턴, 여성, 아동 등을 포착함으로써 근대에 이르렀다. Rey Chow, *Primitive Passions*, Columbia Univ, 1995, pp. 44~46.

20. 앞의 책, p. 45.

21. 맹 진사와 그의 부인, 그리고 갑분이는 표준 일본어를 구사하는 데 반해, 입분이를

비롯한 하인들과 동네 사람들의 대사는 간사이 지방과 도호쿠 지방의 어미와 하층계급적 어휘들을 뒤섞는다. 이를테면 이 일본어들은 다음과 같다. あんれ, 爺っあまはだれだなや. やって來たなす. だす, なや, あるぞえ, 一緖だでや. 咲かせやえかったになア.

22. 〈明日への朝鮮映畵〉(座談會), 《국민문학》, 1942. 12, p. 79.

23. 야기 야스타로(八木保太郞, 1903~1987). 1930년 다사카 도모타카의 〈이 어머니를 보라(この母を見よ)〉를 통해 각본가로 데뷔하였다. 우치다 도무의 〈인생극장(人生劇場)〉(1936), 도요다 시로의 〈작은 섬의 봄(小島の春)〉(1940)으로 명성을 얻었으며 같은 해 최인규의 출세작 〈수업료〉에서 시나리오를 담당하기도 하였다. 1942년에 만주영화협회의 제작부장으로 취임, 전후에는 일본시나리오 작가협회 회장 등을 역임하였다.

24. 서도지방의 전통무가인 배뱅이굿에서 출발한 오영진의 시나리오 《배뱅이》는 《국민문학》 1943년 8월호에 발표되었는데, 다다음호에서 작가의 변을 한 번 더 싣고 있다. 여기서 그는 징병제를 목전에 둔 커다란 대전환의 시기에, 새로운 영웅에의 염원을 강조함과 동시에 전통적인, 민족적인 것에 대하여 다시 한 번 깊이 생각하지 않으면 안 된다고 말하고 있다. 야기 야스타로는 당시 조선영화주식회사의 중역이기도 하였다. 《국민문학》, 1943. 11, p. 99.

25. 〈朝鮮映畵統制史關連史料解題〉에서 재인용 高島金次, 《朝鮮映畵統制史》, ゆまに書房, 2003, pp. 367~368.

26. Mary Louise Pratt, *Imperial Eyes: Travel Writing and Transculturation*, Routedge, 1992.

27. 흐르는 시간을 정지하고자 하는 사진의 욕망과 정지의 중첩으로 운동의 환영을 만들어내는 영화의 시간에 관한 탁월한 통찰로 다음 책을 참고. 로라 멀비, 《1초에 24번의 죽음》, 이기형 · 이찬욱 옮김, 현실문화연구, 2007.

28. 고증과 디테일의 문제는 〈서편제〉 이후의 임권택 감독의 일련의 영화들을 떠올리게 한다. 임권택은 뉴 코리안 시네마, 또는 뉴 웨이브라고 1980년대 말부터 평가되기 시작한 동시대 감독들과 함께 활동하면서도, 1960년대 한국영화의 문법을 간직하고 여전히 호평을 받고 있는 유일한 베테랑 감독이다. 임권택은 그런 의미

에서 뉴 코리안 시네마에 '역사'를 부여한 인물이다. 그리고 이 역사성에 대한 욕망은, '한국영화'라는 것 자체를 호명받고자 하는 인지 획득에 대한 욕망과 맞물리는 것이다. 임권택의 영화가 국제적인 평가의 대상이 된 것은 이런 의미에서도 또한 이해 가능할 것이다. 임권택의 영화 경력은 그가 이 사실을 '의식'하고 있음을 반증해준다. 1960년대 주문형 감독으로 경력을 시작한 그는 1970~80년대, 분단에서 기인한 이데올로기적 모순에의 호응을 거쳐 내/외부에서 공인된 평가를 얻어낸 〈서편제〉 이후 한국적인 것에 대한 천착에 이르렀다. 임권택 영화와 한국영화라는 인식에 관한 문제에 대해서는 다음의 저작들을 참조. 김소영의 〈〈티켓〉 – 한국영화의 탈/위치화, 그리고 한국 멜로드라마〉, 《〈판타스틱 한국영화〉 근대성의 유령들》, 씨앗을 뿌리는 사람들, 2000, pp. 181~206. 임권택 · 정성일, 《임권택이 임권택을 말하다 1 · 2》(대담집), 현실문화연구, 2003. 김경현 외, 《임권택, 민족영화 만들기》, 한울, 2005.

29. 이것은 오영진의 일본어 텍스트에서도 동일하다. 시나리오는 다음과 같이 시작한다. "완만한 활을 그린 듯한 원근의 산들. 그 산들에 아지랑이가 피어오르는 게 멀리 보인다. 거울 같은 호수가 찬연히 빛나고 있다. 가지를 떨어뜨리고 있는 버드나무도 푸르게 싹터 오르고, 꽃들은 현란하게 피어나고 있다. 산나물 뜯는 처녀들일까, 골짜기마다 도라지타령이 들끓는다.(なだらかな弧を描いた遠近の山々 その山々に陽炎もえ見はるかす, 鏡のような湖水が燦然と輝いている. 枝垂れ柳も青く萌え, 花咲は絢爛と匂き匂う. 山菜摘む娘たちであろう, 谷間谷間からはどらじ打鈴(桔梗節)が沸き上る)" 꽃과 처녀들이 동일시되고 있는 이 시선은 이방인의 시선을 연상시킨다. 그것은 이광수가 《진정 마음이 만나서야말로》에서 그리고 있는 일본인 다케오의 눈에 비친 조선 여자 석란의 묘사로부터 그리 멀리 떨어져 있어 보이지 않는다. 이광수, 《진정 마음이 만나서야말로》, 이경훈 편역, 평민사, 1995.

30. 1940년대 친일문학의 주된 내러티브에서 의심 많고 더럽고 구습에 찌들어 있는 조선은 부정되어야 하는 존재이며, 정확하고 깨끗하고 절도 있는 일본이야말로 본받아야 할 존재였다. 그때 아들들은 아버지들이 등장하는 순간 그들을 부정해야 하거나 아예 숨겨버린다.

31. 극중 맹 진사 역을 맡고 있는 김승호의 스타 이미지를 염두에 둔다면 좀 더 풍부한

분석이 가능해진다. 현재까지도 한국적 아버지상을 가장 잘 재현한 배우로 평가받고 있는 그는 코믹한 방식으로, 혹은 정극의 방식으로 전근대적 아버지의 역할을 계속해서 보여주었다. 이 아버지는 때로 부정으로, 때로 연민의 대상으로 그려진다. "1960년대 초반에 김승호가 주연한 일련의 영화들 〈박 서방〉, 〈마부〉 등에서 근대화 과정에서 떨어져나간 아버지의 불안과 위기 의식은 체념으로 이어지고, 이후 아들은 아버지의 실패를 자신의 사회적 성공으로 보상한다." 김소영, 《근대성의 유령들》, 씨앗을 뿌리는 사람, 2001, p. 136.

32. 주창규는 이 텍스트가 던져주는 남성 엘리트 민족주의자에 의한 처벌의 메커니즘과 여성 관객의 자기 동일시 사이의 모순을 추적한다. 그는 바로 이 멜로드라마적 상상력 혹은 문화적 표현 형식으로서의 신파야말로 민족의 권력 상실을 애도하는 동시에 근대적인 욕망을 추구하는 것이라는 점을 밝혀내며 그런 점에서 1960년대의 근대화는 1950년대에 이미 예비된 것이라는 점을 지적한다. 주창규, 〈노란 피부, 하얀 가면무도회로서-〈자유부인〉의 충무로 여성관객성에 관한 분석〉, 《영화연구 21호》, 한국영화학회, 2003.

33. 이 글을 처음 쓴 2004년과 2008년 현재의 시점은 매우 달라진 것처럼 보인다. 산업적 관점에서만 보자면 한국영화의 활황은 어쩌면 너무나 짧은 시기를 가리키는 것인지도 모른다. 스크린쿼터제 폐지 등 몇 가지의 악재가 한국영화의 내수 시장을 급속도로 축소시키고 있으며 해외 시장에서 기대 이상의 성과를 거둬내지 못하고 있다는 것은 맞는 이야기인 것 같다. 그러나 한국영화가 동시대의 세계영화를 의식하기 시작했다는 것은 여전히 유효한 이야기라고 생각된다.

| 에필로그 | **어떤 비율의 문제**

1. 신상옥 , 《난, 영화였다》, 랜덤하우스코리아, 2007, p.77.

■참고문헌

강만길 편, 《일본과 서구의 식민통치 비교》, 선인, 2004.

강성률, 〈친일영화의 재고와 자발성〉, 《재일본 및 재만주 친일문학의 논리》, 역락, 2004.

김경미, 〈일제 파시즘기의 조선지배 정책과 이데올로기— '황민화'교육정책과 학교교육: 1940년대의 초등교육 '국사' 교과를 중심으로〉, 《동방학지》 Vol. 124, 2004.

김경현 외, 《임권택, 민족영화 만들기》, 한울, 2005.

김구, 《백범일지》, 도진순 주해, 돌베개, 1997.

김낙년, 〈일본 제국주의 식민지 지배의 특질〉, 강만길 편, 《한국사 13, 식민지 시기의 사회경제》, 한길사, 1994.

김성민, 〈외국영화와 자막, 그 시대적 변천을 더듬어〉, 《동아일보》, 1955. 1. 20.

김소영, 《시네마, 테크노 문화의 푸른 꽃》, 열화당, 1995.

_____ , 《(판타스틱 한국영화) 근대성의 유령들》, 씨앗을 뿌리는 사람들, 2000.

김수남, 《한국영화작가연구》, 예니, 1995.

김윤식, 《한국근대문학사상연구1》, 일지사, 1984.

_____ , 《한국근대문학사상사》, 한길사, 1984.

_____ , 《한국문학의 근대성과 이데올로기 비판》, 서울대학교출판부, 1987.

_____ , 《임화연구》, 문학사상사, 1989.

_____ , 《이광수와 그의 시대》, 솔 출판사, 1999.

김정인, 〈왜정시대, 일제 식민지시대, 일제 강점기〉, 역사비평편집위원회 편, 《역사용어 바로쓰기》, 역사비평사, 2006.

김정혁, 〈기업의 합리화를 수립하라〉, 《조광》, 1940. 8.

_____ , 〈영화령의 실시와 조선영화계의 장래〉, 《조광》, 1940. 9.

_____, 〈영화의 정신〉, 《문장》, 1940. 1.

김재용 · 김미란 편역, 《식민주의와 협력》, 역락, 2003.

김종원 외, 《한국영화감독사전》, 국학자료원, 2004.

김진균 · 정근식 · 강이수, 〈보통학교체계와 학교규율〉, 김진균 · 정근식 편, 《근대주체
　　　와 식민지 규율권력》, 문화과학사, 1997.

김철, 〈몰락하는 신생(新生): 만주의 꿈과 《농군》의 오독(誤讀)〉, 민족문학연구소, 《탈
　　　식민주의를 넘어서》, 소명출판사, 2006.

나운규, 《〈아리랑〉을 만들 때 · 조선영화감독 고심담〉, 《조선영화》, 1936. 11.

_____, 〈영화시감〉, 《삼천리》. 1937. 1.

류청하, 〈3 · 1운동의 역사적 성격〉, 안병직 · 박성수, 《한국근대민족운동사》, 돌베개,
　　　1979.

멀비, 로라, 《1초에 24번의 죽음》, 이기형 · 이찬욱 옮김, 현실문화연구, 2007.

박기채, 〈조선영화를 위하야〉, 《사해공론》, 1937. 3.

박영희, 〈最近文藝理論의 新展開와 그 傾向〉, 《동아일보》, 1934. 1. 4.

박지연, 〈영화법 제정에서 제4차 개정기까지의 영화정책〉, 김동호 외, 《한국영화정책
　　　사》, 나남출판, 2005.

서광제, 〈발성으로 전환 외국작품 수입금지가 大癌〉, 《동아일보》, 1937. 12. 16~17.

_____, 〈조선영화계의 일년간〉, 《비판》, 1938. 12.

신상옥, 《난, 영화였다》, 랜덤하우스코리아, 2007.

심진경, 〈식민/탈식민의 상상력과 연애소설의 성정치〉, 《민족문학사연구》 Vol. 28,
2005.

심훈, 〈영화독어〉, 《그날이 오면》, 범우사, 2005.

안석영, 〈조선영화계의 일년〉, 《조광》, 1936. 12.

안종화, 《한국영화측면비사》, 현대미학사, 1988.

여선정, 《무성영화 시대 식민도시 서울의 영화관람성 연구》(중앙대학교 영화연극과
　　　석사학위 논문), 1999.

오영진, 《오영진 전집》, 이근삼 서연호 엮음, 범한서적주식회사, 1989.

유현목, 《한국영화발달사》, 한진출판사, 1980.

이광수, 《진정 마음이 만나서야말로》, 이경훈 편역, 평민사, 1995.

_____ , (香山光郎, 가야마 미츠로), 〈事變三周年記念〉, 聖戰記念文章特輯, 《삼천리》, 1940. 7.

_____ , 〈내선일체수상록〉, 중앙협화회, 1941. 5. 10.

_____ , 〈일본문화와 조선〉, 《每日申報》, 1941. 4. 23.

이경훈, 《이광수의 친일문학 연구》, 태학사, 1998.

이규환, 〈藝苑動議〉, 《동아일보》, 1937. 8. 19.

이명직, 〈황국신민으로서의 기독교 신자〉, 《活天》 Vol. 226, 1941.

이병일, 〈우리銀幕打開業〉, 《조광》, 1940. 12.

_____ , 〈情熱의 描寫〉, 《조광》, 1941. 5.

이시즈, 브라이언, 〈식민지 조선에서 좋은 사업이었던 영화검열: 할리우드 제1차 황금기(1926-1936)의 부당이득 취하기〉, 《한국문학연구》 No. 30, 동국대학교 한국문학연구소, 2006.

이영일, 《한국영화전사》, 도서출판 소도, 2004(초판1969).

이준식, 〈일제 파시즘기 조선지배 정책과 이데올로기; 일제 파시즘기 선전 영화와 전쟁 동원 이데올로기〉, 《동방학지》 Vol. 124, 2004.

이창용, 〈高麗映画의 今後〉, 《조광》, 1939. 11.

이철우, 〈일제시대 법제의 구조와 성격〉, 《한국정치외교사논총》 Vol. 22, 2000.

이태진, 《고종시대의 재조명》, 태학사, 2000.

이태진 외, 《한국병합의 불법성 연구》, 서울대학교출판부, 2003.

이효인, 《한국영화역사강의 1》, 이론과 실천, 1992.

임권택 · 정성일, 《임권택이 임권택을 말하다 1 · 2》(대담집), 현실문화연구, 2003.

임종국, 《친일문학론》, 민족문제연구소, 2003(초판 1966).

임헌영, 〈《친일문학론》 보론〉, 임종국, 《친일문학론》, 민족문제연구소, 2003(초판 1966).

임화, 〈조선영화발달소사〉, 《삼천리》, 1941. 6.

_____ , 〈조선영화론〉, 《춘추》, 1941. 11.

_____ , 《문학의 논리》, 학예사, 1940.

정비석, 〈삼대〉, 《인문평론》, 1940. 2.

정인택, 〈준동(蠢動)〉, 《문장》, 1939. 4.

정태준, 〈초등학교 탄생에 나타난 천황제 사상교육〉, 《일어교육》 Vol. 23, 2003.

_____, 〈문학과 영화의 교류〉, 《동아일보》, 1938. 12. 24.

_____, 〈여명기의 조선영화〉, 《동아일보》, 1939. 1. 31.

_____, 〈長安豪傑 찾는 좌담회〉, 《삼천리》, 1935. 11.

_____, 〈었더케 하면 半島 藝術을 發興케 할까〉, 《삼천리》, 1938. 8.

_____, 〈我が映画の向上はどのように図られるべきか〉, 《동아일보》, 1939. 1.

주영섭, 〈조선영화계전망〉, 《춘추》, 1941. 2.

주창규, 《역사의 프리즘으로서 '映画란 何오': 충무로 영화의 문화적 근대성 연구》(중앙대학교 첨단영상대학원 박사학위 논문), 2004.

차승기, 《1930년대 후반 전통론 연구: 시간−공간의식을 중심으로》(연세대학교 국어국문학과 박사학위 논문), 2003.

채만식, 〈냉동어〉, 《인문평론》, 1940. 4~5.

초우, 레이, 《원시적 열정》, 정재서 옮김, 이산, 2004.

최승일, 《봄비》, 범우사, 2005.

최창호 · 홍강성, 《라운규와 수난기 영화》, 평양출판사, 1999.

한국정신문화연구원 편, 《한국민족문화대백과사전》, 한국정신문화연구원, 1991~1995.

황호덕, 〈제국과 픽션, 일제 말 조선어 문단해소론의 射程〉, 《동아시아 근대 어문질서의 형성과 재편》(발표집), 성균관대학교 대동문화연구원, 2006. →〈國語와 朝鮮語 사이, 内鮮語의 존재론−일제 말의 언어정치학, 현영섭과 김사량의 경우〉, 《대동문화연구》 제58집, 성균관대학교, 2007.

〈변화와 선택의 시간 : 일제시기 영화 발굴전〉(자료집), 부산국제영화제 심포지움, 한국영상자료원 · 부산국제영화제 주최, 2006. 10.

〈식민지 시대 한국영화를 해부한다〉(자료집), 전주국제영화제 심포지움, 한국영화학회 주최, 2005. 4.

〈참정권의 요망〉(대담), 《삼천리》, 1938. 8.

アガンベン, ジョルジョ, 《アウシュヴィッツの残り物》, 植村忠男・広石正和 訳, 月曜社, 2001.

アンダーソン, ベネディクト, 《想像の共同体：ナショナリズムの起源と流行》, 白石さや・白石隆 訳, NTT出版, 1997.

安碩柱(安夕影), 〈朝鮮映画樽話〉, 《朝鮮及満洲》 No. 338, 1936.

飯島正, 《トオキイ以後 》 《日本映画言説大系：映画のモダニズム期 17》, 牧野守 監修, ゆまに書房, 2003.

飯島正・日夏英太郎, 〈(シナリオ)君と僕〉, 《映画評論》, 1941. 7.

飯田心美, 〈家なき天使〉, 《映画評論》, 1941. 3.

家永三郎, 《太平洋戦争》, 岩波書店, 1968.

李光洙, 〈新時代の倫理〉, 《新時代》, 1941. 1.

_____ , 〈兵になれる〉, 《新太陽》, 1943. 11.

石田耕造(崔載瑞), 〈一億の決意〉, 《国民文学》, 1945. 5.

石田雄, 《記憶と忘却の政治学：同化政策・戦争責任・集合的記憶》, 明石書店, 2000

板垣竜太, 《朝鮮の地域社会における植民地経験慶北尚州の歴史民族誌》, 東京大学大学院総合文化研究科博士論文, 2005.

伊藤公雄, 〈夫, 父, 兵士ではない男は男ではない〉, 小岸昭・池田浩史・鵜飼哲・和田忠彦 編, 《ファシズムの想像力》, 人文書院, 1997.

太田恒弥, 〈朝鮮映画の展望〉, 《キネマ旬報》, 1938. 5. 1.

井上哲次郎, 《教育勅語衍義》, 広文堂書店 , 1942.

李英載, 〈兪賢穆作品解説〉, 《韓国リアリズム映画の開拓者兪賢穆監特集映画解説》, NFC, 2005. 12.

_____ , 〈帝国とローカル. 変転する 叙事《孟進士宅の慶事》をめぐる民族表象〉, 《映像学》通巻 75号, 2005.

林和, 〈朝鮮映画の諸傾向について〉, 《新興映画》, 1930. 3.

上野成利, 《暴力》, 岩波書店, 2006.

鵜飼哲, 《応答する力》, 青土社, 2003.

_____ , 〈ある情動の未來〉, 《トレイシーズ》第一号, 日本語版, 岩波書店, 2000.

内海愛子・村井吉敬,《シネアスト許泳の〈昭和〉》, 凱旋社, 1987.

海野福寿 編,《日韓協約と韓国併合：朝鮮植民地支配の合法性を問う》, 明石書店, 1995.

海野福寿,《韓国併合》, 岩波新書, 1995.

NHK "ドキュメント昭和" 取材班,《ドキュメント昭和 4 トーキーは世界をめざす》, 角河書店, 1986.

大村益夫 編訳,《詩で学ぶ朝鮮の心》, 青丘文化社, 1998.

呉泳鎮,〈朝鮮映画の一般的課題〉,《新時代》, 1942. 6.

香山光郎(李光洙),〈加川校長〉,《国民文学》, 1943. 10.

加藤厚子,《総動員・制と映画》, 新曜社, 2003.

加藤典洋,《敗戦後論》, 講談社, 1997.

川崎賢子,〈〈外地〉の映画ネットワーク〉,《〈帝国〉日本の学知 4》, 岩波書店, 2006.

樺山愛輔,〈宣伝の根本問題〉,《文芸春愁》, 1938. 1.

姜尚中,《オリエンタリズムの彼方へ－近代文化批判》, 岩波書店, 1996.

カント, I.,〈啓蒙とは何か〉, 福田喜一郎 訳,《カント全集 14》, 岩波書店, 2000.

菊池盛夫,〈朝鮮映画の全貌を語る〉,《映画評論》, 1941. 7.

キットラ-, フリードリヒ,《グラマフォン・フィルム・タイプライター》, 石光泰夫・ 石光輝子 訳, 筑摩書房, 1999.

金聖珉,《半島の芸術家たち》(連載),《サンデー毎日》, 1936.

金麗実,《映画と国家－韓国映画史(1897－1945)再考》, 京都大学大学院学位論文, 2005.

久野収・鶴見俊輔 共著,《現代日本の思想：その五つの渦》, 岩波新書, 1991(1956年 初版).

倉茂周蔵,〈朝鮮映画への希望〉,《映画旬報》, 1943. 7. 11.

黒田省三,〈朝鮮映画雑感－《授業料》《家なき天使》の次に来るもの〉,《映画評論》, 1941. 7.

郡山弘史,〈朝鮮映画に就いて〉,《新興映画》, 1930. 1.

駒込武,《植民地帝国日本の文化統治》, 岩波書店, 1996.

近藤釖一 編,《太平洋戦下終末期朝鮮の治政》, 朝鮮史料編纂会, 1961.

酒井直樹,〈多民族国家における国民的主体の製作と少数者の統合〉,《総力戦下の知と制度》, 岩波書店, 2002.

_____ ,《日本/映像/米国−共感の共同体と帝国的国民主義》, 青土社, 2007.

_____ ,《過去の声》, 以文社, 2002.

_____ ,《日本思想という問題》, 岩波書店, 1997.

桜本富雄,〈十五年戦争下の朝鮮映画〉,《三千里》34, 1983.

_____ ,《大東亜戦争と日本映画》, 青木書店, 1993.

_____ ,〈朝鮮映画の全貌を語る〉,《映画評論》, 1942. 7.

_____ ,〈明日への朝鮮映画を描く〉,《国民文学》, 1942. 10.

_____ ,〈明日への朝鮮映画〉,《国民文学》, 1942. 12.

_____ ,〈農村文化のために-移動劇団, 移動映写隊の活動を中心に〉,《国民文学》, 1943. 5.

_____ ,〈朝鮮映画の特殊性〉,《映画旬報》, 1943. 7.

_____ ,〈映画《若き姿》を語る〉,《国民文学》, 1943. 7.

_____ ,〈軍と映画〉,《国民文学》, 1944. 6.

J. P. サルトル,〈協力とは何か〉,《シチュアシオン 3》, 佐藤朔 外 訳, 人文書院, 1964.

ジジェク, スラヴォイ,《全体主義観念の(誤)使用について》, 中山徹・清水知子 訳, 青土社, 2002.

清水晶,《映画評論》, 1940. 8.

清水正蔵,〈朝鮮映画の特殊性〉,《映画評論》, 1943. 7.

下村作次郎,《文学で読む台湾−支配者・言語・作家たち》, 田畑書店, 1994.

ジェロー, アーロン,〈日本映画と日常語としてのモダニズム〉,《近代日本の文化史 7》(月報), 2002. 9.

鈴木武雄,《朝鮮経済の新構想》, 東洋経済新報社京城支局, 1942.

鈴木勇吉,〈家なき天使〉,《映画旬報》, 1941. 11.

鮮交会,《朝鮮交通回顧録》, 三元社, 1975.

高島金次,《朝鮮映画統制史》,《日本映画言説大系:戦時下の映画統制期 9》, 牧野守

監修, ゆまに書房, 2003.

高橋哲哉, 《戦後責任論》, 講談社, 2005(1999).

_____ , 《記憶のエチカ》, 岩波書店, 1995.

崔載瑞, 〈徴兵制実施の文化的意義〉, 《国民文学》, 1942. 5 6月 合併・.

_____ , 〈朝鮮文学の現段階〉, 《国民文学》, 1942. 8.

朝鮮総督府, 〈国民精神総動員朝鮮聯盟役員総会議上総挨拶〉, 《朝鮮における国民精神
　　　総動員》, 1940.

_____ , 《施政三十年史》, 朝鮮総督府, 1940.

寺崎昌男, 《総力戦体制と教育》, 東京大学出版会, 1987.

デリダ, ジャック, 《法の力》, 堅田研一 訳, 法政大学出版局, 1999.

中岡孝正, 〈家なき天使〉, 《日本芸術》, 1941. 12.

長浜功, 《国民学校の研究》, 明石書店, 1985.

日本映画雑誌協会, 《映画年鑑十六年》, 1941.

_____ , 《映画年鑑昭和十七年》, 1942.

野口久光, 〈半島映画とその近況〉, 《スタア》, 1940. 11. 15.

ハーイ, ピーター B., 《帝国の銀幕－十五年戦争と日本映画》, 名古屋大学出版会, 1995.

橋川文三, 〈日本浪漫派批判序説〉, 《橋川文三著作集 1》, 筑摩書房, 1985.

韓雪野, 〈影〉, 《国民文学》, 1942. 12.

朴慶植, 《朝鮮三・一独立運動》, 平凡社, 1976.

樋口雄一, 《皇軍にされた朝鮮人》, 社会評論社, 1991.

_____ , 《戦時下朝鮮の民衆と徴兵》, 総和社, 2001.

藤石貴代・大村益夫・沈元燮・布袋敏博 編, 《金鍾漢全集》, 緑蔭書房, 2005.

藤田省三, 〈天皇制のファシズム化とその理論構造〉, 《近代思想史講座・第1巻》, 筑摩
　　　書房, 1957. 7.

_____ , 《天皇制国家の支配原理》(藤田省三著作集 1), みすず書房, 1998.

フジタニ, T., 〈殺す権利, 生かす権利〉, 《岩波講座アジア・太平洋戦争3動員・抵
　　　抗・翼賛》, 倉沢愛子・杉原達・成田竜一・テッサ・モーリス・スズキ・油井
　　　大三郎・吉田裕 編, 岩波書店, 2006.

古川隆久, 《戦時下の日本映画：人々は国策映画を観たか》, 吉川弘文館, 2003.

フロイト, 〈悲哀とメランコリー〉, 《フロイト著作集6》, 井村恒郎・小此木啓吾 訳, 人文書院, 1970.

フルドン, ジャン＝ミシェル, 《映画と国民国家》, 野崎歓 訳, 岩波書店, 2002.

ベンヤミン, ヴァルター, 《暴力批判論》, 野村修 編訳, 岩波文庫, 1994.

水井れい子, 〈朝鮮映画製作界をかへりみて〉, 《新映画》, 1942. 11.

水野直樹, 〈植民地独立運動に対する治安維持法の適用－朝鮮・日本〈内地〉における法運用の落差〉, 浅野豊美・松田利彦 編, 《植民地帝国日本の法的構造》, 信山社, 2004.

宮田節子, 《朝鮮民衆と〈皇民化〉政策》, 未來社, 1985.

村上忠久, 〈〈家なき天使〉を見る〉, 東和商事大阪支社宣伝部, 1941.

森浩, 〈朝鮮に於ける映画に就いて〉, 《映画旬報》, 1943. 7.

山之内靖, 〈方法的序論 総力戦とシステム統治〉, 山之内靖・ヴィクタ・コシュマン・成田龍一 編, 《総力戦と現代化》, 拍書房, 1995.

來島雪夫, 〈旅路〉, 《映画評論》, 1937. 6.

劉傑, 《漢奸裁判－対日協力者を襲った運命》, 中央公論新社, 2000.

四方田犬彦, 《李香蘭と東アジア》, 東京大学出版会, 2002.

渡辺一民, 《他者として朝鮮》, 岩波書店, 2003.

《金史良全集》, 金史良全集編集委員会 編, 河出書房新社, 1973-74.

〈朝鮮映画新体制樹立のために〉(座談), 《映画旬報》, 1941. 11.

〈朝鮮の映画館〉, 《映画旬報》, 1943. 7.

Agamben, Giorgio, *Stanzas: Word and Phantasm in Western Culture*, translated by Ronal L. Martinez, University of Minnesota Press, 1993.

Badiou, Alain, *Ethics: An Essay on the Understanding of Evil (Wo Es War)*, translated by Peter Hallward, Verso Books, 2002.

Berry, Chris, "If China Can Say No, Can China Make Movies? Or, Do Movies Make China? Rethinking National Cinema and National Agency", *Boundary 2,*

Fall,1998.

Choi, Kyeong-Hee, "Impaired Body as Colonial Trope: Kang Kyong'ae's "Undergraound Village", *Public Culture 13(3)*, 2001.

Dirlik, Arif, *Postmodernity's Histories: The past as Legacy and Project*, Rowman & Littlefield Publishers, 2000.

Fanon, Frantz, *Black Skin, White Masks*, translated by Constance Farrington, Grove Press, 1991.

Hansen, Miriam, "The mass Production of the Senses: Calssical Cinema as Vernacular Modernism", *Reinventing Film Studies*, Christine Gledhill and Linda Williams eds., London, Arnold, 2000.

_____ , *Babel and Babylon: Spectatorship in American Silent Film*, Harvard University Press, 1994.

Hwang, Ho-Duk, "Holes of Empire, The Biopolitics of Conversion", Annual Meeting Panel 229 Assiciation for Asian Studies, 2006.(unpublished)

Itagaki, Ryuuta, 'Seoul' Viewed from a Distance: Colonial Experiences Inscribed in Diaries, Urban Culture in Colonial Korea, University of british Columbia 2006.218-19(unpublished)

Jeffords, Susan, *The Remasculinization of American Culture:Gender and the Vietnam War*, Indina University Press, 1989.

Kim, Kyung Hyun, *The Remasculinization of Korean Cinema*, Duke University Press, 2004.

Kim, Soyoung, "Geo-Political Fantasy Versus Imagined Community: Continental (Manchurian) Action Movies during the Cold War Era"(presentation paper), 2006 Trans: Asia Screen Culture Conference, Trans: Asia Screen Culture Institute(Seoul), 2006.

Konigsberg, I., *The Complete Film Dictionary*, London: Bloomsbury, 1993, p. 331. Bordwell, Staiger&Thompson, *The Classical Hollywood Cinema: Film Style and Production to 1960*, London: Routledge&Kegan Paul,1985.

Lee, Chulwoo, "Modernity, Legality, and Power in Korea Under Japanese Rule", *Colonial Modernity in Korea*, Harvard University Asia Center, 1999.

Nandy, Ashis, *The Intimate Enemy: Loss and Recovery of Self under Colonialism*, Delhi:Oxford University press, 1993.

Pratt, Mary Louise, *Imperial Eyes: Travel Writing and Transculturation*, Routedge, 1992.

Rosen, Philip, "History, Textuality, Nation", Valentina Vitali and Paul Willemen eds., *Theorizing National Cinema*, British Flm Institute Publishing, 2006.

Sartre, Jean-Paul, *Lendemains de guerre:Situations 3*, Gallimard, 1949(1982)

Virilio , Paul, *Strategy of Deception*, Verso, 2007.

Roundtable with Sunil Agnani, Fernando Coronil, Gaurav Desai, Mamadou Diouf, Simon Gikandi, Susie Tharu, and Jennifer Wenzel, "The End of Post-colonial Theory?" The Modern Language Association of America, 2007.

| 신문과 잡지 |

《동아일보》, 《조선일보》, 《매일신보》

《삼천리》, 《조광》, 《문장》, 《사해공론》

《인문평론》, 《조선영화》, 《영화연극》, 《활천》

《춘추》, 《비판》, 《신여성》

《KINO》, 《씨네21》, 《Film2.0》

《映画旬報》, 《映画評論》, 《映画之友》, 《キネマ旬報》

《サンデー毎日》, 《新映画》, 《新興映画》, 《新太陽》

《新潮》, 《スタア》, 《文学界》, 《文芸》

《文芸春愁》, 《モダン日本》

《国民文学》, 《新時代》, 《緑旗》, 《大東亜》

《京城日報》

《朝鮮総督府月報》,《朝鮮》,《特高月報》

《三千里》

■ 이 책에서 언급된 주요 영화의 크레디트는 다음과 같다.

〈지원병〉(1940)
東亜映画

제작	崔承一
연출	安夕影
원작	朴英熙
기획	朴潤基, 金大凡, 崔映珍
촬영	李明雨
녹음	森田樹
출연	崔雲峰, 文芸峰, 全映玉, 李錦龍
언어	朝鮮語

〈반도의 봄〉(1941)
明宝映画撮影所

제작/연출	李炳逸
원작	金聖珉
각색	咸慶鎬
촬영	梁世雄
녹음	森田樹
출연	金一海, 金素英, 徐月影, 白蘭, 金漢, 卜惠淑
언어	朝鮮語/日本語

〈집 없는 천사〉(1941)
高麗映画社

제작	李創用
연출	崔寅奎
기획	金正革
원작·각색	西亀元貞
대사	林和
촬영	金井成一
녹음	梁柱南
국어판(일본어) 감수	飯島正
출연	金一海, 文芸峰, 金信哉, 尹逢春
언어	朝鮮語/日本語

〈너와 나〉(1941)
朝鮮軍報道部

연출지도	田坂具隆
연출	日夏英太郎(許泳)
각본	日夏英太郎, 飯島正
촬영	森尾鉄郎
음악	佐藤長助
출연	永田絃次郎, 崔雲峰, 小杉勇, 金素英, 朝霧鏡子, 三宅邦子, 大日方伝, 河津清三郎, 李香蘭, 文芸峰
언어	朝鮮語/日本語

〈조선해협〉(1943)
朝鮮映画株式会社
朝鮮軍報道部後援

연출	朴基采
각본	佃順
촬영	瀬戸明

녹음	西井憲一
출연	文芸峰, 南承民, 金一海, 獨銀麒, 金信哉, 金素英
언어	日本語

시집가는 날(1956)

동아영화주식회사

제작 · 연출	이병일
각본	오영진
촬영	임병호
음악	임원식
출연	김승호, 조미령, 김유희, 최현, 서월영, 황남, 주선태
언어	한국어

■ 찾아보기